आप और आपका आत्मा

ब्रह्मांड की सर्वोच्च सत्ता आत्मा का अपने भीतर अनुभव करें
और जागी हुई आत्मशक्ति के बलपर अपने नये हसीन जीवन की शुरुआत करें

दीप त्रिवेदी

बेस्टसेलर 'मैं मन हूँ' के लेखक द्वारा लिखित

दीप त्रिवेदी मशहूर वक्ता

दीप त्रिवेदी सायको-स्पीरिच्युअल कॉन्टेंट, आवाज, भाषा और एक्सप्रेशन का ऐसा मिश्रण प्रस्तुत करते हैं जिससे उन्हें देखने और सुनने वालों में तत्काल परिवर्तन आता है। सैकड़ों लोग सिर्फ उन्हें सुनने-मात्र से परिवर्तित हो चुके हैं। इसी वजह से उन्हें स्पीरिच्युअल सायको-डाइनैमिक्स का पायनियर भी कहा जाता है।

दीप त्रिवेदी जीवन से जुड़े हर विषय पर प्रकाश डालते हैं। उनके द्वारा लोगों के रोजमर्रा के जीवन की समस्याओं पर करी गई इंटरैक्टिव वर्कशॉप्स ने सभी के जीवन में क्रांतिकारी ट्रांसफॉर्मेशन लाया है। जीवन का ऐसा कोई पहलू नहीं है जिसे उन्होंने न छूआ हो। वे विभिन्न विषयों पर बोल चुके हैं जैसे भगवद्गीता, ताओ-ते-चिंग, अष्टावक्र गीता, कुदरत के रहस्य, मन के रहस्य, आत्मा के रहस्य, भाग्य के रहस्य, इत्यादि, और:

- **प्रकृति के नियम**
- **टाइम एण्ड स्पेस**
- **धर्म**
- **डीएनए-जीन्स**
- **जीवन की राह**
- **डे-स्लीप**
- **मन और बुद्धि**
- **व्यक्तित्व**
- **हीनता**
- **डर**
- **गिल्ट**
- **इन्वोल्वमेंट**
- **पक्षपात**
- **अपेक्षा**
- **स्वीकार्यशक्ति**
- **नेचरल इंटेलिजेंस**
- **ट्रान्स्फर्मेशन**
- **विवाह**
- **स्वतंत्रता**
- **भविष्य**
- **हिपोक्रेसी**
- **क्रिएटिविटी**
- **कोन्सन्ट्रेशन**
- **सुख और सफलता**
- **समृद्धि**
- **अच्छा-बुरा**
- **भगवान**
- **अहंकार**
- **क्रोध**
- **सेल्फ-कॉन्फिडेंस**
- **प्रेम**
- **कन्फ्यूजन**

अनुक्रमणिका

प्रथम संस्करण : 2019
मूल्य : ₹249/-

भारत में मुद्रित

संकल्पना, चित्रण व साज-सज्जा :

AATMAN
INNOVATIONS PVT. LTD.

www.aatmaninnovations.com

प्रकाशक : आत्मन इनोवेशन्स् प्रा. लि.
प्रकाशन का स्थान : मुंबई

ISBN 978-93-84850-79-1

रहस्यों का रहस्य

जीवन एक, सवाल अनेक। ...यही मनुष्यजीवन की सच्चाई है। अब कायदे से जीवन है...तो उसे फलना-फूलना ही चाहिए। जीवन है...तो उसे हंसी, खुशी और सफलता से भरा होना ही चाहिए। परंतु ऐसा हो नहीं रहा। क्यों...? बस इस क्यों में ही पूरी मनुष्यजाति युगों से उलझी पड़ी है, लेकिन अब और अधिक इंतजार करना ठीक नहीं। सो अब आज के इस वैज्ञानिक युग में इस 'क्यों' का जवाब खोजना ही रहा। और अगर इसका सही-सही उत्तर खोजना हो तो सबसे पहले जिम्मेदारी तय करना आवश्यक है। क्योंकि यह तो तय है कि मनुष्य संकटों से घिरा एक असफल जीवन गुजार रहा है, तो फिर ऐसे में पहला सवाल यही उठता है कि इस हेतु जिम्मेदार कौन है? क्या मनुष्य स्वयं दोषी है? अब यदि पूरा दोष मनुष्य पर मढ़ा जाए तो फिर दूसरा सवाल यह उठता है कि क्या मनुष्य पूरी तरह स्वतंत्र है? क्योंकि यदि मनुष्य को पूर्ण स्वतंत्रता उपलब्ध हो तो ही उसे पूरी तरह से दोषी भी ठहराया जा सकता है। और यदि मनुष्य को पूर्ण स्वतंत्रता उपलब्ध नहीं है तो फिर वे कौन-सी शक्तियां हैं जो मनुष्य के जीवन को प्रभावित

कर रही हैं? मोटा-मोटी तौरपर इन दो बातों के उत्तर मिल जाएं तो मनुष्य के जीवन का रहस्य अच्छे से समझ में आ सकता है। ...और तभी हरेक के जीवन को सुख और सफलता से भरा जा सकता है।

खैर, अब यदि चांद-तारों, हवा-पानी या जानवरों से तुलना की जाए तो मनुष्य निश्चित ही उनके मुकाबले कहीं ज्यादा स्वतंत्र दिखाई पड़ता है। लेकिन तब सवाल यह उठता है कि क्या वह पूरी तरह से स्वतंत्र है या फिर वह चंद प्रभावों से बंधा हुआ भी है? तो इस संदर्भ में इतना स्पष्ट समझ लो कि प्रकृति की कई रहस्यपूर्ण शक्तियां मनुष्य के जीवन को प्रभावित कर रही हैं और ये सारे प्रभाव समझने जरूरी हैं। ऐसा इसलिए क्योंकि मनुष्य स्वतंत्र होते हुए भी कई प्राकृतिक शक्तियों के नियमों से बंधा ही हुआ है।

चलो, इस बात को एक उदाहरण से समझाने की कोशिश करता हूँ और उस हेतु एक प्रयोग आपको अपने स्वयं के साथ करना होगा। सो, पहले आप जमीन पर खड़े हो जाइए। खड़े होने के पश्चात आप अपना एक पैर ऊपर उठाइए। आप चाहें तो दायां पैर ऊपर उठाएं और चाहें तो बायां पैर ऊपर उठाएं...यह आपकी मरजी। अभी तो आप दूसरा पैर भी ऊपर उठाइए। फंस गए ना...। बस यही मनुष्य की स्वतंत्रता है। वह दायां या बायां पैर उठाने को तो स्वतंत्र है परंतु फिर प्रकृति के भिन्न-भिन्न रहस्यपूर्ण नियमों से तथा उसके परिणाम से वह हाथोहाथ बंध भी जाता है।

अब यहां एक बात आप विशेष रूप से समझ लेना कि प्रकृति के सारे रहस्य पूरी तरह से विरोधाभासी हैं। इसी बात को मनुष्य की स्वतंत्रता के संदर्भ में समझें तो जहां मनुष्य एक ओर पूरी तरह से स्वतंत्र है, वहीं दूसरी ओर लिये गए निर्णयों के आधार पर उसके आने वाले परिणामों को भोगने हेतु वह बंधा भी हुआ है। यानी मनुष्य कदम उठाने को भी स्वतंत्र है और परिणामों से बंधा हुआ भी है। इसलिए मनुष्य स्वतंत्र है, यह कहना भी गलत है तथा वह परतंत्र है, यह कहना भी गलत है। सत्य तो दोनों के मध्य में ही

है। और प्रकृति का यह विरोधाभास उसके तमाम रहस्यों में मौजूद है। परंतु चूंकि विरोधाभासी बातों के मध्य को पकड़ने की समझ आम मनुष्य में नहीं है, इसीलिए जिसे देखो वह जीवन को लेकर भ्रमित है। कोई स्वतंत्रता की बात करते हुए नास्तिकता का पक्ष लेता है तो कोई परतंत्रता की बात कर धार्मिक क्रियाओं की वकालत करता है। लेकिन चूंकि एकांततः दोनों गलत हैं...इसलिए इन दोनों में से किसी भी एक बात से ना तो जीवन बन पा रहा है और ना ही जीवन समझ में आ रहा है।

खैर, अभी तो जीवन से संबंधित सबसे बड़े विरोधाभास को हमने समझ लिया। हमने समझ लिया कि मनुष्य स्वतंत्र भी है तथा परतंत्र भी। हालांकि इससे बात सबकी समझ में आ गई हो, यह जरूरी नहीं। सो, एक सामान्य उदाहरण से इसे फिर समझाने की कोशिश करता हूँ। मानो, आप एक साउथ इंडियन रेस्टोरेन्ट में खाना खाने गए। अब आप वहां अपनी मरजी से भी जा सकते हैं तथा किसी अन्य के दबाव में भी जा सकते हैं। यहां कहने की जरूरत नहीं कि अपनी मरजी से ही जाना चाहते हो तो किसी के भी दबाव में न आने हेतु आप पूरी तरह से स्वतंत्र हो ही। खैर, आप अपनी मरजी से जाओ या किसी के दबाव से, परंतु वहां पहुंचकर एकबार फिर से आप अपनी पसंद का ऑर्डर देने को स्वतंत्र हो ही। लेकिन इस स्वतंत्रता के साथ ही आप एक परतंत्रता से भी बंध ही जाते हो। आपको ऑर्डर वही देना पड़ता है जो मेन्यू में उपलब्ध हो।

बस ऐसा ही जीवन में है। आपको रेस्टोरेन्ट चुनने की तो स्वतंत्रता है परंतु रेस्टोरेन्ट चुनने के बाद आप वहां के मेन्यू से बंध जाते हैं। अब थोड़ा और पीछे जाएं तो किसको क्या पसंद आएगा यह इस बात पर निर्भर करता है कि कौन कहां रह रहा है? कौन कहां पैदा हुआ है? और यह एकबार फिर से मनुष्य के अपने मन तथा कुदरत के रहस्यों, दोनों से मिलकर तय होता चला जाता है। यानी मनुष्य की स्वतंत्रता तथा परतंत्रता का यह खेल

निरंतर साथ-साथ चलता रहता है तथा इस खेल से ही मनुष्य के जीवन के तमाम फैसले हो रहे हैं।

सो, कहने का तात्पर्य यह है कि प्रकृति के इस खेल को समझे बगैर जीवन नहीं बनाया जा सकता है। और यह खेल समझने हेतु मनुष्य के मन की कार्यप्रणाली के साथ-साथ कुदरत के तमाम रहस्यों को भी एक-एक कर समझना होगा। यह समझते ही मनुष्य के जीवन से संबंधित तमाम सवालों के उत्तर मिल जाएंगे। और यही रहस्यों का वह रहस्य है जिसे एक-एक कर उजागर करने हेतु मैं मनुष्यों के जीवन को प्रभावित करने वाली तमाम शक्तियों जैसे मनुष्य का मन, उसकी सायकोलॉजी, उसकी संरचना तथा उसकी कार्यप्रणाली के साथ-साथ...उसे प्रभावित करने वाले कुदरत की तमाम शक्तियों जैसे समय, प्रकृति, कर्म व फल, जन्म व पुनर्जन्म, ऑटोमेशन जैसे अनेक अन्य विषयों पर किताबें लिख रहा हूँ। इन सब किताबों को सिलसिलेवार पढ़ने के बाद निश्चित ही सबको यह समझ में आ ही जाएगा कि उसका जीवन कहां व क्यों उलझा है? साथ ही उसे यह भी समझ में आ जाएगा कि उलझन से कैसे निकलना है। और यह दो बातें अगर समझ में आ जाएं तो जीवन बनते क्या देर लगेगी?

यहां यह भी स्पष्ट कर दूं कि मनुष्य का मन हो या कुदरत के रहस्य, सब-के-सब नियमपूर्वक बरतते हैं। अत: इन्हें ना सिर्फ समझा जा सकता है बल्कि इनकी एनालिसिस भी की जा सकती है। और यह इसलिए महत्त्वपूर्ण है क्योंकि मनुष्य के मन की कुदरत के रहस्यों से ट्यूनिंग हुए बगैर जीवन को सही दिशा नहीं मिल सकती है। यहां एक बात और स्पष्ट कर दूं कि अपने मन को कुदरत के रहस्यों से ट्यून्ड करने हेतु इन सब बातों को पढ़ना और समझना जरूरी नहीं है। कुदरत की ओर से मनुष्य के लिए यह व्यवस्था है ही कि कोई भी अपने मन को एक ऊंचाई तक पहुंचाकर सीधे ही तमाम रहस्यों के साथ चाल-से-ताल मिलाकर जी सकता है। खैर, अब

चाहे जाने हो या अनजाने, परंतु यह तय है कि महान जीवन वही जी सकता है जो कुदरत की ताल–से–चाल मिलाकर बढ़ रहा हो। विश्व इतिहास का कोई भी 'महान–जीवन' इससे आजाद नहीं है। सभी ने महानता कुदरत की ताल–से–चाल मिलाकर ही पायी है। और जब इतनी बात चली है तो एक बात और कह दूं कि अधिकांश महान लोग अनजाने ही मन की ऊंचाई छूकर महानता को उपलब्ध हुए हैं। उन्हें मन, जीवन या कुदरत के रहस्यों का कुछ पता नहीं था। यह मैं इसलिए कह रहा हूँ क्योंकि रहस्यों का पता होना महत्त्वपूर्ण नहीं है, महत्त्व उन रहस्यों से ट्यून्ड होने का ही है।

कुल–मिलाकर समझें तो मनुष्य अपना जीवन अपने हिसाब से जीने हेतु पूरी तरह स्वतंत्र है। लेकिन उसके उठाए हर कदम के साथ वह प्रकृति की नियमपूर्वक बरत रही भिन्न–भिन्न शक्तियों के द्वारा तदनुरूपी परिणाम पाने हेतु बंध भी जाता है। और यह परिणाम भोगना ही उसकी तमाम नाकामियों की जड़ है। अब यदि विपरीत परिणामों से मनुष्य बचना चाहता है तो उसका एक ही उपाय है कि वह कुदरत की शक्तियों के साथ बहे। और कुदरत की शक्तियों के साथ मनुष्य या तो इन शक्तियों के रहस्यों को समझकर बह सकता है या उनसे ट्यून्ड होकर। लेकिन चाहे जो हो, इन शक्तियों के साथ बहे बगैर मनुष्य का जीवन नहीं बन सकता है, यह तय है। यानी मनुष्य स्वतंत्र तो है परंतु सिर्फ अपनी स्वतंत्रता का उपयोग कर वह अपना जीवन नहीं बना सकता है। जीवन बनाने हेतु उसे अपनी स्वतंत्रता का "कुदरत की शक्तियों के साथ तालमेल" बिठाना ही होगा। कोई यह सोचे कि वह सिर्फ अपने निर्णयों तथा अपनी जानकारियों की बदौलत जीवन बना लेगा...तो वह नहीं होने वाला।

खैर, इसी बात को और सीधे शब्दों में समझाऊं तो जीवन का हाल उड़ते हवाई जहाज जैसा है। पायलट को हवाई जहाज एक ऊंचाई तक पहुंचाना होता है। एक ऊंचाई पर पहुंचाने के बाद तो उसे जहाज को

ऑटो-मोड पर छोड़कर आराम से सफर का मजा लेना होता है। हां, उस समय भी उसे चौकन्ना अवश्य रहना होता है। बस यही हाल मनुष्यजीवन का भी है। मनुष्य को भी सिर्फ अपने मन को एक ऊंचाई तक उठाना होता है। मन के एक ऊंचाई पर उठते ही उस जीवन को फिर कुदरत के तमाम रहस्य स्वत: ही थाम लेते हैं। और थामते ही वे उसे मंजिल तक भी पहुंचा ही देते हैं। आगे की इस यात्रा में फिर मनुष्य को सिवाय चौकन्ना रहने के और कुछ नहीं करना होता है। इस चौकन्ने रहने को ही पुराने ज्ञानी 'होश' से जीना कहते हैं।

कुल-मिलाकर समझें तो मनुष्य का जीवन बनाने हेतु सबसे महत्त्वपूर्ण शिक्षाएं वे ही हैं जो मनुष्य के मन को नयी ऊंचाइयां प्रदान करने में सक्षम हों। अत: तमाम रहस्यों को समझते वक्त अपने कर्मों से मन की ऊंचाई कैसे छूना, आप उसपर भी ध्यान देना तथा कुदरत के रहस्यों द्वारा थामते ही सबकुछ उन्हें सौंपकर कैसे सफर का मजा लेना, उसपर भी गौर करना। वहीं उस सफर का मजा लेते वक्त होश कैसे बनाये रखना, आप उसपर भी बराबर ध्यान देना। फिर जीवन में कभी उलझन महसूस करोगे ही नहीं।

सो, मुझे उम्मीद ही नहीं यकीन भी है कि रहस्यों पर आधारित भिन्न-भिन्न विषयों पर आने वाली इन किताबों को पढ़ने के बाद मनुष्य के जीवन से संबंधित तमाम सवालों का अंत आ जाएगा। और इस यकीन के साथ ही एक-एक कर तमाम किताबें मैं आपलोगों को प्रस्तुत करने जा रहा हूँ।

लेखक की कलम से...

कुदरत के किसी भी गहरे रहस्य को समझने हेतु सबको सबसे पहले यह जानना आवश्यक है कि यहां दृश्यमान और अदृश्य, दोनों जगत एक साथ कार्यरत हैं। साथ ही यह समझना भी जरूरी है कि सारे प्रकट हो रहे दृश्यों के कारण 'अदृश्यों' में छिपे हैं। यानी खेल दृश्यों में चल रहा है लेकिन उसकी बागडोर अदृश्यों के हाथ में है। परंतु इस सत्य से अनजान मनुष्य अपना पूरा जीवन 'दृश्यों' के इर्द-गिर्द बिता देता है। वह पाना भी सबकुछ दृश्यों में चाहता है तथा उस हेतु सारे प्रयास भी वह दृश्यों में ही करता रहता है। और यहीं आकर वह मार खा जाता है। क्योंकि जिसकी सत्ता ही नहीं, वहां उपद्रव मचाने से मिलेगा क्या? जिसका महत्त्व ही नहीं, वहां कितने ही उपद्रव कर लो, होगा क्या?

कुल-मिलाकर कहने का तात्पर्य यह कि जीवन बनाने हेतु मनुष्य अपनी ऊर्जा गलत जगह पर लगाये हुए है। और इसीलिए तमाम मेहनत के बाद भी उसका जीवन नहीं बन पा रहा है। अत: हरकोई यह समझ ही ले कि वह दृश्यों की जगह 'अदृश्यों' को समझने तथा बदलने में अपनी ऊर्जा

लगाएगा तो ही उसका जीवन बन पाएगा। और सच कहूं तो यही मनुष्य की इस कदर की नाकामी का सबसे गहरा कारण है। सो जो कोई मनुष्य अपना जीवन बनाना चाहता है, उसे इस सत्य की गहराई को पूरेपूरा समझना ही होगा। ...वरना सबकुछ होते हुए भी उसे अकारण एक नाकाम जीवन गुजारना पड़ेगा। और यही मैं नहीं चाहता...।

खैर, अब इसे समझें कि यह दृश्य वास्तव में है क्या? ...तो जो भी आंख, कान या अन्य इन्द्रियों से देखा, सुना या महसूस किया जा सकता है...वे सब दृश्य हैं। साथ ही जिनके साथ वैज्ञानिक प्रयोग किये जा सकते हैं, जिन्हें विज्ञान की लेबोरेटरी में सिद्ध किया जा सकता है, वे भी दृश्य हैं। और ये सारे दृश्य, जीवन के एक पहलू की बात है। मनुष्य का वास्तविक जीवन तो अदृश्यों से प्रभावित भी है तथा उन्हीं अदृश्यों में स्थित भी है। और यही वो बात है जो सबको हमेशा के लिए गांठ बांध लेने की है।

अब आगे सवाल यह उठता है कि आखिर यह 'अदृश्य' क्या है? तो मनुष्य के मन से लेकर उसके तमाम भाव जैसे सुख-दुःख, आनंद, चिंता, सबकुछ अदृश्य हैं। वास्तव में यह आता-जाता भाव ही मनुष्य का वास्तविक जीवन है और मनुष्य के इस वास्तविक जीवन को यानी उसके इन अदृश्य भावों को, समय से लेकर ऑटोमेशन तक के तमाम अदृश्य रहस्य प्रभावित करते रहते हैं। अर्थात इन दो अदृश्यों के बीच ही मनुष्य का वास्तविक जीवन घूमता रहता है तथा इन दोनों से ही उसके जीवन के सारे फैसले हो रहे हैं। बस यह एक बात समझ लोगे तो आगे की सारी बातें समझना आसान हो जाएगी। क्योंकि एकबार अदृश्य भावों तथा प्रकृति के अदृश्य रहस्यों की सत्ता का मनुष्य को अहसास हो जाए...तो आगे वह उनकी गहराइयों को समझने का संजीदा प्रयास भी करे।

खैर, ऐसा भी नहीं है कि इन अदृश्य शक्तियों का मनुष्य को कोई अंदाजा नहीं है। इन पर तरह-तरह की चर्चाएं युगों से होती ही आ रही हैं।

भाग्य से लेकर भगवान तक की तमाम बातें इन्हीं अदृश्यों के बाबत करी जाने वाली चर्चाओं की उपज है। अब इनमें कितना सही व कितना गलत, उसकी चर्चाओं में अभी हम नहीं पड़ेंगे। अभी तो मूल बात यही कि जीवन की वास्तविक सत्ता अदृश्यों के पास है। कई इसे मानते हैं तथा कइयों को इसके अहसास भी हुए हैं। वहीं महान ज्ञानियों ने भी हर युग में इस ओर इशारे किये ही हैं। यानी कुल-मिलाकर कोई इन अदृश्यों से पूरी तरह अनजान भी नहीं है। लेकिन इसमें भी महत्त्वपूर्ण बात यह कि अबतक यही माना जाता रहा है कि मन के अदृश्य प्रभावों तथा प्रकृति के अदृश्य रहस्यों को ना तो पूरी गहराई से समझा जा सकता है और ना ही इन्हें सिद्ध किया जा सकता है। बहुत हुआ तो इनपर श्रद्धा रखी जा सकती है। और इसी बात पर मुझे तगड़ा एतराज है। ...खासकर इस महान वैज्ञानिक युग में? क्योंकि सवाल यह कि जो चीज सिद्ध ही नहीं हो रही है, उसपर मनुष्य श्रद्धा रखे भी तो कैसे? सवाल तो यह भी कि आखिर मनुष्य उसपर श्रद्धा करे ही क्यों? ऐसी ऊपरी श्रद्धाओं से तो ना सिर्फ धर्म की दुकानें चमकेंगी बल्कि उल्टा उससे मनुष्य का भ्रम भी बढ़ेगा। अत: कोरी श्रद्धाओं से यह मामला सुलझाया नहीं जा सकता है। और चूंकि अबतक 'श्रद्धा रखने' पर ही जोर दिया जाता रहा है, इसी कारण सारे रहस्य आज भी रहस्य बने हुए हैं।

अब माना कि ये सारे रहस्य अदृश्य भी हैं तथा गहरे भी, परंतु फिर भी ये सारे रहस्य...हैं तो इसी जगत के! फिर मन और प्रकृति के रहस्य कोई उपद्रव थोड़े ही हैं? सभी नियमबद्ध हैं। अत: मेरा यह स्पष्ट मानना है कि उनकी सम्पूर्ण वैज्ञानिक एनालिसिस की ही जा सकती है। यही नहीं, उन्हें सिद्ध भी किया ही जा सकता है। और वे सिद्ध किये जाएंगे तो ही आज के वैज्ञानिक युग का मनुष्य इन अदृश्य शक्तियों का फायदा उठा पाएगा। बाकी तो हवा में बातें करने और वह भी तरह-तरह की ऊटपटांग बातें करने से मनुष्य का नुकसान ही हुआ है।

खैर, इन्हीं सब बातों को ध्यान में रखते हुए तथा मनुष्यों के जीवन में सकारात्मक क्रांतिकारी परिवर्तन लाने हेतु मैंने तय किया है कि मैं तमाम अदृश्य शक्तियों को ना सिर्फ वैज्ञानिक भाषा में कहूंगा और लिखूंगा, बल्कि मौके-मौके पर उन्हें सिद्ध भी करता चला जाऊंगा। क्योंकि प्रकृति की ऐसी कोई अदृश्य शक्ति नहीं, जिसे समझा न जा सके। वहीं मनुष्य की ऐसी कोई ऊंचाई नहीं, जिसे जागृत मनुष्य अपने भीतर महसूस न कर सके। और जिसे समझाया जा सकता है, जिसका अनुभव किया जा सकता है, उसे सिद्ध भी किया ही जा सकता है। निश्चित ही यह बड़ा ही गहरा व अनोखा प्रयास है, परंतु मनुष्य के उद्धार हेतु यह जरूरी है। मुझे यकीन है कि मैं अपने इस कार्य को बखूबी निभा पाऊंगा। साथ ही मुझे यह भी उम्मीद है कि उसके बाद मनुष्य न तो कोरी श्रद्धाओं के भरोसे रहेगा और ना ही बेतुकी बातों और दुकानों पर आश्रित होगा। जैसे विज्ञान द्वारा सिद्ध किसी चीज पर कभी बहस नहीं होती, वैसे ही कुदरत के रहस्यों की कार्यप्रणाली पर भी बहस बंद हो ही जानी चाहिए। विज्ञान हवा में उड़ने का दावा करता है तो सामने हवा में उड़ते हवाई जहाज दिख ही जाते हैं। फिर इसमें श्रद्धा, शंका या बहस की कोई गुंजाइश ही कहां रह जाती है?

सो बस, उसी वैज्ञानिक तरीके से मैं तमाम अदृश्य शक्तियों और उनके नियमों को समझाना भी चाहता हूँ तथा साथ ही प्रज्ञावान मनुष्यों के लिए उन्हें सिद्ध करने की तमन्ना भी रखता हूँ ताकि उनमें भी श्रद्धा, शंका या बहस की गुंजाइश ही न बचे। फिर बच जाता है उन्हें समझना और उनका फायदा उठाना...। अब अपना उद्धार करना चाह रहे लोग इतना तो कर ही लेंगे। और यह होगा तो ही पूरी मनुष्यता जीवन के शिखर छू पाएगी। अभी तो जाने या अनजाने जो चंद लोग इन रहस्यों के साथ जी रहे हैं, उतने ही एक हसीन जीवन गुजार पा रहे हैं। बाकी सब तो जीवन के धक्के खा-खा के परेशान हैं। और सच कहूं तो यही मुझसे देखा नहीं जाता। मुझे यकीन है

कि मेरा यह प्रयास आपको भी और एकदिन सम्पूर्ण मनुष्यता के भी काम आएगा। तब मनुष्य को स्वर्ग की कल्पना नहीं करनी पड़ेगी, वह धरती को ही हर कल्पित स्वर्ग से कई गुना सुंदर बना देगा। लेकिन ध्यान रहे, ताली हमेशा दो हाथों से बजती है। मैं कहकर तथा लिखकर के अपना कार्य कर ही रहा हूँ, आप बस इसे जितनी जल्दी और जितना ज्यादा ग्रहण कर सकें, करें...! बाकी सब अपनेआप हो जाएगा।

सो, कुल-मिलाकर कहने का तात्पर्य यह कि 'दो जगत' यहां एक साथ अस्तित्व में है। एक है दृश्यमान जगत व दूसरा है अदृश्य जगत। अब मनुष्य दृश्यों में तो धन व वैभव से लेकर बहुत कुछ पाना चाहता है, परंतु समझ यह नहीं पा रहा है कि उसकी यह दृश्यमान जगत में पाने की तमाम चाहें भी अंत में तो अपने अदृश्य मन में आनंद व मस्ती का अनुभव कर सके, उस हेतु ही होती हैं। यानी सबकुछ पाते वक्त भी उसकी निगाह अदृश्य पर ही लगी होती है। और यही अदृश्य की वह सत्ता है, जो सबको समझनी जरूरी है। यह सबको समझना जरूरी है कि उसके भीतरी व बाहरी दोनों जीवन अदृश्यों से ही प्रभावित होते हैं। ऐसे में फिर क्यों वह अपनी सारी चाहें दृश्यों में करता है? क्यों अपने सारे प्रयोग दृश्यों में करता है? क्यों धन पाना हो या वैभव, उस हेतु वह दृश्यमान संसार में उपद्रव मचाये हुए है? धर्म से लेकर अन्य तमाम प्रकार की शिक्षाएं भी उसे संसार में उपद्रव मचाने को उत्साहित कर रही हैं। परंतु ये तमाम शिक्षाएं चूंकि गलत हैं, इसीलिए नाकामयाब हो रही हैं। यही कारण है कि पूरी मेहनत के बाद भी किसी को यहां मनचाहा नहीं मिल रहा है। अब जीवन बनाना है तो यह सीधी बात समझनी ही पड़ेगी।

खैर, कुल-मिलाकर कहूं तो सबको यह समझना ही रहा कि तमाम दृश्यों की बागडोर मनुष्य के अदृश्य मन तथा प्रकृति के अदृश्य रहस्यों के हाथ में है। आप जो कुछ भी पाना चाहते हैं उस हेतु आपको प्रयोग अपने

अदृश्य मन तथा कुदरत के अदृश्य रहस्यों के साथ करने हैं। और मनुष्य इतना समझेगा तो ही यहां सबको बेहतर जीवन नसीब हो सकता है। और वह होए, उस हेतु मैंने मन तथा प्रकृति की तमाम अदृश्य शक्तियों पर वैज्ञानिक तरीके से किताबें लिखना तय किया है। मुझे यकीन है कि प्रकृति की मेहरबानी से किया जा रहा यह प्रयास एकदिन अवश्य अपना रंग दिखाएगा।

आपका

दीप त्रिवेदी

/deeptrivediblog | /deeptrivediblog | /deeptrivedivideos

प्रस्तावना

यह पूरा जीवन अदृश्य शक्तियों से
नियमपूर्वक चल रहा है
और 'अदृश्य' पर बुद्धि-अहंकार की पहुंच नहीं है।
बुद्धि-अहंकार की पहुंच केवल 'दृश्य' तक सीमित है।
...जबकि दृश्य सारे मिथ्या हैं।
इसीलिए जीवन सिर्फ 'मन' बना सकता है।

निश्चित ही इस किताब में हम 'आत्मा' को वैज्ञानिक तरीके से समझने की कोशिश करेंगे। हालांकि आत्मा कोई नया शब्द नहीं है। यह तो एक ऐसा शब्द है जिसका उपयोग युगों से होता आ रहा है। लेकिन बावजूद इसके, आज भी कोई यह नहीं कह सकता है कि वास्तव में यह आत्मा है क्या? और उसका भी कारण है। दरअसल मनुष्य की चेतना या उसके सायकोलॉजिकल ज्ञान का अभी इतना विकास नहीं हुआ है कि कोई आम मनुष्य अदृश्यों की लीलाओं, अदृश्यों की सायकोलॉजियों या अदृश्यों की शक्तियों को समझ सके। अधिकांश लोगों की चेतना दृश्यों तक ही सीमित है। घर, गाड़ी, पत्नी, शरीर, चांद-तारे, समुद्र, धन, मूर्तियां... बस यही सब

वह समझता है। और यह सब समझना आसान है, क्योंकि दृश्यमान है। परंतु बात जब उन चीजों की आती है जो ''टाइम और स्पेस'' के पार है, यानी अदृश्य है...तो उसके होंठ सिल जाते हैं। मिर्ची की तिखास हो या शक्कर की मिठास, दुःख हो या प्रेम, क्या कभी कोई किसी को समझा पाया है? हां, अनुभव कर लेता है और बात वहीं समाप्त हो जाती है। ...क्यों? क्योंकि अदृश्यों के अनुभव तो किये जा सकते हैं, परंतु उन्हें समझाना बहुत मुश्किल हो जाता है। जिसने कभी मिर्ची खायी ही न हो, उसे आप मरते दम तक समझाते रहें कि तीखापन क्या है, क्या वह समझ पाएगा? असंभव है...!

अब समझो यह कि जब शक्कर की मिठास या मिर्ची की तिखास तक समझाना असंभव है तो...आत्मा, भगवान, मन, मन की शक्तियां, भाग्य, समय, ऑटोमेशन, ऊर्जा, टाइम एंड स्पेस की रिलेटिविटी, कर्म-फल, जन्म-पुनर्जन्म वगैरह कैसे समझाये जा सकते हैं? हां, जिसकी चेतना बढ़ती चली जाएगी, वह एक-एक कर इन सबका अनुभव कर लेगा। लेकिन कोई कहे कि समझाओ, तो वह समझाएगा कैसे? जैसे... जिसने कभी मिर्ची न खायी हो उसे मिर्ची का तीखापन नहीं समझाया जा सकता है, वैसे ही जिसने अपनी चेतना का विकास न किया हो, वह आत्मा हो या मन की शक्तियां, भाग्य हो या समय के सिद्धांत, उनमें से कुछ भी नहीं समझ सकता है।

कहने का तात्पर्य यह कि अदृश्यों का अनुभव तो किया जा सकता है, परंतु उसे आसानी से समझा या समझाया नहीं जा सकता है। और यदि आप अदृश्य शक्तियों तथा उनके रहस्यों को समझना चाहते हैं तो इस बात को हमेशा के लिए गांठ बांध लेना। जहां तक हो सके इन बातों को समझने की जगह...अनुभव में खोजने की कोशिश करना। यह तय जानना कि इन्हें समझा ही नहीं जा सकता है। दरअसल बात तो यह है कि समझने के प्रयास में ही आज तक सब भटकते आ रहे हैं। यही कारण है कि एक ही अदृश्य को हजारों तरीके से समझाने वाले भी हैं और उसे हजारों तरीके से

समझने वाले भी हैं। भाग्य हो, भगवान हो या आत्मा हो...यहां ना सिर्फ सबकी अपनी-अपनी परिभाषाएं हैं, बल्कि उनमें से कोई एक-दूसरे से मेल भी नहीं खाती हैं। उसपर भी मजे की बात यह है कि उनमें से अधिकांश वास्तविकताओं से बहुत, बहुत और बहुत परे हैं।

अब सवाल यह उठता है कि मनुष्य अदृश्य शक्तियों को लेकर इस कदर भ्रमित क्यों है? क्योंकि वह इन्हें बुद्धि व इन्द्रियों से समझना चाहता है। जबकि यह असंभव है। तमाम रहस्यपूर्ण अदृश्य शक्तियों का मन की जागी चेतना में सिर्फ अनुभव किया जा सकता है। सो, आप अपना जोर अपनी चेतना जगाने तथा उस जागी हुई चेतना में रहस्यों का अनुभव करने में लगाएं। तो ही इन गहरे रहस्यों का आप पूरेपूरा फायदा उठा पाएंगे। इन्हें समझने तथा इनपर बहस करने का काम बेकार के बुद्धिमानों पर छोड़ दें। क्योंकि वे लोग कष्टपूर्ण जीवन बिताने का तय कर चुके हैं। आप तो अपनी चेतना जगाओ, वहां इन रहस्यों का अनुभव करो...तथा फिर उस राह पर चलकर अपना जीवन बनाओ। मन तथा प्रकृति की रहस्यपूर्ण शक्तियों को ग्रहण करने का यह सुनहरा मौका है, मेहरबानीकर इसे बेकार मत जाने दो।

खैर, अब इतनी बात तो आप समझ ही चुके होंगे कि अपने मन की शक्तियों के साथ-साथ कुदरत की लीलाओं और उसकी शक्तियों से अनजान होना ही मनुष्य की दुर्गति का प्रमुख कारण है। वरना मनुष्य तो कुदरत का बनाया वह इन्स्ट्रूमेन्ट है जो पूरी कायनात पर राज कर सकता है। यह रोटी, कपड़ा और मकान के लिए संघर्ष, यह परिवार से लेकर दुनिया तक से संघर्ष...कोई उसका जीवन थोड़े ही है? कुदरत से मनुष्य जैसी महान चेतना का विकास कोई संकटों और संघर्षों में जीवन गुजारने हेतु थोड़े ही हुआ है? लेकिन जब स्वयं को मिली चेतना ही मनुष्य नहीं जगा पाएगा, जब उसको मिली चेतना ही सुप्त पड़ी रहेगी, तो फिर इसमें कुदरत भी क्या करेगी?

सो हरकोई यह स्पष्ट समझ ले कि अगर जीवन कष्टपूर्ण है तो अपनी स्वयं की चेतना न जगा पाना ही उसका एकमात्र कारण है। सोयी चेतना यदि भाग्य, भगवान, आत्मा, समय या ऊर्जा की अपनी ही परिभाषा बना ले और उसी में पूरे अहंकार से जिए, तो इसमें कुदरत की क्या गलती? जब अपने को प्राप्त मन की शक्तियों की अवहेलना कर मर-मर के जीना मनुष्य स्वयं चुन रहा है, ...तब ऐसे में वह भाग्य या भगवान को दोष दे ही कैसे सकता है?

अतः सबको, सबसे पहले चेतना जगाने का महत्त्व समझना ही रहा। सबको यह समझना ही रहा कि चेतना जगाये बगैर वह भाग्य, भगवान, मन, समय जैसी किसी भी शक्ति का अनुभव नहीं कर सकता है। यहां एकबार फिर स्पष्ट समझ लें कि ये सब अनुभव करने की चीजें हैं, समझने की नहीं। यह मैं बार-बार इसलिए कह रहा हूँ...क्योंकि अज्ञान से भरी शिक्षाओं के प्रभाव में आकर मनुष्य इन्हें समझने के चक्कर में पड़ जाता है। फिर वह बेकार की बहस पर उतर आता है। और उसपर मजा यह कि बात तो वह ऐसे विश्वास से कहता है मानो उसी ने तमाम रहस्य निर्मित किये हों! परंतु फायदा क्या? क्योंकि अंत में तो अपनी इन्हीं सब हरकतों के कारण वह तमाम सत्यों के बाबत और ज्यादा भ्रमित ही हो जाता है।

खैर, साथ ही आप यह भी समझ लें कि ये सब चमत्कारिक शक्तियां नहीं हैं। सब-की-सब पूरी तरह से नियमबद्ध हैं। अतः इनके बाबत हवाई या चमत्कारी बातों की भी रत्तीभर कोई गुंजाइश नहीं है। ऐसी बातें व ऐसी सोच तो और भी ज्यादा भटकाने वाली है। सच तो यह है कि तमाम अदृश्य शक्तियों का अपना एक सम्पूर्ण विज्ञान है। सो इनके तमाम नियम व सिद्धांत समझे ही जा सकते हैं। इसलिए मैं प्रकृति के नियमों की चर्चा करते वक्त इन सारे नियमों, रहस्यों तथा सिद्धांतों पर विस्तार से चर्चा करूंगा ही।

खैर, अभी तो मैं यह स्पष्ट कर दूं कि मैं जो कुछ भी लिखता या बोलता हूँ, वह सिर्फ मनुष्य की चेतना जगाने हेतु ही लिखता-बोलता हूँ। उस हेतु मैं कभी गलत मान्यताओं पे वार करता हूँ तो कभी चेतना की राह पर आगे बढ़ाने वाली बात करता हूँ। मैं मनुष्य के मन को भी और कुदरत की लीलाओं को भी, दोनों को समझता हूँ। अत: उसकी सोयी चेतना को जगाने हेतु क्या करना तथा उसके विकृत मन को शक्तियों से भरने हेतु क्या व कैसे कहना, दोनों अच्छे से जानता हूँ। इसलिए मेरी कही और लिखी हर बात एक पावरफुल सायकोट्रीटमेन्ट है जो आपके मन और चेतना के विकास को सुनिश्चित करती है। हां, कोई गहरा सोया हुआ हो, उसकी चेतना पूरी तरह सुप्त हो चुकी हो, तो उसका कुछ नहीं किया जा सकता है। दरवाजा खुला हो तो आसानी से प्रवेश किया जा सकता है। हां! दरवाजा बंद हो तो लात मारकर, यानी कड़क भाषा के सहारे दरवाजा तोड़ के भी प्रवेश किया जा सकता है। ये दोनों काम तो मैं कर लेता हूँ, परंतु फिर भी कई लोग मेरे प्रवेश करते ही अपने को बाथरूम में बंद कर लेते हैं। अब बाथरूम का दरवाजा तोड़ना शिष्टाचार नहीं। यूं भी जब ऐसे लोगों को कुदरत तक अपने हाल पे छोड़ने पर मजबूर हो जाती है, तो मैं क्या हूँ? और फिर ऐसे बेखबर सोये हुए लोग ही हवाई और चमत्कारी बातों के झूठे आसरों में जीने को मजबूर हो जाते हैं। फिर वे ही इन बातों के प्रति करट्टरता दिखाते फिरते हैं।

खैर, उनकी वे जानें। आप तो इतना समझ ही लो कि अच्छे-से-अच्छी दवाई भी ज्यादा-से-ज्यादा किसी के मुंह में डाली जा सकती है, परंतु उस दवाई को पेट तक पहुंचने देना या नहीं, यह तो उस मनुष्य को स्वयं तय करना होता है। वह मुंह में डाली अच्छे-से-अच्छी दवाई भी थूकने को स्वतंत्र है ही। अब आप निर्णय कर लो कि आपको चेतना जगानी है या नहीं...? समझ इतना लो कि उसके बगैर जीवन बनने वाला नहीं है। अत: इस नयी व गहरी बात को अपनी चेतना तक पहुंचाना

आपकी जिम्मेदारी है। बस इतना आप कर लो, बाकी का सारा काम ये बातें स्वत: ही निपटा लेंगी।

हां, एक बात और...! मैं कभी भी आत्मा अमर है, समय का सारा खेल है, मन शक्तियों से भरपूर है... इतना कहकर ही नहीं रुक जाता। मैं जानता हूँ कि यदि आत्मा अमर है, तो आज के वैज्ञानिक युग के मनुष्य को आत्मा की अमरता का अहसास कराना भी पड़ेगा ही। यूं भी आज के युग का मनुष्य ज्यादा प्रज्ञावान है। साथ ही आज विज्ञान की बेमिसाल प्रगति का सहारा भी उसे उपलब्ध है। और मेरी यह स्पष्ट समझ है कि सिर्फ दृश्य सिद्ध किये जा सकते हैं... अदृश्य नहीं, यह धारणा गलत है। मैं कह ही चुका हूँ कि प्रकृति की सम्पूर्ण कार्यप्रणाली हो या मनुष्यजीवन के गणित, सबकुछ एक विज्ञान ही है। और हर विज्ञान को सिद्ध किया ही जा सकता है। सो मैं कभी कोई ऐसी बात नहीं कहता जो सिद्ध न हो जाती हो। मैं कुदरत की तमाम शक्तियों के साथ-साथ मनुष्यजीवन की तमाम ऊंच-नीचों को भी वैज्ञानिक तरीके से सिद्ध करने हेतु उतना ही कार्यरत हूँ...जितना कि मनुष्य की चेतना जगाने हेतु।

बस इतना समझ लेना कि दृश्यमान वस्तुएं विज्ञान की लेबोरेटरी में सिद्ध होती हैं तथा अदृश्य वस्तुएं जागे हुए मनुष्य के मन की गहराइयों में स्वत: सिद्ध होती चली जाती हैं। यह बात जहन में रख लोगे तो सबकुछ समझना आसान हो जाएगा। और चूंकि मैं सारी चर्चा अदृश्यों की करता हूँ, अत: मेरी कही बातों को सीधे मन की गहराइयों में ग्रहण करो। वहां आपकी जागी चेतना के अनुसार वे स्वयं सिद्ध होती चली जाएंगी। इन्हें समझने की या अपनी सुनी-सुनाई बेतुकी बातों से इनकी तुलना करने की कोशिश कतई मत करना, वरना ऐसा भटकोगे कि दोबारा इन सत्यों को समझने लायक बचोगे ही नहीं। हालांकि इन सत्यों को फटाफट अनुभव करने की भी एक कला है। आप जो कुछ भी जानते, मानते या समझते हैं, उसे बीच में मत

आने दें। आप तो सीधे इन्हें मन की गहराइयों में जाने दें। आपके मन की गहराइयों में महाज्ञान छिपा पड़ा है। वह हर बात को अपने तराजू पर तौलकर इन कहे सत्यों पर मोहर लगाता चला जाएगा।

सो, उम्मीद करता हूँ कि अब आप आत्मा और उसकी शक्तियों का अनुभव करने तथा उसका फायदा उठाकर अपने शानदार जीवन की नींव डालने हेतु तैयार हैं। मुझे खुशी होगी यदि 'आत्मा' के अनुभव करने के इस मौके को आपलोग बेकार नहीं जाने देंगे।

कृष्ण और आत्मा का संबंध

मन, बुद्धि, अहंकार, इन्द्रियां और शरीर को मारकर आत्मा पाना बड़ी बात नहीं है। इन सबके साथ आत्मा की ट्यूनिंग बिठा देना बड़ी बात है। 'कृष्ण' यही कमाल करना सिखाते हैं।

अब आत्मा की बात करें तो कृष्ण की चर्चा करना जरूरी हो जाता है। क्योंकि कृष्ण मनुष्यजाति के इतिहास के वह पहले व्यक्ति हैं जिन्होंने अपनी कही भगवद्‌गीता में अनेकों बार 'आत्मा' शब्द का प्रयोग किया है। उसमें उन्होंने भिन्न-भिन्न तरीके से आत्मा के प्रभावों और उसकी शक्तियों का वर्णन किया है। और कृष्ण उन लोगों में से नहीं हैं...जो हवा में बातें करते हैं। वे जो कुछ भी कहते हैं, वह उनका अनुभव है। वे उसमें जीते हैं। कृष्ण ना सिर्फ कुदरत की लीलाओं और मनुष्य के मन की शक्तियों को ही समझते हैं, बल्कि साथ ही वे दोनों के तालमेल के महत्त्व को भी पूरी तरह से जानते हैं। यही कारण है कि वे जीवन का कोई युद्ध कभी नहीं हारे।

जानकार इसीलिए उन्हें मनुष्यजाति के इतिहास का एकमात्र 'पूर्ण अवतार' कहते हैं। और यह एक ऐसा निर्विवाद सत्य है कि जिसमें किसी के आपत्ति करने का कोई कारण नहीं है।

खैर, यूं भी सबको हमेशा के लिए यह ध्यान रख ही लेना चाहिए कि चूंकि महान व्यक्ति किसी एक धर्म या समाज का नहीं होता, वह हमेशा सिर्फ मनुष्यता का होता है। सो यह कहने की भी जरूरत नहीं कि समाजों और धर्मों के उनपर दावे जताने की आदत ने मनुष्य का नुकसान ही किया है। लेकिन उन समझदारों को, जिनको जीवन बनाना है..इन झंझटों से मुक्ति पा लेनी चाहिए। अत: मेरे भगवान छोटे क्यों व तुम्हारे भगवान बड़े क्यों... की झंझट में पड़ना ही मत, वरना बुरी तरह से भटक जाओगे। यदि कृष्ण बहुआयामी व बहु-प्रतिभाशाली हैं...तो हैं। लेकिन इसका अर्थ यह नहीं कि वे कोई हवाई या जादुई पुरुष हैं। सो यह स्पष्ट समझ लो कि उन्हें चमत्कारी मानोगे तो और भी बुरे भटक जाओगे। यदि कृष्ण में कुछ है तो यह उनके व्यक्तित्व तथा उनकी प्रतिभा की बात है, बाकी तो कृष्ण हमारी ही तरह इसी धरती पर पैदा हुए हैं तथा उनपर ब्रह्मांड के सभी रहस्य हमारी ही तरह पूरी तरह से लागू रहे हैं। परंतु अज्ञानता, स्वार्थवृत्ति, अहंकार और दुकानें चलाने हेतु कई लोगों ने कृष्ण को हवाई और जादुई बना दिया। हालांकि जो पुराने ग्रंथ हैं, उसमें कृष्ण का पूरा जीवन व उनका वास्तविक स्वरूप पूरेपूरा मिल जाता है। लेकिन दुर्भाग्य से कृष्ण के वास्तविक जीवन को दर्शाने वाले उन ग्रंथों की चर्चा कम है। चर्चा उन ग्रंथों की ज्यादा है जो बुद्ध और बौद्धों के बढ़ते प्रभाव की काट के रूप में लिखे गए थे।

अब सबको वह दौर याद ही होगा जब बुद्ध के प्रभाव में आकर हिंदू धर्म छोड़कर बौद्ध धर्म अपनाने वालों की कतार लगी पड़ी थी। बस उसी दरम्यान बुद्ध का प्रभाव कम करने हेतु चंद ऐसे ग्रंथ लिखे गए, जिनमें कृष्ण को जादुई तथा हवाई बताया गया। उनके जीवन को चमत्कारों से

भरा गया। अब आमलोगों तथा दुकान चलाने वालों, दोनों को कृष्ण का यह नया अवतार बड़ा रास आया। लेकिन इसका एक विपरीत प्रभाव हुआ। वैज्ञानिक बुद्धि के चेतनाशील मनुष्य इस नये कृष्ण को पचा नहीं पाये और वे कृष्ण से दूर हो गए। और ध्यान से समझें तो यह ठीक नहीं हुआ। सच्चाई यह है कि इन हवाई ग्रंथों के दो बड़े दुष्परिणाम हुए। एक तो जो जादुई कृष्ण में उलझ गए, वे ना सिर्फ भटक गए बल्कि कृष्ण की जादुई लीलाओं का वर्णन करने वालों ने उन्हें काफी लूट भी लिया। और यह लूट आज भी बदस्तूर जारी है। वहीं वे चेतनाशील लोग, जो कृष्ण को समझकर मनुष्यता के लिए एक-से-बढ़कर-एक बड़े कार्य कर सकते थे, वे कृष्ण से ही दूर हो गए। यदि उन्होंने कृष्ण को समझने में रस लिया होता तो आज विश्व में ''महान लोगों'' की तादाद कई गुना ज्यादा होती। और यह बात तो सभी जानते हैं कि हर महान व्यक्ति लाखों-करोड़ों का जीवन बनाता ही है।

> *सीधे शब्दों में समझें तो गीता कारावास में पैदा हुए कृष्ण को 'जय श्रीकृष्ण' तक कैसे पहुंचाना, उसकी दास्तान है। तभी तो गीता को ''सफलता के सार-सूत्र'' कहा जाता है।*

आज मनुष्य ने जो कुछ भी प्रगति करी है, वह इन महान लोगों को ही आभारी है। बेचारा आम मनुष्य तो उनके महान कार्यों का फायदा उठाने के बावजूद अपनी सोयी चेतना के कारण जीवन के धक्के ही खा रहा है। सोचो इतना कि यदि ये महान लोग न होते तो मनुष्य का क्या हाल होता? सो महान लोग महत्त्वपूर्ण होते ही है। ऐसे में सोचो कि यदि कृष्ण को हवाई न बनाया गया होता तो प्रज्ञावान लोग उनके वास्तविक जीवन तथा ज्ञान से फायदा उठाकर महानता को उपलब्ध न हो गए होते? और अगर महान लोगों की तादाद बढ़ती तो विश्व का चमन और अधिक गुलजार न होता?

खैर, जो हो चुका, सो हो चुका। अभी तो हम कृष्ण के वास्तविक व्यक्तित्व की चर्चा कर रहे हैं। और यह महान कृष्ण मनुष्यजाति के इतिहास के पहले सायकोलॉजिस्ट ही नहीं, पहले वैज्ञानिक भी हैं। वे वो हैं जिनकी चेतना ने आसमान के पार की भी यात्राएं की हैं। लेकिन इन सबके बावजूद यह स्पष्ट कर दूं कि उनका जीवन एक आम जीवन ही है। मनुष्यजीवन और उसके शरीर के तमाम बन्धन उनपर भी समान रूप से लागू रहे हैं। पांव में तीर लगा तो उनके भी शरीर ने अंतिम सांस ली ही है। कृष्ण ने जेल में पैदा होकर आसमान की ऊंचाइयां अवश्य छुई हैं, परंतु वह कमाल उनकी चेतना ने कर दिखाया था, चमत्कारों ने नहीं। और जो इतना समझकर कृष्ण के जीवन को समझ लेगा, वह जानने योग्य सबकुछ जान लेगा तथा सीखने योग्य सबकुछ सीख लेगा। वह आत्मा-परमात्मा ही नहीं, कुदरत की अन्य तमाम लीलाओं को भी भीतर अनुभव कर लेगा। वह एक ऐसा जय श्रीकृष्ण हो जाएगा जो फिर जीवन का कोई युद्ध कभी नहीं हारेगा। मैं अपने अनुभवों के आधार पर कह सकता हूँ कि कृष्ण की जीवनयात्रा तथा उनकी कही भगवद्गीता से बड़ी धरोहर मनुष्य के पास दूसरी और कोई नहीं है। लेकिन दुर्भाग्य से मनुष्य इन दोनों को समझने में तथा उनका फायदा उठाने में नाकाम रहा है।

होगा, अभी तो मैं चाहता हूँ कि कृष्ण के जीवन की विकास यात्रा का पूरा विश्व फायदा उठाए। इसी उद्देश्य से कृष्ण के जीवन, उनके मन, उनकी सायकोलॉजी तथा उनके जीवन में उन्होंने कुदरत की तमाम शक्तियों से तालमेल कैसे बिठाया तथा कैसे उन्होंने कान्हा से...जय श्रीकृष्ण बनने तक का सफर तय किया...उसपर मैंने ''मैं कृष्ण हूँ'' नामक किताब लिखी है। इसे मैंने तमाम उपलब्ध पुराने विश्वसनीय ग्रंथों की रिसर्च करके लिखा है। यह इतने विस्तार से तथा इतनी सायकोलॉजिकल गहराई से लिखी गई है कि कुल जमा छ: भागों में इसे प्रकाशित करना पड़ रहा है। मैंने कृष्ण के जीवन को इतने विस्तार से इसीलिए लिखा है कि मैं कृष्ण के जीवन, उनके

मन, उनके कार्य, उनकी शक्तियों तथा कुदरत से तालमेल बिठाकर चलते रहने की उनकी क्षमता और कला के महत्त्व को जानता हूँ। कृष्ण की यह बायोग्राफी निश्चित ही पूरी मनुष्यता की तकदीर बदलने की क्षमता रखती है। क्योंकि कृष्ण का जीवन हमें ना सिर्फ मनुष्यों के उपद्रवी दिमाग से निकले एक-से-एक खतरनाक इरादों से कैसे बचना, यह सिखाता है...बल्कि साथ ही उनका जीवन हमें कुदरत की नियमबद्ध व कॉम्प्लीकेटेड शक्तियों का कैसे फायदा उठाना, यह भी समझाता है। और मैं नहीं मानता कि इससे ज्यादा महत्त्वपूर्ण ज्ञान दुनिया में दूसरा कोई हो सकता है।

खैर, मैं एक बात और स्पष्ट कर दूं कि मैंने कृष्ण की इस जीवनयात्रा पर आधारित पिछले 1000 वर्षों के दरम्यान प्रकाशित हुए तमाम हवाई ग्रंथों की अवहेलना की है, क्योंकि उनमें वर्णित कृष्ण का ''वास्तविक कृष्ण'' से कुछ लेना-देना नहीं है। सच तो यह है कि मेरा भगवान ज्यादा चमत्कारी या तेरा, इस चक्कर में पड़े अज्ञानियों और उनके नाम पर दुकान चलाने वाले स्वार्थियों ने कृष्ण ही नहीं, बुद्ध, क्राइस्ट से लेकर कबीर और मीरा तक के जीवन को हकीकत से कोसों दूर पहुंचा दिया है। और सच कहा जाए तो इन सबके जीवन के साथ किये गए इस खिलवाड़ के कारण ही मनुष्य आजतक अंधेरे में भटक रहा है। अत: जो यह जमीनी हकीकत समझ लेगा कि सभी महान लोग इसी धरती पर पैदा हुए हैं तथा उनपर भी इस धरती के तमाम नियम लागू ही थे; वे ही इन महान लोगों के जीवन तथा इनकी बातों का फायदा उठा पाएंगे। बाकी के सब तो इनकी हवाई कहानियों की चर्चा करते ही रह जाएंगे। वे बेचारे तो इनके नामपर चल रही लूट के हिस्से बने मंदिर-मस्जिद-चर्च के चक्कर खाते ही रह जाएंगे।

कुल-मिलाकर कहूं तो कुदरत की लीलाएं हो या मनुष्यजीवन का खेल, सबकुछ वैज्ञानिक तरीके से नियमबद्ध है। इन सबका ना सिर्फ अनुभव किया जा सकता है, बल्कि इन्हें सिद्ध भी किया ही जा सकता है। अत:

कुदरत के किसी भी सत्य में हवाई बातों और चमत्कारों को कोई जगह नहीं है। यह सब मैं जोरपूर्वक इसलिए कह रहा हूँ...क्योंकि कृष्ण, बुद्ध, क्राइस्ट, कबीर हों या मीरा हो, सबके वास्तविक जीवन से ना सिर्फ आत्मा की...बल्कि उसकी शक्तियों की भी झलक मिलती ही है। और मैं चाहता हूँ कि मानवमात्र उनका फायदा उठाए। और इसीलिए मैंने इस प्रस्तावना में महापुरुषों की इतनी चर्चा की है। खासकर 'कृष्ण' की...। खैर, आगे अब मैं 'कृष्ण' ने गीता में आत्मा और उसकी शक्तियों के बाबत जो कुछ कहा है, उसको समझाऊंगा। मुझे यकीन है कि गीता में कृष्ण द्वारा किया गया आत्मा का वर्णन आपको "आत्मा वास्तव में क्या है" यह समझने हेतु एक मजबूत फाउन्डेशन का काम करेगा।

भगवद्गीता का महत्त्व

गीता का महत्त्व ही यह है कि
अर्जुन कहीं से भी किसी की कमी
कृष्ण को खलने नहीं दे रहा है।
वह करने लायक सारी शंकाएं
'कृष्ण' पर कर ही लेता है।

अब कृष्ण के बाबत तो हमने काफी कुछ समझ लिया। परंतु उन्होंने 'आत्मा' के बाबत जो कुछ भी कहा है, वह गीता में कहा है। अत: भगवद्गीता क्या है, यह भी हमें समझना ही पड़ेगा। ...तो भगवद्गीता एक सम्पूर्ण ग्रंथ है। मनुष्यों के जीवन समझना हो या कुदरत के रहस्य, अपनी चेतना जगानी हो या अपने कर्तव्यों का बोध करना हो, सभी मामलों में भगवद्गीता बेजोड़ है। इसमें जिंदगी की रोजमर्रा की समस्याओं से लेकर परमज्ञान पाने तक की समस्त बातों पर कृष्ण ने चर्चा की है। यही नहीं, गीता में कृष्ण धार्मिक और अधार्मिक मनुष्यों के स्पष्ट भेद भी समझाते हैं। वहीं इसमें करी गई जगत की मायावी 'त्रिगुणी–माया' का वर्णन भगवद्गीता को संसार का सर्वश्रेष्ठ ग्रंथ बना देती है। लेकिन इन सबके बावजूद वास्तव में

तो गीता एक ऐसा सायकोलॉजिकल ग्रंथ ही है जिसमें "कृष्ण व अर्जुन के बीच के सायकोलॉजिकल संघर्ष" की पूरी दास्तान छिपी हुई है। और उन दोनों के बीच अठारह अध्याय तक चल रहा यह संघर्ष निश्चित ही मनुष्य को नयी सायकोलॉजिकल ऊंचाइयों पर पहुंचाने वाला है। साथ ही दोनों के बीच चल रहा यह संघर्ष "जीवन के रोजमर्रा के संघर्षों पर कैसे विजय पाना" यह भी समझाने वाला है।

अब स्कूल-कॉलेज में 20 वर्ष पढ़ने के बाद युवाओं को क्या मिल रहा है, यह सबको पता है। वहीं पचास-पचास वर्षों तक मंदिर-मस्जिद-चर्च के चक्कर लगाकर क्या हासिल हो रहा है, यह सत्य भी किसी से छिपा नहीं है। ऐसे में, मैं दावे से कह सकता हूँ कि मनुष्य यदि स्कूलों और धर्मस्थलों पर दिये जा रहे ध्यान और समय का पांच प्रतिशत भी गीता समझने में लगा ले...तो उसका जीवन कहां-से-कहां पहुंच सकता है। इसलिए कायदे से तो भगवद्‌गीता को स्कूलों के कैरिक्यूलम में शामिल कर ही लेना चाहिए। ...तभी मनुष्य अपनी पढ़ाई से लेकर अपनी प्रतिभा तक का श्रेष्ठ फायदा उठा पाएगा। क्योंकि जीवन का यह परम सत्य है कि कमजोर सायकोलॉजी के व्यक्ति के लिए न तो प्रतिभा काम आती है और ना ही डिग्रियां।

सो, भगवद्‌गीता के महत्त्व को समझो। और फिर गीता कोई हिंदुओं का ही ग्रंथ है, ऐसा थोड़े ही है। कृष्ण ने तो पूरी गीता में कहीं भी कभी हिंदू शब्द का प्रयोग तक नहीं किया है। इतना छोटा कृष्ण सोच भी नहीं सकते हैं। कृष्ण की कही गीता सारे साम्प्रदायिक धर्मों से ऊपर है। इसलिए सबको अपनी संकीर्ण सोच से छुटकारा पाकर इसे एक 'विश्व-ग्रंथ' के तौरपर स्वीकारना ही चाहिए। तभी विश्व की तकदीर और तस्वीर दोनों बदली जा सकेगी। चूंकि मैं गीता के महत्त्व को जानता हूँ...इसीलिए मैंने गीता पर रेकॉर्ड 168 घंटे का लेक्चर भी दिया है, जिसमें मैंने गीता के सम्पूर्ण 700 श्लोकों का वर्णन किया है।

खैर, इस समय हम सम्पूर्ण गीता पर चर्चा नहीं करने जा रहे हैं। अभी तो हम कृष्ण द्वारा गीता में किये गए 'आत्मा' के वर्णनों तथा उसके प्रभावों पर चर्चा कर रहे हैं। सो मैं गीता के चंद श्लोकों के आधार पर 'आत्मा' का वर्णन करूंगा। उससे आपको निश्चित ही आत्मा की एक झलक तो मिल ही जाएगी। और आत्मा की वह झलक आप पा सकें, उस हेतु ही मैंने कृष्ण व भगवद्गीता पर इतनी चर्चा की है।

1

भगवद्गीता, अध्याय 2, श्लोक 20–25

कृष्ण : यह आत्मा किसी कालमें भी न तो जन्मता है और न मरता ही है तथा न यह उत्पन्न होकर फिर होनेवाला ही है; क्योंकि यह अजन्मा, नित्य, सनातन और पुरातन है; शरीरके मारे जानेपर भी यह नहीं मारा जाता ।।20।।

हे पृथापुत्र अर्जुन! जो पुरुष इस आत्माको नाशरहित, नित्य, अजन्मा और अव्यय जानता है, वह पुरुष कैसे किसको मरवाता है और कैसे किसको मारता है? ।।21।।

जैसे मनुष्य पुराने वस्त्रोंको त्यागकर दूसरे नये वस्त्रोंको ग्रहण करता है, वैसे ही जीवात्मा पुराने शरीरोंको त्यागकर दूसरे नये शरीरोंको प्राप्त होता है ।।22।।

इस आत्माको शस्त्र नहीं काट सकते, इसको आग नहीं जला सकती, इसको जल नहीं गला सकता और वायु नहीं सुखा सकता ।।23।।

क्योंकि यह आत्मा अच्छेद्य है, यह आत्मा अदाह्य, अक्लेद्य और निःसन्देह अशोष्य है तथा यह आत्मा नित्य, सर्वव्यापी, अचल, स्थिर रहनेवाला और सनातन है ।।24।।

यह आत्मा अव्यक्त है, यह आत्मा अचिन्त्य है और यह आत्मा विकाररहित कहा जाता है। इससे हे अर्जुन! इस आत्माको उपर्युक्त प्रकारसे जानकर तू शोक करनेको योग्य नहीं है। अर्थात् तुझे शोक करना उचित नहीं है ।।25।।

अब कृष्ण इन श्लोकों के माध्यम से अर्जुन को आत्मा के बारे में जो कुछ बता रहे हैं, उसे मैं संक्षेप में समझाता हूँ। दरअसल कृष्ण की कही भगवद्गीता की गहराई इतनी ज्यादा है कि लिखना-बोलना चाहो तो इसके एक-एक श्लोक पर ना सिर्फ घंटों बोला जा सकता है, बल्कि इसके हर श्लोक पर पचासों पेज भी लिखे ही जा सकते हैं। परंतु यह आत्मा के रहस्यों पर किताब है, भगवद्गीता पर नहीं। अत: मैं गीता के श्लोकों के अर्थ की ओर इशारे ही करूंगा। चर्चा को हो सके उतना 'आत्मा' के इर्द-गिर्द ही रखूंगा।

खैर, अब सबसे पहले यह समझ लें कि भगवद्गीता कृष्ण...अर्जुन से कह रहे हैं, मेरे या आपसे नहीं। और मेरे देखे गीता पढ़ने वाले भी व गीता समझाने वालों में भी अधिकांश इस तथ्य को नजरअंदाज कर जाते हैं। वे सीधे श्लोकों के विश्लेषण पर आ जाते हैं। और इससे श्लोकों के अर्थ का अनर्थ हो जाता है। गीता में 700 भिन्न-भिन्न श्लोक नहीं हैं, बल्कि यह 700 संलग्न श्लोकों का ग्रंथ है। यह अर्जुन की बिगड़ी मनोदशा के कारण शुरू होती है और अर्जुन की पल-पल बदलती मनोदशा के अनुसार आगे बढ़ती है। इसलिए मेहरबानीकर आप यह समझ ही लें कि गीता में कृष्ण जब भी और जो कुछ भी कह रहे हैं, वह अर्जुन की उस समय की मनोदशानुसार कह रहे हैं। इसलिए गीता के किसी भी श्लोक का अर्थ कभी भी...अर्जुन की उस श्लोक के पूर्व की मनोदशा समझे बगैर नहीं समझा जा सकता है। यही कारण है कि मैंने गीता पर अपने 168 घंटे के लेक्चर में पूरे 700 श्लोक

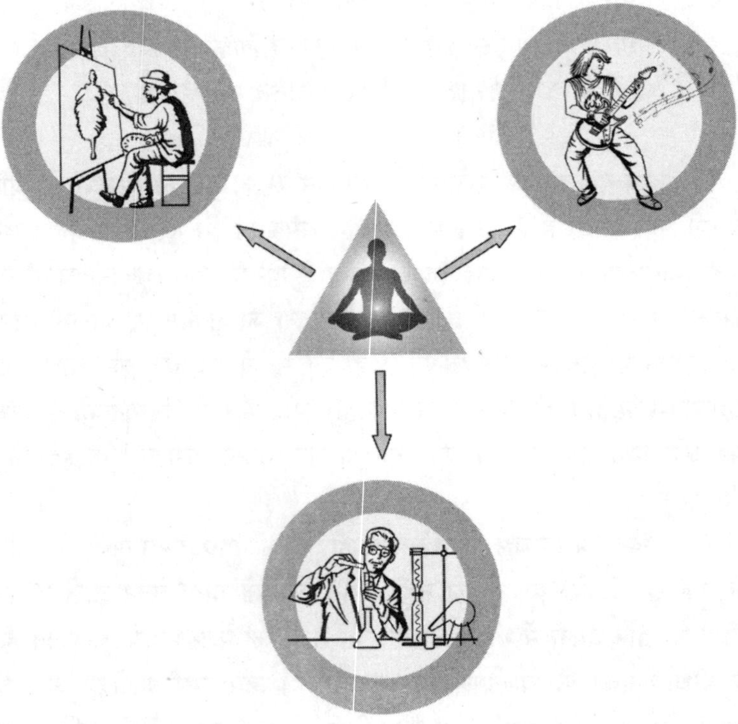

आत्मा के गुण

आनंद, मस्ती, शांति, क्रिएटिविटी, इन्टेलिजेन्स और कोन्सन्ट्रेशन – ये आत्मा के गुण हैं। आपमें ये गुण न हो तो समझ लेना कि आप अपनी आत्मा से बहुत दूर हैं।

क्रमशः, यानी एक के बाद एक ही लिए हैं। साथ ही कृष्ण के श्लोकों की विवेचना करने से पूर्व हमेशा अर्जुन की वर्तमान मनोदशा अवश्य समझायी है। और यही भगवद्गीता की सम्पूर्ण सायकोलॉजिकल गहराई समझने का एकमात्र उपाय है।

सो कृपया गीता के ऊटपटांग अर्थ समझाने वालों से सावधान रहना। उसके बजाय मैंने जो अभी आपको समझाया, उसको आधार बनाकर स्वयं गीता पढ़ना। वह आप पर ज्यादा बेहतर प्रभाव डालेगी। यूं भी इसमें मनुष्यजीवन की ही बात है, सो थोड़ा-सा होश से पढ़ने पर हरकोई गीता समझ ही सकता है। वहीं एक बात और समझ लेना कि कृष्ण ने एक सम्पूर्ण जीवन जीया है। और इसलिए गीता हो या कृष्ण का जीवन, समझ भी वही सकता है जो सम्पूर्णता का पक्षधर हो...तथा जो जीवन को उसकी पूर्णता में स्वीकार सकता हो। बाकी तो यह तय जान लो कि संसार से भागने वाले या उन मान्यताओं को महत्त्व देने वाले न तो गीता को और ना ही कृष्ण के जीवन को कभी समझ पाएंगे। साथ ही जिनपर अन्य धर्मग्रंथों का प्रभाव होगा, वे तो मरते मर जाएंगे पर गीता नहीं समझ पाएंगे। फिर चाहे वह प्रभाव हिंदू धर्म का ही क्यों न हो? क्योंकि मैं कह ही चुका हूँ कि भगवद्गीता मनुष्य के जीवन तथा प्रकृति, दोनों के गहरे रहस्य उजागर करती है। और इसीलिए जीवन या प्रकृति की ऊंचाई सिर्फ 'भगवद्गीता' द्वारा ही समझी जा सकती है।

खैर, अब हम वापस कृष्ण के कहे श्लोकों पर आ जाते हैं। मुझे भी और आपको भी, दोनों को यह ध्यान रखना ही पड़ेगा कि यह किताब आत्मा पर है, गीता पर नहीं। अत: अभी मैंने गीता और कृष्ण को समझने के लिए जो आवश्यक था, वह समझा दिया। सो, अब हम सीधे वर्तमान श्लोक पर चर्चा करते हैं। इस श्लोक में कृष्ण, अर्जुन से आत्मा की अमरता का वर्णन कर रहे हैं। वे कह रहे हैं कि हे अर्जुन, तू आत्मा है। मैं भी और

ये राजा लोग भी आत्मा हैं। यह आत्मा न तो जन्मता है और ना ही मरता है। यह ना तो पैदा होता है और ना ही नष्ट होता है। इसलिए किसी के मरने का सवाल ही नहीं है। और जब मरने का सवाल नहीं है तो किसी के मारने का भी सवाल नहीं है। सत्य तो यही है कि न तो कोई कभी मरता है और ना ही कोई किसी को कभी मार सकता है। दरअसल तो यह मरने-मारने की बात करना ही मनुष्य के मायावी जगत में फंसे होने का सबूत है। वास्तव में तो ऐसा कुछ होता ही नहीं है।

अब सवाल यह कि कृष्ण यह बात अर्जुन से क्यों कह रहे हैं? क्योंकि कृष्ण उनमें से नहीं जो बेवजह कुछ कहके या करके अपना समय और अपनी ऊर्जा व्यर्थ गंवाए। अतः समझो यह कि कृष्ण, अर्जुन से यह सब इसलिए कह रहे हैं...क्योंकि अर्जुन इस समय भयभीत भी है व कन्फ्यूज्ड भी। उसे चिंता पकड़ी है कि इस युद्ध का परिणाम क्या होगा? क्या मैं मारा जाऊंगा? क्या मेरे ही हाथों मेरे भाई, ताऊ, चाचे और गुरु...वगैरह मारे जाएंगे? उसे लग रहा है कि चाहे मारा मैं जाऊं या मेरे भाई-बंधु, हैं तो दोनों दुःखद ही। हैं तो दोनों गलत ही। इसलिए कृष्ण कह रहे हैं कि हे अर्जुन, कोई मर सकता है या कोई मार सकता है, ऐसा सोचना तेरी अज्ञानता को दर्शाता है। क्योंकि मरने-मारने का काम मनुष्य का शरीर करता है, मनुष्य नहीं। मनुष्य तो वास्तव में एक शुद्ध-बुद्ध आत्मा है...जो न कभी मरता है और ना ही किसी को मारता है।

सो थोड़ी-सी प्रज्ञा जगाकर समझें तो कृष्ण के कहने का तात्पर्य यह है कि मनुष्य का शरीर अलग है व आत्मा अलग है। वास्तव में हर मनुष्य एक आत्मा है, परंतु मोह में फंसकर वह अपने को एक शरीर माने जी रहा है। और इसीलिए वो मरने का भय भी पकड़ता है तथा वही फिर उस कारण मारने का गर्व भी पालता है। परंतु जो अपने को 'आत्मा' जान चुके हैं, वे यह सत्य जानते हैं कि न तो कोई मरता है और ना ही कोई

मार सकता है। वे यह जानते हैं कि आत्मा अजन्मा होने की वजह से अमर है, इसलिए वास्तविक शारीरिक हिंसा संभव ही नहीं है। ये सारी मरने और मारने की चर्चाएं, ये सारी हिंसा-अहिंसा की बातें...सिर्फ 'आत्म-अज्ञान' के कारण मनुष्य कर रहा है।

खैर, कृष्ण की कही इस बात को और गहराई से समझें तो कृष्ण कह रहे हैं कि यह जितनी भी मरने-मारने व हिंसा-अहिंसा की चर्चाएं संसार में हो रही हैं, वे शरीर को सत्य मानकर जी रहे अज्ञानियों ने की हैं। फिर वे चर्चाएं किसी भी धर्म के किसी भी शास्त्र ने की हो, उससे कोई फर्क नहीं पड़ता है। फिर वे किसी भी ज्ञानी माने जाने वाले व्यक्ति ने की हो, कोई फर्क नहीं पड़ता है। समझ इतना लेना कि कृष्ण अंतिम सत्य कह रहे हैं और जब बात अंतिम सत्यों की या कुदरत के रहस्यों की आती है...तो सारे सुने-सुनाए बेतुके ज्ञान धराशायी हो जाते हैं। इस ब्रह्मांड का अंतिम सत्य यही है कि...न तो कोई मरता है और ना ही कोई मार सकता है। यहां इतना और समझ लेना कि ऊपरी ज्ञान...तात्कालिक राहत तो दे सकते हैं, परंतु स्थायी राहत पाना हो तो इसका कुदरत के रहस्यों में जीने के अलावा कोई उपाय नहीं। अत: ध्यान से समझो तो कृष्ण कह रहे हैं कि हे अर्जुन, जन्म और मृत्यु...दोनों भ्रम हैं। और जबतक यह भ्रम है, तबतक जीने और मरने का दु:ख है। अत: इस दु:ख से स्थायी निजात पाना हो तो आत्मा के अमरत्व की अनुभूति में जीने के अलावा इसका दूसरा कोई उपाय नहीं है।

अब जब इतनी बात चली है तो एक बात और कह दूं कि कृष्ण अहिंसा के सबसे बड़े पुजारी हैं। अहिंसा वास्तव में क्या है, यह सिर्फ कृष्ण की कही गीता और उनके जिए जीवन से ही समझी जा सकती है। सिर्फ अज्ञान हावी होने के कारण ऐसा दिखता है कि कृष्ण ने महाभारत व यादवस्थली की, उन्होंने अनेक वध किये, परंतु यह सब इतनी छोटी सोच है कि क्या कहूँ...? कहना सिर्फ इतना चाहता हूँ कि कुदरत के सत्य काफी

गहरे हैं, उन्हें यदि आप अपनी बंधीबंधाई मान्यताओं और अज्ञानियों की बातों के आधार पर तौलेंगे, तो कभी कुछ नहीं समझ पाएंगे। उल्टा उनसे बेवजह जीवनभर भटकते रहेंगे।

खैर, अभी तो इतना समझ लो कि आप और मैं, दोनों सिर्फ एक आत्मा हैं। और वह न मरती है और ना किसी को मारती है। आत्मा के मरने और मारने की बातें, ऐसी सोच व ऐसे दु:ख सिर्फ वे अज्ञानी पालते हैं जो अपने को 'आत्मा' की जगह शरीर माने जी रहे होते हैं। अत: आप जितनी जल्दी व जितना ज्यादा हो सके उतना अपने को आत्मा जानना प्रारंभ कर दो, वरना अर्जुन की तरह आपको भी मरने-मारने के दु:ख रोज-रोज पकड़ते रहेंगे।

2

भगवद्गीता, अध्याय 3, श्लोक 17-18

कृष्ण: हे अर्जुन, परंतु जो मनुष्य आत्मामें ही रमण करनेवाला और आत्मामें ही तृप्त तथा आत्मामें ही सन्तुष्ट हो, उसके लिए कोई कर्तव्य नहीं है ।।17।।

उस महापुरुष का इस विश्वमें न तो कर्म करने से कोई प्रयोजन रहता है और न कर्मों के न करने से ही कोई प्रयोजन रहता है। तथा सम्पूर्ण प्राणियों में भी इसका किन्चिन्मात्र भी स्वार्थ का सम्बन्ध नहीं रहता है ।।18।।

यह कृष्ण ने बड़ा ही कमाल का श्लोक कहा है। इस श्लोक के पूर्व अर्जुन शास्त्रों की दुहाई देते हुए यह कहता है कि हे कृष्ण, शास्त्रों में लिखा है कि भाइयों और गुरुओं को मारने से ना सिर्फ मनुष्य स्वयं नर्क में सड़ता है, बल्कि ऐसा करने पर उसके कुल का भी नाश हो जाता है। और फिर

सिर्फ तुच्छ राज्य के लिए यह पाप करना शोभा भी नहीं देता है। यह सब बातें कर अर्जुन अंत में कृष्ण से पूछता है कि मुझे 'सिद्ध पुरुष' के लक्षण समझाइए। क्योंकि मैं शास्त्रों और आपकी बातों के बीच में भ्रमित हुआ जा रहा हूँ। जहां शास्त्र कहते हैं कि यह पाप है...वहां आप कहते हैं कि सारे पाप-पुण्य मनुष्य के भ्रम हैं। बस ऐसी भ्रमित मनोदशा में उलझे अर्जुन से कृष्ण यह श्लोक कह रहे हैं।

अब मैं पहले ही कह चुका हूँ कि गीता दो व्यक्तियों की बातचीत है; अत: उसका कोई भी श्लोक समझने से पूर्व अर्जुन की उस वक्त की मनोदशा तथा उस आधार पर उसका पूछा गया प्रश्न, दोनों समझना अति आवश्यक है। और पूरी गीता के दरम्यान अर्जुन की मनोदशा बार-बार परिवर्तित होती रही है तथा कृष्ण के जवाब भी उसकी हर बदल रही मनोदशा के आधार पर परिवर्तित होते रहे हैं। इसीलिए अनेकों बार गीता में कृष्ण अपनी ही कही पुरानी बातों को काटते हुए भी नजर आते हैं। दुर्भाग्य से सायकोलॉजी के अज्ञानी इन बातों को विरोधाभासी समझते हैं। लेकिन ऐसा है नहीं...। दोनों बातें चूंकि अर्जुन की भिन्न-भिन्न मनोदशाओं से कही गई हैं...इसीलिए दोनों अपनी-अपनी जगह पर सत्य हैं। अत: मेहरबानीकर कृष्ण ही नहीं, किसी भी ज्ञानी की कही बातों में विरोधाभास मत खोजना। बात की गहराई समझना चाहते हैं तो उस समय की परिस्थितियों पर नजर अवश्य घुमाना। ...वरना अन्यों की तरह आप भी भटक जाएंगे।

खैर, अब अर्जुन का कृष्ण की कही बातों और तथाकथित शास्त्रों के बीच में भ्रमित हो जाना स्वाभाविक है। वहीं कृष्ण की कही बातों और शास्त्रों में भिन्नता होना भी लाजमी है। शास्त्र जहां हवाई बातें करते हैं, वहीं कृष्ण सनातन सत्य कह रहे हैं। शास्त्रों का ध्यान जहां अपनी मान्यताओं को फैलाने पर होता है, वहीं कृष्ण का ध्यान मानवता के उद्धार पर लगा है। उन्हें न अर्जुन से गुरुदक्षिणा लेनी है और ना ही अपने आश्रम स्थापित करने हैं।

अत: शास्त्रों और कृष्ण की बातों के मेल खाने का सवाल ही नहीं उठता है। वहीं कृष्ण भी शास्त्रों और उनकी बातों के बीच में ''अर्जुन के भ्रमित होने की'' मजबूरी को समझ ही रहे होते हैं। और ऐसे में अर्जुन, जैसे ही सिद्ध पुरुष के लक्षण पूछता है कि कृष्ण को अपनी बात समझाने का मौका मिल जाता है। उन्हें लगता है कि इस प्रश्न के उत्तर में वे आसानी से अर्जुन को तथाकथित शास्त्रों के प्रभावों से निकाल सकते हैं। वे अर्जुन को समझा सकते हैं कि सिद्ध पुरुष शास्त्रों के अनुसार नहीं, बल्कि अपनी आत्मा के अनुसार चलते हैं। और बस सवाल पूछते ही कृष्ण 'सिद्ध पुरुष' के लक्षण बताते हुए अर्जुन से कहते हैं कि वह आत्मा में ही भ्रमण करता है और उसी से संतुष्ट रहता है। उसके लिए तो उसका होना ही पर्याप्त और पूर्ण होता है। अपने होने के अहसास-मात्र से वह इस कदर तृप्त होता है कि उसे अन्य कोई चाह होती ही नहीं है। और जब चाह ही नहीं होती तो फिर उसके द्वारा किये जा रहे कर्मों के पीछे भी कोई हेतु या कारण नहीं होता है। कुल-मिलाकर कहूं तो...तू जो शास्त्रों की दुहाई देते हुए युद्ध न करने को श्रेष्ठ मान रहा है, ऐसी बातें सिद्ध पुरुष नहीं करते हैं। नर्क के भय से या कुल के नाश हो जाने के डर से करने योग्य कर्म टालना, यह आत्मज्ञानी का लक्षण नहीं है। आत्मज्ञानी तो आत्मा से फूटा स्वस्फुरित कर्म बिना किसी भय या लोभ के नॅचरली निपटाता चला जाता है।

अर्जुन तू ऐसा समझ कि जब आत्मज्ञानी का किसी प्राणी से कोई स्वार्थ ही नहीं है, तो ऐसे में उसको कोई कर्तव्य-बंधन भी नहीं है। वह तो बस करने योग्य कर्म करता चला जाता है। फिर ऐसे करने योग्य कर्म करते वक्त वह उसके आगे-पीछे की या उससे होने वाले फायदे-नुकसान की चिंता नहीं करता है। हे अर्जुन, आत्मा तो सिर्फ जो होना चाहिए...वह होना ही चाहिए तथा जो नहीं होना चाहिए, वह नहीं ही होना चाहिए के एकमात्र बोध से कार्यरत है। फिर उसमें पाप-पुण्य, लाभ-हानि, अच्छा-बुरा या

सफलता–असफलता जैसी तथ्यहीन बातों पर विचार करने का सवाल ही कहां आता है? इन सबको महत्त्व तो वे अज्ञानी देते हैं जो शरीर को वास्तविकता मानकर जी रहे होते हैं। और इसी कारण वे अपने कर्मों को पाप–पुण्य, अच्छे–बुरे और लाभ–हानि जैसे अनेकों तराजुओं पर तौलते रहते हैं। और दुर्भाग्य से हे अर्जुन, तू भी इस समय यही कर रहा है। युद्ध करने या न करने के निर्णय को तू पाप–पुण्य और लाभ–हानि जैसे ना जाने कितने तराजुओं पर तौल रहा है। और यही कारण है कि इस समय तू बुरी तरह से भ्रमित हो चुका है। जबकि ज्ञानी किसी भी बात के लिए कभी भ्रमित नहीं होते। उनके लिए तो जो करना चाहिए, वह करना ही है। और एकबार कर्म कर लिया तो फिर बात, कर्म निपटाते ही...वहीं समाप्त हो जाती है। फिर उसमें उन्हें स्वर्ग या नर्क की...या फिर पाप और पुण्य की चिंताएं नहीं सताती हैं। अत: तू भी यह मान ही ले कि जब महाभारत होनी है... तो होनी है। अब उसमें तू और मैं क्या कर लेंगे? ऐसी अटल चीजों में भी पाप और पुण्य की बातें अहंकार से भरे वे अज्ञानी करते हैं जो अपने को कुदरत से बड़े मानने के भ्रम में जी रहे होते हैं। और ऐसे अहंकारी ही कुदरत की चल रही लीलाओं को बदलने की तथा उससे भागने व बचने की बातें करते हैं। ...ध्यान से समझेंगे तो यह एक श्लोक ही ''जीवन के हजार भ्रम'' दूर करने वाला है। सो, आप तो कृष्ण की कही इन गहरी बातों का हो सके उतना फायदा उठा लो। अपनी आत्मा के निकट जाने का एक मौका मत छोड़ो। विश्वास जानो कि आप जितना अपनी आत्मा के निकट जाओगे, उतना महान–शक्तियों से भरते चले जाओगे।

यह जो सब
''ज्ञानियों की बातों'' को छोड़...
सेकन्ड ग्रेड, थर्ड ग्रेड और
नो ग्रेड वाले शास्त्रों में उलझ गए
उसी के परिणामस्वरूप
सब भटक गए।

भगवद्गीता, अध्याय 4, श्लोक 24

कृष्ण: हे अर्जुन, जिस यज्ञमें अर्पण अर्थात् स्रुवा आदि भी ब्रह्म है और हवन किये जानेयोग्य द्रव्य भी ब्रह्म है तथा ब्रह्मरूप कर्ताके द्वारा ब्रह्मरूप अग्निमें आहुति देनारूप क्रिया भी ब्रह्म है – उस ब्रह्मकर्म में स्थित रहनेवाले योगीद्वारा प्राप्त किये जानेयोग्य फल भी ब्रह्म ही है ।।24।।

अर्जुन बार–बार...तेरे–मेरे और अपने–पराए की बात कर रहा है। हार–जीत व मरने–मारने की चिंता कर रहा है। इसलिए कृष्ण उसे समझा रहे हैं कि हे अर्जुन, जिस यज्ञ (यज्ञ यानी कर्म) अर्थात जिस भी कर्म में, कर्म को करने वाला व्यक्ति भी आत्मा है, जिसके सामने कर्म कर रहा है वह भी आत्मा है, और कर्म करने हेतु जिन–जिन साधनों का वह उपयोग कर रहा है, वे भी आत्मा हैं...तो हे अर्जुन, ऐसी समझ से किये जाने वाले कर्मों का फल भी "आत्मप्राप्ति के सुख" के अलावा और कुछ नहीं होता है। लेकिन तू चूंकि अपने को अर्जुन मान रहा है, सामने दुश्मनों की खड़ी सेना मान रहा है, युद्ध में उपयोग होने वाले साधनों को हथियार मान रहा है, इसलिए तू हार–जीत, मरने–मारने व पाप–पुण्य जैसी बेकार की बातें कर रहा है। साथ ही ऐसी नादानी से भरी बातों का कष्ट भी झेल रहा है। परंतु यह सत्य जान ले कि यहां कहीं कोई भेद नहीं है। भेद दिखना ही अपनेआप में अज्ञानता का सबसे बड़ा सबूत है। वास्तविकता में यहां सबकुछ सिर्फ आत्मा ही है। ...सब सिर्फ आत्माएं हैं। और आत्माएं...आत्माओं से कितना भी खेले व कैसे भी खेले, कोई फर्क नहीं पड़ता है। इसमें गंभीर होने वाली कोई बात ही नहीं है।

कुल–मिलाकर हे अर्जुन, जबतक मनुष्य सबको भिन्न–भिन्न मानता रहेगा, वह कई बेकार के मानसिक कष्ट झेलता ही रहेगा। जबतक तेरा

धर्म और मेरा धर्म रहेगा, तबतक मनुष्य भ्रमित रहेगा ही। जबतक मनुष्य ईश्वर-पूजा और पेट-पूजा में भेद करता रहेगा, तबतक वह मुसीबतों में रहेगा ही। मुझे देख, क्या मैंने कभी रास व युद्ध में फर्क किया? क्या मैंने कभी गीता कहने को महान व महाभारत के युद्ध को खराब समझा? मेरे लिए तो छप्पनभोग खाना भी एक आत्म-आनंद है तथा जरूरत पड़ने पर किसी का वध करना भी आत्म-आनंद की ही बात है। नृत्य और वंशी मुझे जितने प्यारे हैं, उतने ही प्यारे मुझे गदा व चक्र भी हैं ही। क्योंकि मुझ ज्ञानी के लिए सबकुछ सिवाय 'आत्मा' के और कुछ नहीं है। अत: यह समझ ले कि तू जिन किसी भी शास्त्रों की दुहाइयां देकर तमाम प्रकार के भेद खड़े कर रहा है, वे सारे शास्त्र सिवाय अज्ञान के और कुछ नहीं हैं। सबकुछ एक आत्मा है, यही एकमात्र सच्चा ज्ञान है।

4

भगवद्गीता, अध्याय 5, श्लोक 24

कृष्ण: हे अर्जुन, जो पुरुष अन्तरात्मामें ही सुखवाला है, आत्मामें ही रमण करनेवाला है तथा जो आत्मामें ही ज्ञानवाला है, वह सच्चिदानन्दघन परब्रह्म परमात्माके साथ एकीभावको प्राप्त सांख्ययोगी शान्त ब्रह्मको प्राप्त होता है ।।24।।

अबतक की बातों से गीता किस तरह गुंथी गई है, यह आप समझ ही गए होंगे। वहीं आप यह भी समझ ही गए होंगे कि गीता समझने हेतु अर्जुन के सवालों को समझना भी उतना ही जरूरी है जितना कि कृष्ण के जवाबों को समझना। खैर, यह किताब कोई भगवद्गीता पर तो है नहीं। सो, अब मैं श्लोकों के अर्थ संक्षेप में ही समझाऊंगा। बातों को 'आत्मा' के इर्द-गिर्द ही सीमित रखूंगा।

सो अब, कृष्ण इस श्लोक में कह रहे हैं कि जो अपने को आत्मा जान लेता है... वह फिर बाहर की किसी भी चीज पर रत्तीभर निर्भर नहीं रह जाता है। उसका सुख भी सिर्फ अपनी आत्मा में होता है और उसकी तमाम यात्राएं भी सिर्फ अपनी आत्मा में ही होती हैं। यही नहीं, वह सारे ज्ञान भी सिर्फ अपनी आत्मा से ही लेता है। किसने क्या कहा है तथा किसने क्या लिखा है...की कोई चिंता वह नहीं करता है। तू जिन शास्त्रों की दुहाई दे रहा है, वे मैंने भी सुने हैं। फर्क यह है कि मैं अपने 'आत्मबोध' को महत्त्व दे रहा हूँ तथा तू उन शास्त्रों को। परंतु तेरे लिए बेहतर है कि तू अपना आत्मबोध जगा। वह जागते ही तू तत्काल शास्त्रों की बातों से मुक्त हो जाएगा। और उनसे मुक्ति पाते ही तेरे सारे भ्रम भी दूर हो जाएंगे।

हे अर्जुन, तू ऐसा समझ कि सबकुछ आत्मा है, यही एकमात्र सच्चा आत्मबोध है। और ऐसे आत्मबोधी ज्ञानी को क्या पाना और क्या खोना? उसके लिए तो वह जो पाएगा वह भी आत्मा है तथा जो खोएगा, वह भी सिर्फ आत्मा ही है। ऐसा परमज्ञानी फिर बाहर कुछ भी क्यों न कर रहा हो, उसके लिए सबकुछ एक नाटक ही हो जाता है। अज्ञानियों को वह बहुत कुछ करता हुआ दिखता है, परंतु वास्तव में तो वह सबकुछ करते हुए भी हरहमेशा अपनी आत्मा में दृढ़तापूर्वक स्थित ही रहता है। इसलिए हे अर्जुन, मेरी रासलीलाएं हों या मेरे प्रेम हों, मेरे युद्ध हों या मेरे द्वारा किये गए वध हों, मेरा छप्पनभोग खाना हो या मेरा नृत्य करना हो, मेरा गायें चराना हो या मेरा द्वारका का राजा बनके जीना हो; सबकुछ एक नाटक ही है। मैं तो सबकुछ करते हुए भी हरहमेशा अपनी आत्मा में एकीभाव से स्थित ही रहा हूँ। अतः तू भी इस युद्ध को एक नाटक समझकर खेल जा। तू इसमें गंभीर हो ही मत। तू युद्ध करते वक्त भी पूरे समय अपनी आत्मा में स्थिर रह। फिर तुझे यह युद्ध...युद्ध नहीं लगेगा, बल्कि फिर तुझे यह युद्ध एक महारास का आनंद देगा।

5

भगवद्गीता, अध्याय 6, श्लोक 7

कृष्ण: सरदी-गरमी और सुख-दु:खादिमें तथा मान और अपमानमें जिसके अन्त:करण की वृत्तियां भलीभाँति शान्त हैं, ऐसे स्वाधीन आत्मावाले पुरुषके ज्ञानमें सच्चिदानन्दघन परमात्मा सम्यक् प्रकारसे स्थित है। अर्थात् उसके ज्ञानमें परमात्माके सिवा अन्य कुछ है ही नहीं ।।7।।

कृष्ण इस श्लोक में बड़ी ही प्यारी और सीधी बात कह रहे हैं। वे कह रहे हैं कि हे अर्जुन, जीवन में ऊंच-नीच भी होती रहती है तथा अच्छे व बुरे दिन भी आते-जाते ही रहते हैं। यही जीवन की लीला है। वहीं दूसरी ओर बात-बात पर सम्मान देना व अपमानित करना, दुनिया की रीत है। अत: यह सब तो जीवन में चलते ही रहने वाला है। मेरा ही जीवन देख ले! मैं हमेशा एक या दूसरे संकटों से घिरा ही रहा हूँ। और अपमानित तो मैं बात-बात पर किया जाता रहा हूँ। तो क्या मैं परेशान रहूँ? विचलित हो जाऊं? सवाल ही नहीं उठता...। क्योंकि मैं जानता हूँ कि मैं एक शुद्ध-बुद्ध आत्मा हूँ। मैं वो शरीर थोड़े ही हूँ जिसे अज्ञानी लोग 'कृष्ण' के रूप में जानते हैं। इसलिए जीवन जो दे, मुझे कोई फर्क नहीं पड़ता है। यह सब तो जीवन की वे तथ्यहीन मायाएं हैं, जिनका कोई महत्त्व नहीं। मैंने हमेशा अपने आत्मनिष्ठ जीवन को तथा दुनियादारी से घिरे अपने शारीरिक जीवन को... भिन्न-भिन्न जाना है। यही कारण है कि जीवन में चाहे जो हुआ हो, मैं हमेशा प्रसन्नता के शिखर पर ही रहा हूँ।

सो तू भी इस युद्ध या उसकी हार-जीत को गंभीरता से मत ले। यह सब तो जीवन के खेल हैं। उसे खेल मानकर खेलते हुए...इस खेल का आनंद ले। क्यों यहां-वहां की बेकार की झंझटों में पड़कर अकारण कष्ट पा

रहा है? उठ और अपनी आत्मा को जान। यह स्पष्ट समझ ले कि जबतक तू अपनी आत्मा को नहीं जानेगा, तबतक तू अपने को अर्जुन मानता रहेगा। और जबतक तू अपने को अर्जुन मानता रहेगा...तबतक तू ऐसी उलझनों व ऐसे संकटों में उलझा रहेगा। कुल-मिलाकर अर्जुन हो या आप, जीवन के कोई भी संकट आपको तबतक विचलित करते ही रहेंगे जबतक आप दुनियादारी को 'आत्मा' से ज्यादा महत्त्व देते रहेंगे।

6

भगवद्गीता, अध्याय 10, श्लोक 20

कृष्ण: हे अर्जुन! मैं सब भूतोंके हृदयमें स्थित सबका आत्मा हूँ तथा सम्पूर्ण भूतोंका आदि, मध्य और अन्त भी मैं ही हूँ ।।20।।

कृष्ण इस श्लोक में अर्जुन को स्पष्ट कर रहे हैं कि ऐसा नहीं है कि यह आत्मा सिर्फ मुझमें है। मेरी ही तरह तेरे में भी यह आत्मा है ही। और फिर तू ही क्यों, आत्मारूपी मैं तो सबके हृदय में स्थित हूँ। कोई मनुष्य ऐसा नहीं, जिसमें मैं पूर्णता से उपस्थित नहीं। लेकिन हे अर्जुन, यहां यह भी स्पष्ट कर दूं कि मेरी उपस्थिति मनुष्यों के हृदय तक ही सीमित नहीं है। चारों ओर फैला हुआ भी मेरा एक अन्य आत्मीयस्वरूप है ही। ब्रह्मांड के सारे दृश्य-अदृश्यों में...'मैं' बराबरी पर छाया ही हुआ हूँ। यहां तक कि सब मनुष्यों का भूत, भविष्य और वर्तमान, जो कुछ भी और जैसा भी है, वह भी चौतरफा फैले मेरे इस आत्मीयस्वरूप का ही अंश है। ऐसे में जीवन के किसी भी रूप, स्वरूप या स्थिति में खामी निकालना, मुझ महान आत्मा का अपमान है। विश्वास जान कि जहां भी...जो कुछ भी है, वह आत्मा ही है। यह युद्ध भी इसमें अपवाद नहीं है।

अतः तू जो इस समय 'वर्तमान युद्ध' में खामियां निकाल रहा है, वह भी जाने-अनजाने तू इस महान आत्मा का ही अपमान कर रहा है। लेकिन जो सबकुछ एक-आत्मा है...ऐसा जानते हैं, वे ऐसा नहीं करते हैं। यह तो स्वयं को शरीर मानने के कारण मनुष्य अपने में व अपने जीवन में हजारों खोट निकाल रहा है। उसकी चाहों, कामनाओं, भयों व अज्ञान से भरी शिक्षाओं के कारण वह अपने को संकटों में घिरा मान रहा है। जैसा कि तू इस समय युद्ध के मैदान में अपने को उलझा हुआ मान रहा है। पर वास्तव में कोई संकट है ही नहीं। यह तो अपने को 'अर्जुन' मानने के कारण तू इस युद्ध में अपने को फंसा हुआ समझ रहा है। लेकिन तू विश्वास जान कि यह युद्ध आत्मिक ही है तथा मैं इसमें पूरेपूरा शामिल ही हूँ। अतः युद्ध से भागना, मुझसे भागना होगा। और मुझसे भागने के दुष्परिणाम हरेक को यहां भोगने ही पड़ते हैं।

7

भगवद्गीता, अध्याय 13, श्लोक 22

कृष्णः इस देहमें स्थित यह आत्मा वास्तवमें परमात्मा ही है। वह साक्षी होनेसे उपद्रष्टा और यथार्थ सम्मति देनेवाला होनेसे अनुमन्ता, सबका धारण-पोषण करनेवाला होनेसे भर्ता, जीवरूपसे भोक्ता, ब्रह्मा आदिका भी स्वामी होनेसे महेश्वर और शुद्ध सच्चिदानन्दघन होनेसे परमात्मा - ऐसा कहा गया है ।।22।।

कृष्ण इस श्लोक में अर्जुन से "कर्मों को लेकर होने वाले भ्रमों" के बाबत चर्चा कर रहे हैं। कृष्ण कह रहे हैं कि कौन से कर्म करना व कौन से नहीं या कब क्या करना, इस बाबत हरकोई हमेशा भ्रमित रहता है। और ऐसा

इसलिए क्योंकि वह कर्मों का चुनाव स्वयं करना चाहता है। वह हर कर्म को अपने बुद्धि–अहंकार के तराजू पर तौलना चाहता है। परंतु आत्मखोजी ऐसा नहीं करते। वे हमेशा कुदरत की बहती लीला के साथ होते हैं। उनके कर्म या तो स्वस्फुरित होते हैं या फिर वे हमेशा कुदरत की बहती लीला के भाग होते हैं। तीसरे किसी कारण से आत्मखोजी कर्म करते ही नहीं हैं। पाप–पुण्य, लाभ–हानि या अपने–पराए का कोई विचार उनके किसी कर्म में कभी समाहित नहीं होता है। इसलिए वे कर्म करते हुए भी किये जाने वाले कर्मों के 'द्रष्टा–मात्र' होते हैं। सबकुछ करते हुए भी वास्तव में वे कुछ नहीं कर रहे होते हैं। वे तो बस हर समय स्वयं को व सबको निहार रहे होते हैं। यही कारण है कि वे कभी भी...किसी भी कर्म को लेकर भ्रमित नहीं रहते हैं। उनके सारे कर्म हमेशा बिना भ्रम के दृढ़तापूर्वक बहते हैं।

> *सर्वव्यापी आत्मा का मतलब है कि 'मुझमें... और बाकी लोगों में फर्क नहीं है'; अगर भेद है तो आपकी आत्मा सोयी हुई है।*

हे अर्जुन, तुझे भी हर समय हर जगह दृढ़तापूर्वक ही खड़े रहना चाहिए। परंतु ऐसा हो नहीं रहा। वर्तमान युद्ध को ही ले, तू इसको लेकर कितना भ्रमित है? तू क्या–क्या सोच रहा है? ...परंतु मुझे देख, मैं सहजता से मुस्कुराते हुए दृढ़तापूर्वक युद्ध के मैदान में डटा हुआ हूँ। मुझे कोई भ्रम नहीं है। क्यों? क्योंकि मैं जानता हूँ कि यह युद्ध कुदरत की बहती धारा से निकला है। इसलिए यह युद्ध पूरी तरह से आत्मीय है। और आत्मा तो सबको पालने व बढ़ाने वाला होता है। अत: आम मनुष्य युद्ध की और इसके परिणाम की कैसी भी विवेचना करे, परंतु मुझे मालूम है कि इस युद्ध का अंतिम परिणाम अच्छा ही है। आज नहीं तो कल, इसके अच्छे दूरगामी परिणाम आएंगे ही।

अर्जुन दिक्कत यह है कि शरीर होने के भ्रम में जी रहा नादान मनुष्य निकट का नुकसान देखकर बार-बार घबरा जाता है, जबकि आत्मखोजी दूर का बड़ा फायदा देख लेता है। इसलिए तू अपनी आत्मा पर विश्वास कर, वह तुझे इस युद्ध का द्रष्टा बना देगा। फिर तुझे कुछ सोचना-समझना नहीं है। फिर तू बिना किसी भ्रम के दृढ़तापूर्वक युद्ध कर पाएगा। और इस प्रकार आत्मा की शरण गया तू युद्ध करते हुए भी अंत में तो मेरी तरह युद्ध को निहारने वाला ही रह जाएगा।

8

भगवद्गीता, अध्याय 13, श्लोक 33

कृष्ण: हे अर्जुन! जिस प्रकार एक ही सूर्य इस सम्पूर्ण ब्रह्माण्डको प्रकाशित करता है, उसी प्रकार एक ही आत्मा सम्पूर्ण क्षेत्रको प्रकाशित करता है ।।33।।

इस श्लोक में कृष्ण अर्जुन से आत्मा के अंतिम स्वरूप की चर्चा कर रहे हैं। आत्मा सबके हृदय में स्थित है, यह वे पहले ही कह चुके हैं। साथ ही ब्रह्मांड का कोई कण ऐसा नहीं जिसमें आत्मा समाहित न हो, यह भी वे कह ही चुके हैं। और अब वे कह रहे हैं कि हरेक का अपना आत्मा होते हुए भी अंत में तो एक ही आत्मा है, जो सबमें समाया हुआ है। वे कह रहे हैं कि जैसे एक ही सूर्य पूरे जगत को रोशन किये हुए है, वैसे ही... एक ही 'आत्मा' चारों ओर छाया हुआ है। अत: तू यह मत समझना कि सबकी आत्माएं अलग-अलग हैं। ऐसा वे लोग समझते हैं जो आत्मा की जगह अहंकार से जी रहे होते हैं। फिर वे ही लोग अपने को एक अलग 'आत्मा' मानने के कारण स्वार्थी हो जाते हैं। फिर वे ही स्वार्थ के कारण तेरा सुख अलग व मेरा सुख अलग...देखते हैं। लेकिन एक आत्मबोध से

जी रहे व्यक्ति के लिए तो सुख...'सुख' ही है, किसी को भी मिले...तृप्ति आत्मखोजी को होती ही है।

कहने का तात्पर्य यह है अर्जुन कि अहंकारी जहां अपनी खुशी से खुश होता है...वहीं आत्मखोजी हर मनुष्य की खुशी से झूम उठता है। अत: तू भी इस युद्ध को पांडवों व कौरवों के बीच हार-जीत के लिए होने वाला युद्ध मत समझ। यह एक ऐसा सामूहिक युद्ध है जिसका तू भी एक अंग है। और वैसे ही दूसरी ओर तू तमाम युद्ध करने वालों का भी एक अंग है ही। तू किसी से अलग थोड़े ही है। दुर्योधन हो या द्रोण, तू सभी में समाया ही हुआ है। यह तो आत्म-अज्ञानता के कारण तू सिर्फ अपनी चिंता में उलझा पड़ा है। लेकिन तू भ्रम हटा...। कोई भी जीते-हारे, यह मान ले कि हार भी तेरी होगी व जीत भी तेरी ही होगी। अन्यथा जबतक तू अपने को अलग व अन्यों को अलग समझता रहेगा, तबतक तू अपने जीतने की कामना के साथ-साथ अपने हार के भय से भी घिरा ही रहेगा। और तबतक तू युद्ध व उसके परिणामों को लेकर भ्रमित भी रहेगा ही। ...इसका कोई इलाज नहीं।

एक सुख और एक दु:ख तो अस्तित्व में है।
परंतु 'मेरा सुख' और 'तेरा सुख' अस्तित्व में नहीं है।

अत: तू विश्वास जान कि एक ही आत्मा सबको जीवन दिये हुए है, इसलिए हार-जीत हरहाल में मनुष्य का भ्रम है। हार-जीत की तमाम सोचें सिवाय अज्ञान के और कुछ नहीं है। सो तुझे वर्तमान दर्द से छुटकारा पाने हेतु हरहाल में हार-जीत तथा पाप-पुण्य जैसे तमाम भ्रमों से छुटकारा पाना ही होगा। सो, तू तो बिना परिणाम की चिंता किये अपनी पूरी क्षमता से युद्ध कर। हार-जीत का फैसला कुदरत की लीला पर छोड़ दे। आत्मखोजी ऐसा ही कर हरहाल में प्रसन्न रहते हैं।

कृष्ण एकमात्र पूर्ण अवतार

कृष्ण, मनुष्यजाति के इतिहास के
एकमात्र पूर्ण व्यक्ति हैं।
उनका जीवन और उनकी सायकोलॉजी समझना
आज के आधुनिक युग के
मनुष्य की पहली आवश्यकता है।

अबतक मैंने भगवद्गीता में आत्मा का वर्णन करने वाले चंद श्लोकों को समझाया। निश्चित ही इससे ''आत्मा क्या है'' की कुछ झलक तो सबको मिल ही गई होगी। लेकिन आत्मा की अंतिम ऊंचाई जानना हो तो 'कृष्ण' के व्यक्तित्व को भी समझना होगा। यह समझना ही होगा कि जानकार ज्ञानी लोग क्यों एक उन अकेले को 'पूर्ण अवतार' कहते हैं? हालांकि इसके एक नहीं, अनेक कारण हैं और कृष्ण की सम्पूर्ण बायोग्राफी पे आधारित मेरी किताब 'मैं कृष्ण हूँ' में मैंने जगह-जगह पर उनको पूर्ण अवतार कहने के कारणों को विस्तार से समझाया भी है। परंतु चूंकि अभी

आत्मा की बात चल रही है, तो उस आधार पर उनको पूर्ण अवतार क्यों कहा जाता है, यह समझ लेते हैं। क्योंकि 'आत्मा' के वास्तविक अर्थों को समझने में यह बात सहायक होगी।

तो उस हेतु मुझे पुनः गीता के चंद श्लोकों का सहारा लेना होगा। शायद आपको याद ही होगा कि गीता में एक जगह कृष्ण कहते हैं कि हे अर्जुन, यह जगत सूत में मणियों के सदृश मुझमें गुंथा हुआ है। वे यह भी कहते हैं कि इस जगत की उत्पत्ति और प्रलय का एकमात्र कारण 'मैं' ही हूँ। वे यह भी कहते हैं कि चांद-तारों से लेकर सम्पूर्ण मनुष्यजीवन मुझसे ही प्रकाशित है। वे यह भी कहते हैं कि सबको उनके कर्मों के अनुसार 'मैं' ही बार-बार जन्म देता हूँ। अब नासमझ लोग कृष्ण की इन बातों को अहंकार के तौरपर लेते हैं। वहीं एक दूसरी तरह के नासमझ लोग भी हैं, जो ये सब बातें सुनकर उनकी मूर्तियों की पूजा पर उतर आते हैं।

अब सवाल यह उठता है कि कृष्ण क्यों बार-बार अपने को विश्व की अंतिम-सत्ता कह रहे हैं? वे भ्रमित हैं, अहंकारी हैं या सचमुच वे विश्व की अंतिम-सत्ता हैं? ...तो इस संदर्भ में सिर्फ इतना समझ लो कि कृष्ण इस कदर आत्मा में स्थित हो गए थे कि उन्हें यह ध्यान ही नहीं था कि उनका कोई शरीर भी है... जिसे लोग 'कृष्ण' कहते हैं। और जब वे सिर्फ आत्मस्वरूप हैं, तो आत्मा... तो इसी शान से सबकुछ कहेगी ही। क्योंकि जगत की उत्पत्ति और प्रलय हों या मनुष्य के जन्म और मृत्यु, सब उसी के अधीन है। सबकुछ एक उसी के कारण घट रहा है। और जब कृष्ण एक शुद्ध आत्मबोध के अलावा कुछ रह ही नहीं गए तो अपने को ईश्वरों का ईश्वर कहेंगे ही...। लेकिन ध्यान रहे, वो ईश्वरों का ईश्वर कृष्ण का पूर्ण आत्मबोध है, कृष्ण का शरीर नहीं। अब चूंकि इतनी पूर्णता से आत्मबोध को कृष्ण के अलावा कभी किसी ने महसूस ही नहीं किया...इसीलिए कोई कभी कृष्ण की तरह शान से इस तरह की बातें भी नहीं बोल पाया। बाकियों

ने द्रष्टा जगा तो लिया, पर पूरी तरह द्रष्टा में स्थिर नहीं हो पाए। बस इसी कारण ज्ञानीजन कृष्ण को एकमात्र 'पूर्ण अवतार' कहते हैं।

यह सब समझना इसलिए जरूरी है कि प्राय: या तो लोग-बाग कृष्ण की पूजा पर उतर आते हैं या फिर उन्हें अहंकारी मानकर उनकी अवहेलना करते हैं। और इन दोनों प्रकार के लोग कृष्ण के बाबत भ्रम में हैं। क्योंकि कृष्ण सिर्फ एक शुद्ध आत्मा हैं। अब इतना समझ लिया तो गीता में ही कृष्ण की कही एक बात और समझ लीजिए। कृष्ण गीता में अर्जुन से कहते हैं कि मैं सबके हृदय में स्थित आत्मा हूँ। और उसमें तेरे-मेरे का कोई भेद नहीं। यानी ऐसा नहीं है कि मेरा आत्मा बड़ा है तथा तेरा आत्मा छोटा है। आत्मा सबमें समान है। और जब सबका आत्मा समान है तो हमारे सबसे निकट हमारा अपना आत्मा है। अत: यह स्पष्ट समझ ही लो कि बात-बात पर कृष्ण की आत्मा को पुकारना भी सिवाय अज्ञान के और कुछ नहीं है। यह भी अंत में तो आत्मबोध में बाधा ही पहुंचाएगा।

खैर, सबको याद होगा कि ऐसी ही दुविधा में अर्जुन भी उलझा था। वह भी कृष्ण द्वारा किये जा रहे बड़े-बड़े दावों को पचा नहीं पा रहा था। और तब कृष्ण भी अर्जुन से यही बात कहते हैं कि तेरा मेरे दावों पर शक करना लाजमी है, क्योंकि दावे मैं आत्मा के लिए कर रहा हूँ और तू समझ रहा है कि मैं तेरे मित्र 'कृष्ण' की बात कर रहा हूँ। फिर इसी बात को आगे बढ़ाते हुए कृष्ण कहते हैं कि हे अर्जुन, यह नियम है कि जबतक तू अपने भीतर के आत्मा को नहीं जान लेगा, तबतक तू मेरे आत्मीयस्वरूप की शक्तियों को भी नहीं समझ पाएगा। अत: पहले तू अपना आत्मा पहचान, उसके पश्चात ही तू मुझे पहचान पाएगा।

कृष्ण द्वारा कहे गए इस नियम में बहुत कुछ समझने का है। कृष्ण की भाषा वैज्ञानिक है और वे नियमों की ही बात करते हैं। और नियमों का अर्थ होता है कि जिन्हें तोड़ा न जा सके। सो यह स्पष्ट समझ लो कि कृष्ण

कह रहे हैं कि कोई भी मनुष्य अपने से ऊपर के स्तर के मनुष्य को कभी नहीं समझ सकता है। अत: हे अर्जुन, जबतक तू अपने आत्मीयस्वरूप को नहीं जान लेगा, तबतक तू मेरे परमात्मीय स्वरूप को भी नहीं समझ पाएगा। यही कारण है कि सभी महान व्यक्तियों के कर्मों को लेकर आम मनुष्य हमेशा भ्रमित रहा है। कृष्ण हों या बुद्ध, क्राइस्ट हों या सोक्रेटिज, किसी के सम्पूर्ण जीवन की कभी चर्चा ही नहीं होती। कहने को तो कृष्ण को सभी मानते हैं, पर उनके जीवन बाबत शायद ही कोई दस प्रतिशत भी जानता है। यही बुद्ध के बाबत भी है तथा यही क्राइस्ट से लेकर अन्य ज्ञानियों के बाबत भी है।

खैर, मैंने तो 'मैं कृष्ण हूँ' नामक किताब में कृष्ण का पूरा जीवन एक बायोग्राफी के रूप में प्रस्तुत किया ही है, उसमें मैंने ना तो उनके बाबत कुछ छिपाया है और ना ही मुझे उसकी जरूरत ही महसूस हुई है। परंतु सोचने वाली बात यह है कि महापुरुषों के जीवन के अनेकों महत्त्वपूर्ण अंश छिपाये या दबाये क्यों जाते हैं? कारण साफ है; क्योंकि महापुरुषों के कर्म समझ में नहीं आते। वे बहुत कुछ ऐसा करते हैं जो आम मान्यताओं में स्वीकार्य नहीं होता। और इसलिए इन महापुरुषों के नाम पर दुकान चलाने वालों को डर लगता है कि उनके जीवन के ये सारे किस्से बाहर आ गए तो हो सकता है कि लोगों का उनपर से विश्वास ही उठ जाए। और ऐसा हुआ तो हमारी दुकानें ही बंद हो जाएंगी। बस, फिर वे ही लोग हवाई, ऊंची व चमत्कारी बातें उन सभी महापुरुषों के जीवन में भर देते हैं। लेकिन ऐसी बातों का फायदा ही क्या जो वास्तविकताओं से परे हों? फिर भी यह सब हो रहा है क्योंकि चमत्कार की बातें गढ़ने वाले बुद्ध, कृष्ण और क्राइस्ट जैसों के वास्तविक मन और जीवन को उजागर नहीं होने दे रहे हैं।

और सच कहा जाए तो इसी आडंबर को तोड़ने हेतु कृष्ण गीता में अर्जुन से कहते हैं कि इस महान आत्मा की लीला और उसकी शक्तियों का पहले तू अपने में अनुभव करेगा...और फिर मुझमें। जबतक तू आत्मा

का अनुभव अपने भीतर नहीं कर लेगा, तू किसी कीमत पर मुझे नहीं समझ पाएगा। और यह बात इसलिए महत्त्वपूर्ण है कि सभी कृष्ण को जानने और समझने का प्रयत्न करते हैं। कई लोग फिजूल के बड़े-बड़े दावे भी करते हैं। पर वे कृष्ण के हवाई स्वरूप में ही अटक कर रह जाते हैं। क्योंकि यह नियम अटल ही है कि मनुष्य अपने से ऊपर के मनुष्य को नहीं ही समझ सकता है। यानी कृष्ण को समझना हो तो 'कृष्ण' की ऊंचाई तक उठना ही पड़ेगा।

सौ बातों की एक बात यही कि कृष्ण हो या कोई अन्य महापुरुष, उनके वास्तविक व्यक्तित्व को तो वे ही लोग समझ पाएंगे जो अपनी आत्मा के निकट जा चुके हों। इसीलिए एकबार गीता में कृष्ण अर्जुन से यह भी कहते हैं कि तू मेरा भक्त बन, मुझे पूजने वाला हो, मेरी शरण आ... तेरा उद्धार हो जाएगा। यहां फिर समझ लेना कि जब कृष्ण मेरा कह रहे हैं तो वे शरीररूपी कृष्ण की बात नहीं कर रहे हैं, वे आत्मा की बात कर रहे हैं। और आत्मा भी कौन-सी? कृष्ण की नहीं, हमारी अपनी। सो दुकान चलाने वालों को कृष्ण की मूर्तियां बना-बनाकर ठगने दो, परंतु आप अपना पूरा ध्यान अपनी आत्मा के निकट जाने पर ही लगाओ। और तभी आप एकदिन कृष्ण के वास्तविक स्वरूप को पा पाएंगे। और यही कृष्ण का हर मनुष्य के लिए संदेश है। आप यहां-वहां भटकने की बजाय सीधे आत्मबोध पर ही अपना ध्यान लगाएं। विश्वास जानें कि वह प्रज्ञा सबके भीतर उपस्थित है जिसकी कृष्ण चर्चा कर रहे हैं। अत: मेहरबानीकर आत्मा के स्वरूप को पहचानने के इस अवसर को व्यर्थ मत जाने देना...।

आत्मा का वैज्ञानिक रहस्य

मनुष्यजीवन हो या ब्रह्मांड
यहां सबकुछ नियम से घटता है।
...यानी प्रकृति के नियम एक ऐसा फॉर्म्यूला है कि
उसको समझने के बाद
कुछ करने की आवश्यकता ही नहीं रह जाती।
फॉर्म्यूला अपना लो व जो चाहो पा लो।

अबतक आपने भिन्न-भिन्न प्रस्तावनाएं समझीं। साथ ही भगवद्‌गीता में आत्मा पर आधारित चंद श्लोकों के सहारे आत्मा की कई वास्तविकताओं पर भी गौर किया। आपने यह भी समझा कि मनुष्य के बाहर-भीतर चारों ओर आत्मा छायी हुई है। और यह आत्मा ही इस विश्व की अंतिम-सत्ता है। इसके साथ ही आपने यह भी समझा कि चूंकि मनुष्य के सबसे निकट उसकी अपनी आत्मा है, इसलिए स्वाभाविक तौरपर आत्मा के प्रभाव को महसूस करने हेतु मनुष्य को अपनी स्वयं की आत्मा के निकट ही जाना

होगा। और यही भगवद्गीता का सबसे महत्त्वपूर्ण संदेश है। इसीलिए कृष्ण यहां-वहां भटकने से मना कर रहे हैं और न भटकने की सलाह दे रहे हैं। वे अर्जुन को न तो पूजा-पाठ सुझा रहे हैं और ना ही कोई मंत्र-तंत्र। वे अर्जुन को यही कह रहे हैं कि तेरे भीतर 'आत्मा' के रूप में विश्व की महासत्ता विराजमान है। तू मुझसे पूछने की बजाय उसकी शरण जा। तेरी आत्मा वह सब जानती है...जो मैं जानता हूँ। कृष्ण यह सत्य कह पा रहे हैं...क्योंकि उन्हें दुकानें नहीं चलानी हैं। और इसीलिए उन्होंने आपको लोभ और भय भी नहीं पकड़ाया है। उल्टा वे तो आपको गरिमा प्रदान कर रहे हैं। विश्व की परमसत्ता को आपके भीतर विराजमान बता रहे हैं। अब आत्मा के संबंध में ये सारी वास्तविकताएं जानकर भी यदि कोई यहां-वहां भटकना चाहे, तो उसकी मरजी।

खैर, अब आगे जो सबको समझना है, वह यह कि प्रकृति की सम्पूर्ण कार्यप्रणाली रहस्यपूर्ण होते हुए भी नियमबद्ध है। यह तो आम मनुष्य का सायकोलॉजिकल विकास अभी इतना नहीं हुआ है कि वह प्रकृति के रहस्यों को समझ सके या उनका अनुभव कर सके। लेकिन समझो इतना कि जब सबकुछ नियमबद्ध है तो यह एक विज्ञान ही है। क्योंकि विज्ञान का अर्थ ही इतना है कि इन रहस्यों को ना सिर्फ समझा जा सकता है, बल्कि इनपर बार-बार प्रयोग कर इनका फायदा भी उठाया जा सकता है। साथ ही सारे रहस्य एक विज्ञान होने के कारण इन्हें वैज्ञानिक तरीके से समझा और समझाया भी जा सकता है। इतना ही नहीं, अपने मन की गहराइयों में इनका अनुभव कर इन्हें सिद्ध भी किया जा सकता है।

अब पानी 100 डिग्री पे भाप बनेगा, यह नियम है। विज्ञान ने पानी के भाप बनने के इस नियम को जाना। लेकिन जब विज्ञान इस नियम को नहीं जानता था, पानी तब भी 100 डिग्री पर भाप बनता ही था। ठीक वैसे ही यहां पूरा मनुष्यजीवन भी नियमबद्ध है। कोई जाने या ना जाने, इससे

कोई फर्क नहीं पड़ता है। मनुष्य के जीवन में सबकुछ नियमपूर्वक ही घट रहा है। वहीं इस संदर्भ में दूसरी महत्त्वपूर्ण बात यह भी समझ लो कि जब नियम है तो इसका अर्थ यही है कि पानी को जब भी व जहां भी 100 डिग्री पर उबालोगे, वह भाप बनेगा ही। बस वैसे ही तमाम अदृश्य भी नियमबद्ध ही हैं। कहने का तात्पर्य यह कि कौन-सा मन कितनी डिग्री पर उबलेगा, यह भी उसकी मनोदशानुसार नियमबद्ध रूप से तय ही है। हालांकि इस समय हम मन के नियमों और रहस्यों की चर्चा नहीं कर रहे हैं। अभी तो 'आत्मा' ही हमारा केन्द्रबिन्दु है। और इस संदर्भ में मैं यह स्पष्ट कर दूं कि आत्मा भी इस विज्ञान का ही एक हिस्सा है। अत: इसे वैज्ञानिक तरीके से समझा ही जा सकता है। इसे अपने भीतर महसूस किया ही जा सकता है। हां, परंतु अदृश्य होने के कारण यह विज्ञान की प्रयोगशाला में नहीं, बल्कि मन की गहराइयों में ही सिद्ध होगी।

सो, अब आगे हम वैज्ञानिक तरीके से 'आत्मा' पर चर्चा प्रारंभ करेंगे। क्योंकि स्पष्टत: आज के इस वैज्ञानिक युग में रहस्यों की चर्चाएं भी वैज्ञानिक तरीके से करी जाएगी तो ही मनुष्य इसका फायदा उठा पाएगा। यदि आपने इन चर्चाओं को सीधे मन की गहराइयों में उतरने दिया तो मैं वादा करता हूँ कि आज के बाद आत्मा से संबंधित आपके तमाम सवालों का अंत आ जाएगा। आप निश्चित ही बड़ी आसानी से अपनी आत्मिक शक्तियों का अनुभव कर लेंगे। साथ ही अपनी उन कमजोरियों को भी पहचान लेंगे जो आत्मा की राह में रोड़े अटकाए खड़ी हैं। और एकबार उनको पहचान लोगे तो फिर राह को 'मंजिल' बनते देर नहीं लगेगी। मुझे उम्मीद है कि अब आपलोग अपनी मनरूपी प्रयोगशाला में आत्मा को वैज्ञानिक तरीके से समझने तथा अनुभव करने हेतु पूरी तरह से तैयार होंगे।

आत्मा के रहस्य

जब आपके भीतर के मन, बुद्धि,
अहंकार, इन्द्रियों व डीएनए-जीन्स के
तमाम आपसी संघर्ष खत्म हो जाएंगे
तब बाहर के सारे संघर्ष
स्वतः ही खत्म हो जाएंगे।

मनुष्य की संरचना

आत्मा को वैज्ञानिक तरीके से समझने के लिए सबसे पहले मनुष्य को अपनी आंतरिक संरचना समझनी होगी। आश्चर्य यह होता है कि जी तो सभी रहे हैं, परंतु बहुत कम लोग अपने या अपनी संरचना के बाबत कुछ जानते हैं। यानी गाड़ी तो सभी चला रहे हैं... परंतु ब्रेक, एक्सिलरेटर या स्टियरिंग के बाबत किसी को कुछ पता नहीं है। अब ऐसे में रोज-रोज एक्सीडेन्ट नहीं होंगे तो क्या होगा? सो सबको, सबसे पहले अपने भीतर क्या-क्या हैं, यह समझना जरूरी है। सबको पता होना ही चाहिए कि उसके भीतर वे कौन-कौन सी शक्तियां हैं जो उसे प्रभावित कर रही हैं? यह समझे बगैर जीवन बनाया ही कैसे जा सकता है? परंतु यहां एक इसको छोड़

हरकोई सबकुछ जानने में लगा है। अब ऐसे में क्या तो वह गाड़ी चलाएगा और क्या कहीं सुरक्षित पहुंचेगा? और नहीं ही पहुंच रहा है। सभी लोग यह स्पष्ट रूप से समझ लें कि जिनके भी जीवन का जो कुछ भी बुरा हाल है, वह इसी कारण है कि वे अपनेआप से ही अनजान हैं। अत: सौ बातों की एक बात यह कि जिसे भी जीवन की गाड़ी ठीक से चलानी हो, उसे सबसे पहले अपने स्वयं की सिस्टम को समझना होगा। जिस दिन विश्व में बच्चों को स्कूल से ही अपनी संरचना के बाबत ज्ञान दिये जाएंगे, उस दिन संसार से कष्ट छू हो जाएंगे।

खैर, अब हम सीधे संक्षेप में मनुष्य की भीतरी संरचना को समझने का प्रयास करते हैं। यदि आप मनुष्य के भीतर की तमाम शक्तियों के बाबत वैज्ञानिक तरीके से विस्तारपूर्वक समझना चाहते हैं, उनका अनुभव करना चाहते हैं तथा उन शक्तियों को सही दिशा भी देना चाहते हैं... तो आपको मेरे द्वारा लिखित किताब 'मैं मन हूँ' पढ़नी होगी। अभी तो 'आत्मा' समझने हेतु जितना आवश्यक है, वही मैं संक्षेप में बता रहा हूँ।

> *दुनिया का कोई भी मनुष्य अपनी सिस्टम पहचाने बगैर न तो सुखी और सफल हो सकता है ...और ना ही उसके जीवन में आनंद और मस्ती आ सकती है।*

मनुष्यजीवन को बाहरी परिस्थितियां प्रभावित करती हैं, यह सब जानते हैं। लेकिन मनुष्य के जीवन को उससे कहीं ज्यादा उसकी अंदरूनी शक्तियां प्रभावित करती हैं, यह बहुत कम लोग जानते हैं। लेकिन सच यह है कि इन अंदरूनी शक्तियों से ही मनुष्य के जीवन के फैसले हो रहे हैं। और ये अंदरूनी शक्तियां हैं...उसका मन, उसकी बुद्धि, उसकी इन्द्रियां तथा उसका अहंकार। ये चारों उसके जीवन पर अपना असर दिखाते हैं। साथ ही मनुष्य

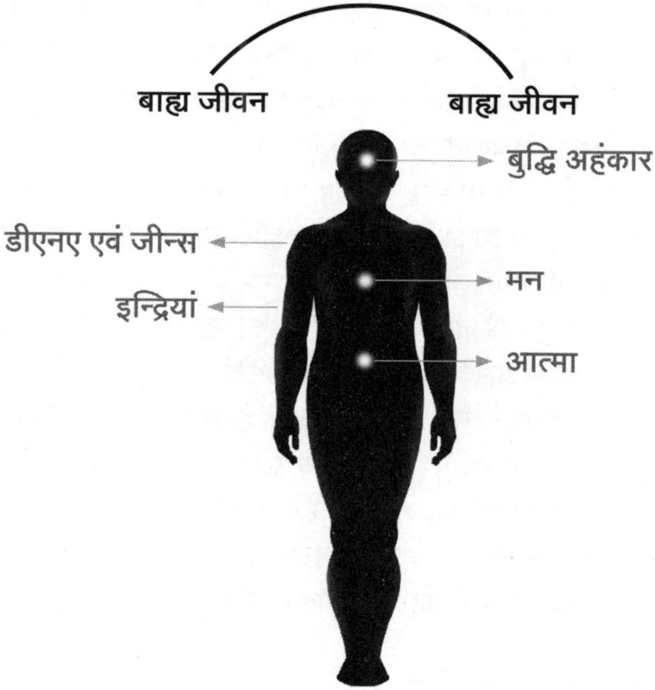

अंदरूनी शक्तियों का प्रभाव

मनुष्यजीवन को बाहरी परिस्थितियां प्रभावित करती हैं यह सब जानते हैं। लेकिन मनुष्य के जीवन को उससे कहीं ज्यादा उसकी अंदरूनी शक्तियां – मन, बुद्धि, इन्द्रियां और अहंकार – प्रभावित करती हैं। साथ ही, जीन्स व डीएनए का भी उसके जीवन पर पूरेपूरा असर देखने को मिलता है।

के जीन्स व डीएनए का भी उसके जीवन पर पूरेपूरा असर देखने को मिलता है। और इसके अलावा 'आत्मा' है जो हर मनुष्य में पूरी दृढ़ता से स्थित है।

कुल-मिलाकर ये छह मनुष्य के शरीर की वे अंदरूनी शक्तियां हैं जो उसके जीवन को चलाती हैं। और अपने बारे में कम-से-कम इतना तो सबको पता होना ही चाहिए। यहां यह भी समझ लीजिए कि मनुष्य को सबसे ज्यादा प्रभावित उसका मन करता है। और मनुष्य में एक नहीं, सात मन हैं। वहीं यह भी समझ लीजिए कि अंतिम मन जिसका केन्द्र नाभि है... वही आत्मा है। अत: कई लोग आत्मा को मन का एक हिस्सा मानते हैं तथा कई इसे मन से अलग मानते हैं। हालांकि इससे कोई विशेष फर्क नहीं पड़ता। वैसे 'आत्मा' वास्तव में मन का हिस्सा नहीं है, वह तो एक 'अमनीय' अवस्था है। दूसरे शब्दों में कहूं तो आत्मा एक 'शून्य' है। परंतु फिर भी वैज्ञानिक तरीके से समझने हेतु आत्मा को सातवां मन कहना ही उचित है। सो, मेहरबानीकर आत्मा, ...मन का हिस्सा है या नहीं, इसमें उलझकर आत्म-अनुभव के इस मौके को बेकार मत जाने देना।

जितने मनुष्य – उतने जीवन

अब चूंकि मनुष्य के जीवन को चलाने वाली उसकी तमाम अंदरूनी शक्तियां, सबकी अपनी-अपनी और भिन्न-भिन्न हैं; इसलिए सभी मनुष्यों के जीवन भी अलग-अलग हैं। यदि सबमें कुछ समान रूप से बराबरी पर मौजूद है, तो वह सबकी आत्मा ही है। और किसका जीवन क्या होगा, यह पूरी तरह से सबकी बची हुई शक्तियों के सामूहिक और परस्पर प्रभावों पर निर्भर होता है। अत: अपने जीवन को सही दिशा देने हेतु सबको उसे प्रभावित करने वाली उसकी तमाम अंदरूनी शक्तियों की कार्यप्रणाली को समझना जरूरी है। लेकिन बहुत कम लोग हैं जो उसको प्रभावित करने वाली उसकी भीतरी शक्तियों को और उनके प्रभावों को, अलग-अलग पहचानते हैं। और

जो इनके प्रभावों को भिन्न-भिन्न पहचानता है, वही होश में कहा जा सकता है। बाकियों को बेहोश ही समझो। और कहने की जरूरत नहीं कि बेहोशों के जीवन नहीं बनते हैं।

जीवन भीतर से बाहर बहता है

यह भी आश्चर्यजनक है कि जीवन बनाने हेतु सबकी निगाह बाहर लगी होती है। लेकिन जीवन की वास्तविकता यह है कि वह भीतर से बाहर बहता है। मनुष्य की भीतरी शक्तियों से ही उसके जीवन की दशा और दिशा, दोनों तय होती है। बाहर चारों ओर जिसे भी मनुष्य अपना जीवन समझता है, वह सिर्फ उसके भीतर का रिफलेक्शन-मात्र है। घटनाएं उसके भीतर पहले घट रही हैं तथा बाहर 'दृश्य' में वे बाद में आ रही हैं। यही मनुष्य के जीवन हेतु ''टाइम और स्पेस'' का सिद्धांत है। और यह बात अच्छे से समझना सबके लिए बहुत जरूरी है। क्योंकि यहां पर कोई अपने भीतर को आवश्यक महत्त्व नहीं दे रहा है। ...जबकि उसका पूरा जीवन 'भीतर' से बाहर की ओर बह रहा है।

भीतर का मन बदले बगैर
बाहर कुछ भी नहीं बदलेगा।
हरकोई चूंकि यहां बाहर
सबकुछ बदलने में लगा है...
इसलिए बेचारा
कुछ नहीं बदल पा रहा है।

अत: सबको यह समझना ही रहा कि जो कुछ भी समस्याएं उसे बाहर नजर आ रही हैं, उसकी जड़ भीतर ही है। और जबतक वह जड़ का इलाज नहीं करेगा, बाहरी समस्याएं समाप्त होने वाली नहीं हैं। कहने का तात्पर्य यह कि अपने भीतर को समझे बगैर कोई भी व्यक्ति किसी समस्या से निजात नहीं पा सकता है। यही कारण है कि बाहर जमानेभर के प्रयास करने के बाद भी मनुष्य की समस्याओं का अंत नहीं आ रहा है।

जैसा भीतर वैसा बाहर

बाहर चारों ओर जिसे भी मनुष्य अपना जीवन समझता है
वह सिर्फ उसके भीतर का रिफलेक्शन-मात्र है।
घटनाएं उसके भीतर पहले घट रही हैं
तथा बाहर 'दृश्य' में वे बाद में आ रही हैं।

बाह्य जीवन माया है

मनुष्य का बाहरी जीवन पूरा-का-पूरा माया है। क्योंकि वह जीवन नहीं है, बल्कि वह उसके भीतर की छाया है। लेकिन दुर्भाग्य से मनुष्य अपने आंख, कान व बुद्धि के बहकावे में आकर ''बाह्य जीवन'' को ही अपना जीवन समझ बैठता है। उसी से वह दिन-रात प्रभावित भी रहता है। फिर उसी भ्रम में वह सोचता है कि सारी समस्याएं भी बाहर हैं। लेकिन वास्तव में ऐसा है नहीं। जीवन और उसकी समस्याएं, दोनों भीतर ही हैं। यही कारण है कि तमाम भागादौड़ियों के बाद भी वह न तो कुछ पा पाता है और ना ही उसकी समस्याओं का अंत आता है। और जब तक मनुष्य अपने बाहरी जीवन को अपना मानता रहेगा, समस्याओं का अंत आने वाला भी नहीं है। क्योंकि ऐसे में वो सारे इलाज भी बाहर ही खोजता रहेगा। अत: सबको यह समझना ही रहा कि बाहरी जीवन उसके भीतरी स्वरूप की छाया है। उस बाहरी जीवन के साथ कितने ही प्रयोग करो, कुछ फर्क नहीं पड़ना है। सीधी-सी बात है, छाया बदलना चाहते हो तो अपने स्वरूप को बदलना पड़ेगा। स्वरूप बदलते ही छाया अपनेआप बदल जाएगी।

> *बाहर कुछ भी नहीं है बाहर तो सिर्फ आपके मन का रिफ्लेक्शन है। सो जीवन की समस्याएं सुलझाना चाहते हो तो 'इलाज' अपने मन का करो।*

अत: सबके लिए बेहतर है कि बाहर भागादौड़ी मचाने की बजाय ध्यान अपने ''भीतरी स्वरूप'' को सुधारने पर लगाए। क्योंकि बाहर करी गई मेहनतों के जीवन में तबतक कोई विशेष सकारात्मक परिणाम नहीं आते जबतक कि उन मेहनतों को भीतरी शक्तियों का सहारा ना मिला हो। क्योंकि बाहर घटने वाली अधिकांश घटनाओं की जड़ भीतर ही मौजूद होती है। जड़ों

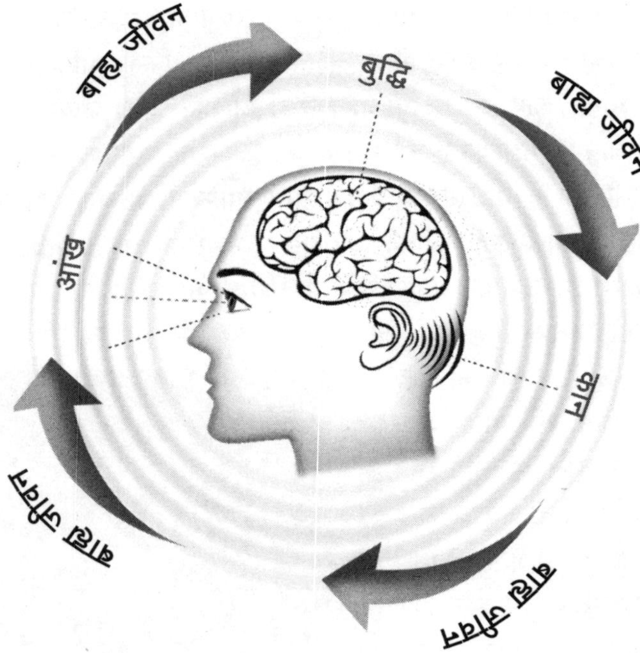

बाह्य जीवन एक छाया

मनुष्य का बाहरी जीवन पूरा-का-पूरा माया है।
क्योंकि वह जीवन नहीं है, बल्कि वह उसके भीतर की छाया है।
लेकिन दुर्भाग्य से मनुष्य अपने आंख, कान व बुद्धि के बहकावे में आकर ''बाह्य जीवन'' को ही अपना जीवन समझ बैठता है।
और उसी से वह दिन-रात प्रभावित भी रहता है।

का इलाज करोगे तो ही बाहर कुछ बदलेगा। आपके चाहने या न चाहने से बाहर कुछ नहीं बदलेगा। ना ही आपके द्वारा किये जा रहे बाहरी इलाजों का घट रही घटनाओं पर कोई विशेष असर पड़ेगा। सीधी बात क्यों नहीं समझते कि जिन चीजों के बीज भीतर जमे होंगे, बाहर उनके पेड़ उगेंगे ही।

कुल-मिलाकर एकबार फिर स्पष्ट समझ लें कि जबतक आप अपने भीतर को समझेंगे नहीं, बाहर का कुछ भी बदलने वाला नहीं है। यही कारण है कि बदलना तो हरकोई बहुत कुछ चाहता है, पर बदल कुछ नहीं पा रहा है। क्योंकि वो बदलने हेतु सारे प्रयास बाहर कर रहा है। उम्मीद है कि यह सीधी बात आपकी समझ में आ जाएगी और आगे से आप जीवन बदलने हेतु ध्यान अपने भीतर लगाएंगे। और यह हो सके...इसीलिए मैंने इस बात पर पूरेपूरा जोर दिया है।

सीधी दिशा पकड़ो

अब इसमें तो कोई दो राय नहीं कि हरकोई अपने जीवन को संवारना चाहता है। लेकिन वह यह तक नहीं समझ पाता है कि ''टाइम और स्पेस'' के सिद्धांत के आधार पर उसके पास दो जीवन है। एक बाहर व एक भीतर। अब चूंकि अधिकांश लोग अपने बाह्य-जीवन को ही ज्यादा महत्त्व देते हैं, इसीलिए वे बाह्य-जीवन को सजाने-संवारने में लगे रहते हैं। परंतु चूंकि यह प्रक्रिया ही गलत है, इसलिए तमाम मेहनत व सारी प्रतिभाओं के बावजूद सबको नाकामी का ही सामना करना पड़ रहा है। अत: एकबार फिर समझ लो कि बाहरी जीवन आपके भीतरी स्वरूप की छाया-मात्र है। यह बात मैं बार-बार इसलिए कह रहा हूँ...क्योंकि यह समझे बगैर आप सही दिशा पकड़ ही नहीं पाएंगे। अत: यह स्पष्ट समझ लो कि जो कोई अपने बाहरी जीवन को ऊंचाइयों पर ले जाना चाहता है... उसे अपने 'भीतरी स्वरूप' को उस अनुसार बदलना ही होगा। और अपने स्वरूप को बदलना

डीएनए व जीन्स का विज्ञान

डीएनए व जीन्स, मनुष्य को प्रभावित करने वाली सबसे पहली शक्ति है। और विज्ञान की मेहरबानी से आज यह सभी जानते हैं कि डीएनए एवं जीन्स मनुष्य को उसके अपने माता-पिता से मिलते हैं। इसीलिए प्रायः उनपर माता-पिता के कई प्रभाव देखने को भी मिलते हैं।

हो तो पहले उसे समझना जरूरी है। उसकी भिन्न-भिन्न शक्तियों के प्रभावों को समझना जरूरी है। कुल-मिलाकर यह समझ ही लो कि मनुष्य का जीवन उसे प्रभावित करने वाली तमाम भीतरी शक्तियों की कार्यप्रणाली समझने से तथा उनमें सकारात्मक परिवर्तन लाने से ही बदल सकता है। सो अब हम सीधे एक-एक कर मनुष्य को प्रभावित करने वाली उसकी भीतरी शक्तियों तथा उसके प्रभावों पर चर्चा प्रारंभ करते हैं।

A) डीएनए व जीन्स का प्रभाव

डीएनए व जीन्स, मनुष्य को प्रभावित करने वाली सबसे पहली शक्ति है। और विज्ञान की मेहरबानी से आज यह सभी जानते हैं कि डीएनए एवं जीन्स मनुष्य को उसके अपने माता-पिता से मिलते हैं। और चूंकि वे माता-पिता से मिलते हैं, अत: प्राय: उनपर माता-पिता के कई प्रभाव देखने को भी मिलते हैं। खासकर शरीर का रंग, शरीर की बनावट, चेहरा... सबकुछ। वहीं कई बार मनुष्य की कुछ आदतें भी उसके माता-पिता और उसके पूर्वजों से मेल खा जाती हैं। साथ ही, मनुष्य के शारीरिक स्वास्थ्य पर भी उसके डीएनए व जीन्स का पूरा-पूरा असर देखने को मिलता है। और हर किसी को अपने डीएनए तथा जीन्स के इन प्रभावों को समझ ही लेना चाहिए।

B) मन की कार्यप्रणाली

मनुष्य का 'मन' मूर्खताओं का बवंडर भी है और शक्तियों का केन्द्र भी। सबसे महत्त्वपूर्ण बात तो यह है कि मनुष्य का यह 'मन' जन्मो-जन्मांतर का है। यानी मनुष्य के मन पर उसके वर्तमान जीवन का असर कम है तथा उसके पिछले जन्मों का असर ज्यादा है। और मनुष्य के जीवन की असली बागडोर उसके मन के पास ही है। जीवन का बनना और बिगड़ना, दोनों

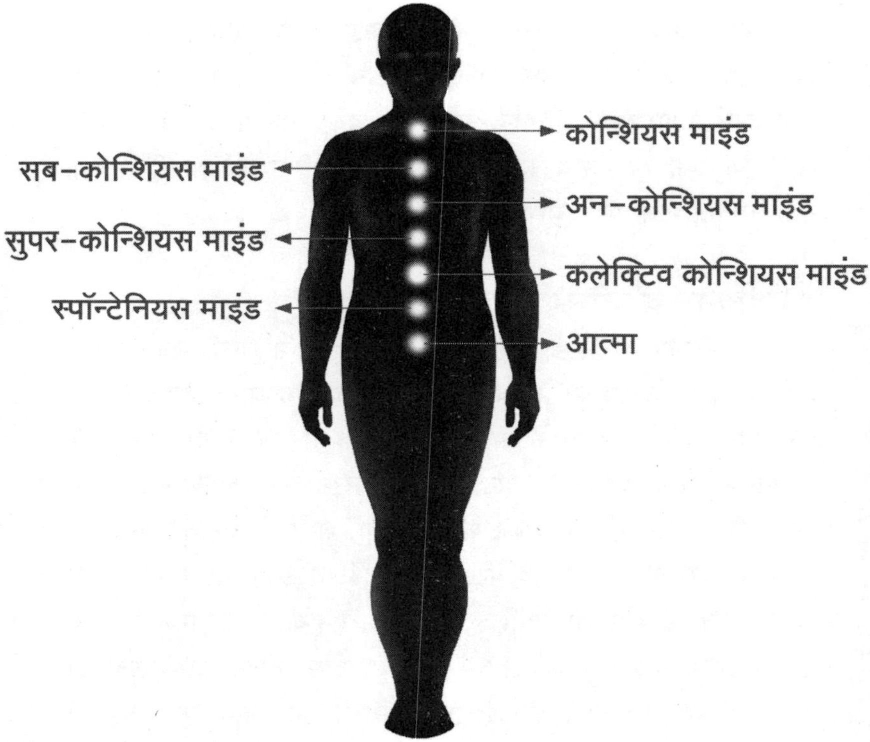

जीवन की लगाम सिर्फ मन के पास

मनुष्य के जीवन की असली बागडोर उसके मन के पास ही है। जीवन का बनना और बिगड़ना दोनों मनुष्य के अपने 'मन' पर निर्भर होता है। इसीलिए तो कहते हैं कि मनुष्य सिवाय मन के और कुछ नहीं है।

मनुष्य के अपने 'मन' पर निर्भर होता है। इसीलिए तो कहते हैं कि मनुष्य सिवाय मन के और कुछ नहीं है। लेकिन दुर्भाग्य से मन को बहुत कम लोग जानते और समझते हैं। यहां तक कि आत्मा के साथ मनुष्य के सात मन हैं, यह भी बहुत कम लोग जानते हैं। लेकिन जीवन बनाने हेतु मनुष्य को अपने तीन उपद्रवी मनों व उसकी कार्यप्रणाली को भी समझना होगा तथा अपने तीन शक्तिशाली मनों के उपयोग को भी। सच तो यह है कि अपने उपद्रवी मनों को कमजोर करना तथा अपने शक्तिशाली मनों को एक्टिव करना ही मनुष्य का अपने प्रति प्रथम कर्तव्य है। और जैसा कि मैंने कहा कि मन की सम्पूर्ण कार्यप्रणाली को विस्तार से समझने हेतु आपको मेरी लिखी किताब 'मैं मन हूँ' पढ़नी पड़ेगी। उससे आप अपने मन की कमजोरियों को भी तथा उसकी शक्तियों को भी समझ जाएंगे। और फिर रहा सवाल आत्मा का, तो उसके प्रभावों पर तो हम इस पुस्तक में विस्तार से चर्चा कर ही रहे हैं।

अत: अभी तो मन के संदर्भ में आप इतना समझ लो कि आपका पूरा जीवन उससे चलायमान है। सो उसे समझने को जितना महत्त्व दोगे, उतना ही आपका जीवन संवरता चला जाएगा। क्योंकि आपके जीवन पर पड़ने वाले अच्छे और बुरे...दोनों प्रभाव के लिए आपका मन ही जवाबदार है। और इसी से आप अपने मन के महत्त्व का अंदाजा लगा सकते हैं। अब जब मन इतना महत्त्वपूर्ण है तो उसे समझाना ही पड़ेगा। और जैसा कि मैं कह चुका हूँ कि मनुष्य का मन उसके जन्मो-जन्मांतर का है, तो मनुष्य के वर्तमान मन पर जन्मों से एकत्रित हुई तरंगों का भी पूरेपूरा प्रभाव होता है। और मन को पूरी गहराई से समझने हेतु यह बात हमेशा के लिए जहन में बिठा लेना जरूरी है। क्योंकि इस बात पर गौर करे बगैर मन की कार्यप्रणाली कभी समझ में आने वाली नहीं है। यही कारण है कि मन युगों से सबके लिए एक पहेली बना हुआ है। अब मन समझने हेतु संक्षेप में उसके बाबत जो कुछ भी जानना आवश्यक था, मैंने समझा दिया। इसके साथ ही

निम्नलिखित चित्र से यह भी समझ लीजिए कि मनुष्य के एक नहीं, सात मन हैं। इन सातों की कार्यप्रणाली तथा इनके प्रभावों के बाबत तो मैं विस्तार से ''मैं मन हूँ'' नामक किताब में समझा ही चुका हूँ। अभी तो आत्मा को समझने हेतु 'मन' को जितना समझना आवश्यक है, बस उतनी ही हम मन पर चर्चा कर रहे हैं।

C) इन्द्रियों की कार्यप्रणाली

अब हम इन्द्रियों की कार्यप्रणाली पर चर्चा प्रारंभ करते हैं। परंतु उससे पहले एक निवेदन कर दूं कि जब आप अपनी संरचना को वैज्ञानिक तरीके से समझ ही रहे हैं तो फिर मेहरबानीकर पुरानी सुनी-सुनाई बातों को बीच में मत लाना। क्योंकि अनेकों ज्ञानियों ने मनुष्य को उसकी सिस्टम समझाने हेतु अनेक प्रकार के प्रयास किये हैं। और सबने युग के अनुसार शब्दों का प्रयोग भी किया है। किसी ने इन्द्रियों को भी मन का ही एक अंश माना है तो किसी ने इन्द्रियों को अलग कहा है। किसी ने शक्तिशाली मनों को आत्मा कहा है तो किसी ने मन की शक्तियों को ध्यान-चक्र से लेकर कुंडलिनी तक के नाम दिये हैं। सो आप अपनी भीतरी शक्तियों को अच्छे से समझना चाहते हैं तो पुरानी सारी बातों को भूलकर इस वैज्ञानिक तरीके को जहन में उतार लें। इससे जल्द ही आपको अपनी तमाम भीतरी शक्तियों का अनुभव हो जाएगा। और मतलब शक्तियों को पहचानने से है। उन्हें चाहे जिस नाम से पुकारो, क्या फर्क पड़ता है? आप तो इतना समझ लो कि हमें मतलब नाम से नहीं, शक्तियों से है।

खैर, अब हम सीधे इन्द्रियों की कार्यप्रणाली को समझ लेते हैं। कान, आंख, जबान, चमड़ी, नाक, जैसी इन्द्रियां बाह्य जगत से मनुष्य का संपर्क स्थापित करती हैं। इनपर मनुष्य के डीएनए व जीन्स का अच्छाखासा प्रभाव होता है। साथ ही मनुष्य की इन्द्रियों पर मन का भी पूरेपूरा प्रभाव

पड़ता है। और मन के इस प्रभाव की वजह से मनुष्य को पसंद-नापसंद की तरंगें उठती रहती हैं। स्वाद से लेकर सुगंध तक की मनुष्य की तमाम मांगों की जड़ यह इन्द्रियां ही हैं। और शारीरिक तथा मानसिक जरूरतों की तरंगें छोड़ने वाली ये इन्द्रियां भी मनुष्य को खूब दौड़ाती हैं। यहां महत्त्वपूर्ण यह जानना है कि मनुष्य के मन की ही तरह उसकी इन्द्रियों पर भी इस जन्म के साथ-साथ उसके पिछले जन्मों का भी, पूरेपूरा असर होता है।

D) बुद्धि व अहंकार की कार्यप्रणाली

मनुष्य के बुद्धि और अहंकार अपनेआप में बड़ी शक्तिशाली फोर्स है। फर्क सिर्फ इतना है कि मन की तरह ये दोनों जन्मो-जन्मांतर के नहीं होते, बल्कि दोनों इसी जन्म के होते हैं। ये दोनों बाहर से आकर्षित होकर कई चीजें सीखते हैं, और उसी से बढ़ते जीवन के साथ इनकी कंडीशनिंग होती चली जाती है। और फिर ये दोनों अपनी हुई कंडीशनिंग के अनुसार बरतते रहते हैं। खास ध्यान रखने योग्य बात एक ही है कि चूंकि ये दोनों इसी जन्म के होते हैं, अत: हमेशा इनका 'मन' से संघर्ष चलता रहता है। अधिकांश समय पे दोनों 'मन' के विपरीत ही खड़े होते हैं। और यह स्पष्ट जान लो कि मन और बुद्धि-अहंकार का यह संघर्ष ही हर मनुष्य के जीवन का असली संघर्ष है। हरकोई इसी में पिसा जा रहा है। इन दोनों का संघर्ष ही मनुष्य की पूरी जीवन ऊर्जा खाये जा रहा है। और इसलिए अपने मन और बुद्धि के बीच चल रहे इस संघर्ष को गहरे से समझना जरूरी है। इन दोनों के संघर्ष को समझे बगैर किसी को अपने जीवन बाबत कुछ भी समझ में आने वाला नहीं है। तबतक उसे यह समझ में आने वाला ही नहीं है कि वह कहां और क्यों जा रहा है? वह क्या और क्यों कर रहा है?

सच कहा जाए तो मनुष्य के सारे भ्रमों और कन्फ्यूजनों के लिए उसके मन और बुद्धि का यह संघर्ष ही जवाबदार है। बुद्धि बाहरी ज्ञान से

जीवन बनाना चाहती है और मन अपनी शक्तियों से। यहां मनुष्य का अहंकार हमेशा 'बुद्धि' के साथ होता है। वह बुद्धि की पकड़ी हर बात को दृढ़ता प्रदान करता है। और इन सबके परिणामस्वरूप ये दोनों मिलकर 'मन' को दबाते चले जाते हैं। जबकि मन को 'दबना' बिल्कुल पसंद नहीं है। बस दोनों में संघर्ष चालू हो जाता है। अब मैंने तो अपनी ओर से हरेक के भीतर चल रहे मन और बुद्धि के संघर्ष को संक्षेप में समझा दिया। और चूंकि यह संघर्ष आप ही के भीतर चलता है, अत: निश्चित ही आपको अब इसका अंदाजा हो गया होगा। न हुआ हो तो अब भगवद्गीता एकबार फिर ध्यान से पढ़ लेना। क्योंकि गीता में अर्जुन भी अपने मन और बुद्धि के संघर्ष में उलझ जाने के कारण ही कन्फ्यूज्ड हुआ होता है।

मन साथ क्यों नहीं देता?
वह आपके बुद्धि-अहंकार की
बात क्यों नहीं मानता?
क्योंकि मन जन्मों का है
उसने घाट-घाट का पानी पीया है।
वह बुद्धि-अहंकार की
मूर्खताओं से वाकिफ है।

खैर, अभी तो यह समझो कि भीतर चल रहा मन और बुद्धि का संघर्ष ही सबको खत्म कर रहा है। इसलिए इस संघर्ष पर विजय पाने हेतु सबको अपने मन और बुद्धि के अलग-अलग प्रभावों को पहचानना जरूरी है। फिर कब कौन 'कप्तान' होना चाहिए, यह समझना भी जरूरी है। गलत समय पर गलत को कप्तान बनाओगे तो कभी कुछ नहीं कर पाओगे। अब आत्मा को समझने हेतु इतना समझना पर्याप्त है। हां, यदि मन और बुद्धि की पूरी कार्यप्रणाली समझना चाहते हो तो आपको मेरी लिखी "मैं मन हूँ" पुस्तक पढ़नी ही पड़ेगी। मन, जीवन और कुदरत के रहस्यों को समझने हेतु यह एक फाउन्डेशन किताब है। और इसीलिए हर बात को विस्तार से समझाने हेतु मुझे बार-बार उसका जिक्र करना पड़ रहा है।

अपनी संरचना को समझना मनुष्य की पहली जरूरत

अब एक मनुष्य होने के नाते अपनी इस पूरी अंदरूनी सिस्टम तथा उसके प्रभावों को समझना मनुष्य की पहली जरूरत है। लेकिन दुर्भाग्य से अधिकांश लोग ना तो अपनी सिस्टम के सभी अंगों को अलग-अलग पहचानते हैं और ना इनके भिन्न-भिन्न प्रभावों से ही वाकिफ हैं। अत: जीवन की गाड़ी का स्टियरिंग थामे सब बैठे हैं, पर कौन-सा क्लच है, कौन-सा ब्रेक या एक्सिलरेटर है, इसका किसी को अंदाजा नहीं है। ...ऐसे में सिवाय एक्सिडेंट के और क्या हो सकता है? और यही हो रहा है। सबके जीवन की गाड़ियां रोज पचासों एक्सिडेंट कर ही रही हैं। अत: यह जहन में बिठा ही लेना कि आत्मानुभूति की यात्रा प्रारंभ करने से पहले अपनी संरचना को अच्छे से समझना तथा उसके प्रभावों को जानना, हर मनुष्य की पहली आवश्यकता है। सो आगे मैं जो समझाने जा रहा हूँ, उसे अच्छे से समझ लेना। समझने में तकलीफ आए तो बार-बार पढ़ लेना। पर अपनी भीतरी सिस्टम की कार्यप्रणाली को समझ अवश्य लेना। तो ही आप अपने मन की शक्तियों को जगा पाएंगे। और वे जागेंगी तो ही आप अपनी आत्मा की झलक पा पाएंगे।

भटकना बंद करो

हर किसी को लगता है कि उसे उसकी प्रतिभानुसार नहीं मिल रहा है। लेकिन ऐसा है नहीं...। क्योंकि यहां प्रकृति में पल-पल ऑटोमैटिक न्याय हो रहा है। सो मार कहां खा रहे हो इन कारणों का पता लगा लो। ...तभी आगे बात बन पाएगी।

अब अपनी भीतरी शक्तियों को जानने हेतु सबसे पहले तो यह समझ लें कि यदि गाड़ी चलाना हो तो गाड़ी के बाबत पूरी जानकारी होना जरूरी है। गाड़ी चलाने हेतु इससे ज्यादा जरूरी और कुछ हो ही नहीं सकता है। परंतु मनुष्य इतना बुद्धिमान है कि बिना गाड़ी की जानकारी के गाड़ी चलाने में लगा है। और तमाम शिक्षाएं, फिर चाहे वह संप्रदाय और समाज के नाम पर दी जा रही हों या स्कूल-कॉलेज में पढ़ाई के नाम पर, सब मनुष्य की संरचना को समझे बिना ही जीवन की गाड़ी चलाना सिखाने में लगे हैं। सवाल यह है कि यह कैसे संभव है? चलो, यह सब तो बाहरी तत्व हैं, सो उनकी छोड़ो...। वे तो भ्रमित करेंगे ही। परंतु मनुष्य को स्वयं को तो यह

समझ होनी ही चाहिए कि अपनी सिस्टम को समझे बिना वह जीवन में कूद ही कैसे सकता है?

अत: मेहरबानीकर सब अपने जीवन के प्रति गंभीर हो जाओ। और उस हेतु सबसे पहले अपनी सिस्टम को समझने की कोशिश करो। ...क्योंकि अपनी सिस्टम समझे बगैर ना तो कोई 'ज्ञान' और ना ही कोई 'कोशिश' आपके काम आने वाली है। अपनी प्रतिभा भी ऐसे में आपको दगा ही देगी। और अक्सर आपकी प्रतिभा आपको दगा दे भी रही है। इसलिए हरकोई यह सोचता है कि वह अपनी क्षमतानुसार कुछ पा नहीं रहा है। परंतु कोई यह नहीं समझ रहा है कि अपनी सिस्टम समझे बगैर क्षमता का ठीक से उपयोग कर ही कैसे पाओगे?

सो अब सीधे हम मनुष्य की अंदरूनी सिस्टम की कार्यप्रणाली समझते हैं। और इसे समझने हेतु हमने मनुष्य को प्रभावित करने वाली उसकी भीतरी शक्तियों के बाबत तो पहले ही समझ लिया है। साथ ही हमने यह भी समझ ही लिया है कि जिसका जो कुछ भी जीवन है, वह उसकी अपनी सिस्टम का ही परिणाम है। सो, अब तो मनुष्य के सिस्टम की कार्यप्रणाली ही समझना बाकी रह जाता है। और यह समझना इसलिए जरूरी है कि जीवन इसके बगैर बनने वाला नहीं है। जीवन सुधारना हो तो अपनी भीतरी शक्तियों को समझना तथा उन्हें शक्तिशाली बनाते जाना, दोनों जरूरी है। इसके अलावा का कोई दूसरा उपाय जीवन बनाने हेतु काम आने वाला नहीं है। अत: अब हम सीधे मनुष्य की तमाम भीतरी शक्तियों में मनुष्य का क्या रोल है तथा वह क्या करे कि उनका भरपूर फायदा उठा सके, उसपर चर्चा करते हैं।

A) डीएनए-जीन्स में आप कुछ नहीं कर सकते

अब सबसे पहले यह समझो कि डीएनए और जीन्स में आप कुछ ज्यादा नहीं कर सकते हैं। न आप अपना चेहरा बदल सकते हैं और ना

डीएनए–जीन्स आपके बस में नहीं

न आप अपना चेहरा बदल सकते हैं और ना अपनी चमड़ी का रंग। वहीं आप अपनी शारीरिक संरचना या बेसिक स्वास्थ्य बाबत भी कुछ ज्यादा नहीं कर सकते हैं। क्योंकि ये सब डीएनए व जीन्स से प्रभावित होते हैं।

अपनी चमड़ी का रंग। वहीं आप अपनी शारीरिक संरचना या बेसिक स्वास्थ्य बाबत भी कुछ ज्यादा नहीं कर सकते हैं। क्योंकि ये सब डीएनए व जीन्स से प्रभावित होते हैं। और ये डीएनए व जीन्स आपको माता-पिता से मिले होते हैं। लेकिन आधुनिक विज्ञान का धन्यवाद है कि उसकी मेहरबानी से अब तो किसके डीएनए-जीन्स में किसे क्या मिला है, इसकी रिपोर्ट भी निकाली ही जा सकती है। सो बस, उसके आधार पर आवश्यक व्यायाम करके तथा आधुनिक विज्ञान के ज्ञान के सहारे अब आप अपने स्वास्थ्य के प्रति चंद सावधानियां अवश्य बरत सकते हैं। सो जहां कर सकते हैं, करें...। और जहां कुछ नहीं कर सकते, वहां स्वीकार लें। ...तो डीएनए व जीन्स के बाबत क्या करना और क्या स्वीकार कर आगे बढ़ना, यह आपको स्पष्ट हो ही गया होगा। इस बाबत मुझे नहीं लगता कि किसी को बहुत ज्यादा कन्फ्यूज्ड होने की कोई आवश्यकता है।

B) इन्द्रियों को अपने हिसाब से बरतने दो

जैसा कि हमने समझा कि इन्द्रियों पर डीएनए व जीन्स का प्रभाव भी है तथा इनपर पिछले जन्मों का असर भी है। साथ ही वह इस जनम की लगी आदतों की भी शिकार है। लेकिन इसके बावजूद यह अपनेआप कार्यरत है। इनमें गजब का आपसी सामंजस्य है। मनुष्य की बुद्धि सभी इन्द्रियों को एक डोर से बांधे हुए है। अत: शारीरिक तौरपर आंख, कान, नाक वगैरह को बेहतर तरीके से कार्यशील रखने हेतु बुद्धि को मजबूत रखना जरूरी है। साथ ही अपनी तमाम इन्द्रियों का उचित खयाल रखना भी जरूरी है। निश्चित ही विज्ञान की सुख-सुविधाओं से भरपूर आधुनिक खोजें इसमें बड़ी सहायक हैं। बस इन्द्रियों के संबंध में मनुष्य को इनका पूरा फायदा उठाना है। बाकी बचे इन्द्रियों के गहरे प्रभाव, तो यह समझ लो कि उनपर कई जन्मों का असर है। अत: उन्हें समझने या बदलने की जगह, उन्हें अपने हिसाब से बरतने देने

में ही मनुष्य की भलाई है। इनके साथ छेड़खानी करने को उकसाने वाली बहुत-सी शिक्षाएं उपलब्ध हैं। वे आकर्षित भी कर ही रही हैं। परंतु फिर भी छेड़खानी से जितना बच सको, बचो...। क्योंकि इन्द्रियों के साथ करी जाने वाली इन व्यर्थ की छेड़खानियों का मनुष्य कितना भुगत रहा है, इसका कोई अंदाजा किसी को नहीं है। मनुष्य के स्वास्थ्य से लेकर जीवन तक पर इसके दुष्परिणाम मनुष्य को भोगने पड़ रहे हैं।

अत: सबको यह समझना ही रहा कि मनुष्य की सिस्टम प्रकृति ने बनाई है। वह बेहद शक्तिशाली है। उसपर विश्वास करो, वह बड़ी जवाबदार है। अपने में सकारात्मक परिवर्तन लाने हेतु हर सिस्टम सक्षम है। आप तो बस हो सके उतना उसे अपने हाल पर छोड़ो और सुधरने का मौका दो। आप स्वयं जब भी यह कोशिश करोगे, इसे बिगाड़ोगे ही। और फिर दूर क्यों जाना? अपने अबतक के अनुभवों में खोजो। इस बात की सत्यता का पता स्वत: ही चल जाएगा। मानता हूँ कि इन्द्रियों से छेड़खानी की आदत पुरानी है तथा बाहर जमाना दबाव बनाये हुए है, फिर भी व्यर्थ की छेड़खानियों से जितना बच सको, बचो...।

> *सीधा सत्य यह है कि आपको अपने मन के ऑटोमेशन के साथ बहना पड़ेगा। उसमें छेड़खानी आपको हमेशा महंगी पड़ेगी।*

अब आपलोग वैज्ञानिक युग में भी जी रहे हो व समझदार भी हो। तो फिर क्यों यहां-वहां की सुनकर इन्द्रियों की सामान्य क्रियाओं के बीच में आते हो? सोचो इतना कि मन इन्द्रियों के साथ बहने में प्रफुल्लित होता है या उन्हें दबाने से? ...तो फिर बेवजह क्यों अपनी मासूम इन्द्रियों को दबाते हो? समझते क्यों नहीं कि इन्द्रियों की हर एक तरंग के पीछे कई गहरे रहस्य छिपे होते हैं। अत: बिना उचित वजह बात-बात पर इन्द्रियों के साथ

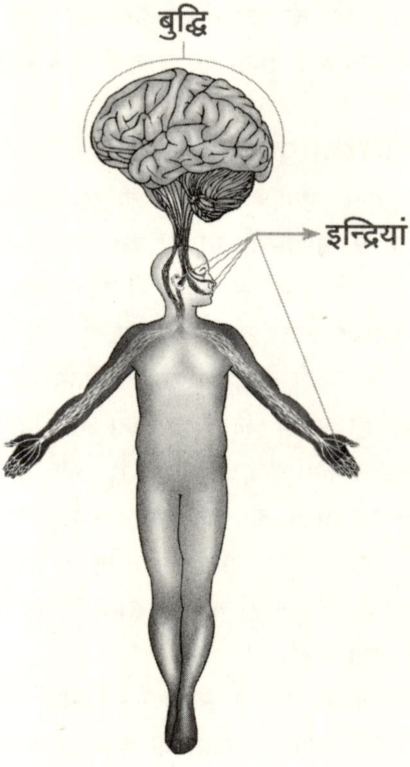

बुद्धि को भी मजबूत रखना जरूरी

मनुष्य की बुद्धि सभी इन्द्रियों को एक डोर से बांधे हुए है। अतः शारीरिक तौरपर आंख, कान, नाक वगैरह को बेहतर तरीके से कार्यशील रखने हेतु बुद्धि को मजबूत रखना जरूरी है। साथ ही तमाम इन्द्रियों का उचित खयाल रखना भी जरूरी है।

अनावश्यक छेड़खानियां बंद कर दो। विश्वास जानो कि यह एक छोटी–सी समझ ही आपके मन और जीवन को जल्द ही एक नयी उमंग से भर देगी।

C) मन ऑटोमेशन पर है

अब सवाल आता है मन का। तो सबको यह समझना जरूरी है कि वह पूरी तरह से ऑटोमेशन पर है। वहीं उसपर आपके हजारों पिछले जीवन का असर भी है। और इसी कारण से वह आपके तमाम पिछले जन्मों के प्रभावों के अनुसार बरतने को बंधा हुआ है। मन में तरंगें भी अपने ही रहस्यमय कारणों से उठती हैं तथा उसमें परिवर्तन भी अपने ही रहस्यमयी कारणों से आता है। मनुष्य की ईजाद करी कोई भी शिक्षा मन में कोई सकारात्मक परिवर्तन कभी नहीं ला सकती है। और यह मैंने इतनी महत्त्वपूर्ण बात कही है कि इसे समझ लोगे तो आपको स्वत: ही अधिकांश ज्ञानों की व्यर्थता समझ में आ जाएगी। आज की तारीख में प्रचलित अधिकांश ज्ञान उल्टा सबके मन को विकृत ही कर रहे हैं। और इसीलिए मन का सम्पूर्ण विज्ञान समझना बहुत जरूरी है।

खैर, फिलहाल तो यह समझें कि जिसका जैसा भी मन है, वह उसके तमाम पिछले जन्मों के कर्मों के फल के रूप में मौजूद है। और यह बात सबके लिए समझना बड़ा आवश्यक है। सो, इस एक वाक्य को बार–बार पढ़ लेना। क्योंकि इस एक वाक्य में जीवन के कई रहस्य छिपे हुए हैं। इस एक वाक्य से आपको समझना ही रहा कि कर्म के 'फलों' की बात करना अज्ञान है। क्योंकि हर कर्म के 'फल' आपको अपनी मानसिकता के तौरपर हाथोहाथ मिल ही जाते हैं। वहीं दूसरी तरफ "कोई पुनर्जन्म नहीं होता, ये सब हवाई बातें हैं" ऐसा सोचना भी अज्ञान है। और यह तय जान लो कि कर्मों के फल की सच्चाई तथा पुनर्जन्म की सत्यता को पूरी तरह से समझे बगैर मन और जीवन के कोई भी रहस्य कभी समझ में आने वाले नहीं हैं।

और इसीलिए कर्म-फल व जन्म-पुनर्जन्म पर भी मेरी किताबें जल्द ही आ रही हैं। साथ ही इतना और जान लो कि इन बातों को बुद्धि से समझने का भी कोई विशेष फायदा होने वाला नहीं है। जबतक ये सारी बातें आपके मन की गहराइयों में 'एक अनुभव' के तौरपर नहीं आ जाएंगी, जीवन में कोई बड़ा परिवर्तन नहीं आ पाएगा। अत: मन और प्रकृति के तमाम रहस्यों को गंभीरता से लेना और समझना, दोनों जरूरी है।

खैर, अभी तो आप अपने मन को समझें। यह चौबीस घंटे चलने वाला एक ऑटोमैटिक इन्स्ट्रूमेन्ट है। और मन की इस ऑटोमैटिक प्रक्रिया पर ही पूरा जीवन निर्भर है। मन में उठने वाली ऑटोमैटिक तरंगें ही मनुष्य का जीवन भी है तथा वही उसकी परेशानी भी है। अब ऐसे में कब मन को अपनी चाल चलने देना, कब बीच में आना तथा कैसे इसकी चाल सुधारना; इस एक 'ज्ञान' पर ही पूरे जीवन का खेल टिका हुआ है। लेकिन जबतक यह समझ में न आ जाए, मन को उसकी नॅचरल चाल चलने देना ही बेहतर है। इसके बीच में आकर आप अपने मन को और विकृत ही करेंगे। आज जिसे देखो वह बात-बिना-बात मन की चल रही ऑटोमैटिक प्रक्रिया के बीच में आने से बाज नहीं आता है। और इसी चक्कर में अधिकांश लोग अपने मन को विकृत कर चुके हैं। यही कारण है कि अब सामान्य मनुष्य अपने मन के उपद्रवों से इतना घबराया हुआ है। लेकिन विश्वास जानें कि अपने मन को उपद्रवी आपने स्वयं बनाया है। अन्यथा तो मन एक बहुत ही प्यारा व शक्तिशाली इन्स्ट्रूमेन्ट है। अत: जबतक सम्पूर्ण समझ न जागे, मेहरबानीकर हो सके उतना मन को उसकी नॅचरल चाल से ही चलने दो। समझो इतना कि मन को उसकी नॅचरल चाल चलने देने हेतु आपको कुछ भी करने की आवश्यकता नहीं है। आप उसके साथ छेड़खानी करना बंद कर देंगे, तो वह अपनी नॅचरल चाल चलता ही रहेगा। यानी मन के तल पर भी प्रारंभिक दौर में आपको कुछ नहीं करना है।

D) बुद्धि–अहंकार स्वतंत्र शक्ति

अबतक हमने समझा कि मनुष्य को प्रभावित करने वाले डीएनए–जीन्स, इन्द्रियां और मन पर अपने माता–पिता के साथ–साथ अपने पिछले जन्मों का भी गहरा असर होता है। यानी कि ये कैसे हों, उसपर मनुष्य का कोई नियंत्रण नहीं है। अब नियंत्रण हो या न हो, परंतु ये जैसे भी हैं, हैं तो आप के ही। इन सबपर आपके तमाम पिछले जन्मों के किये कर्मों का असर है ही। ऐसा समझें कि ये सब जो भी हैं व जैसे भी हैं, आपके पिछले कर्मों के फल के रूप में मौजूद हैं। और यह एक ऐसा रहस्य है जो सबको गहरे से समझना जरूरी है। क्योंकि इसीलिए इन तीनों की अधिकांश क्रियाएं ऑटोमैटिक हैं। यानी ये तीनों अब मनुष्य के नियंत्रण में नहीं हैं। इनकी बागडोर अब कुदरत के अन्य रहस्य थामे हुए हैं। अतः अब किसी को यहां अपने पिछले जन्मों या कर्मों के बाबत सोचने की जरूरत नहीं है। वह एक ऐसा इतिहास है जो गुजर चुका। अब तो वही है, जो आज है। और आपको उसी के सहारे आगे बढ़ना है। किसी कीमत पर पिछले जन्मों के नामपर दुकान चलाने वालों के चक्कर में नहीं पड़ना है। और यह सब आप ही की बातें हैं। और कायदे से अपने बारे में इतना तो सबको पता होना ही चाहिए।

खैर, अभी तो इस पूरी बात का सार समझें तो वह यही कि मनुष्य के पास इन तीनों की चल रही क्रियाओं में बहुत–कुछ ज्यादा करने को है नहीं। हां, वह चाहे तो इनकी चल रही क्रियाओं को अपने बुद्धि व अहंकार के बलपर रोक सकता है और चाहे तो उन्हें कोई अन्य दिशा दे सकता है। और यही मनुष्य के बुद्धि व अहंकार की वो परमसत्ता है जो उपयोगी भी है व विनाशकारी भी। यहां यह भी समझ लो कि मनुष्य के बुद्धि व अहंकार, दोनों पूरी तरह से इस जन्म में विकसित किये जाते हैं। इसलिए चाहे बुद्धि हो या अहंकार, दोनों बिना अपवाद के हर बच्चे में ना के बराबर मौजूद

होते हैं। यह दोनों बढ़ती उम्र के साथ बढ़ रही जानकारियों और करे जा रहे उपद्रवों से मजबूत होते चले जाते हैं। अर्थात मनुष्य बाहरी प्रभावों से इन दोनों की कंडीशनिंग करता चला जाता है।

कुल-मिलाकर पूरी बात का सार समझें तो मनुष्य को प्रभावित करने वाले मन, इन्द्रियां व डीएनए-जीन्स जैसे भी हैं, सबके अपने पिछले जन्मों के फल के रूप में स्थित हैं। अत: उनकी बागडोर कुदरत की न्यायव्यवस्था के हाथ में है तथा उन्हीं के आधार पर इस जनम में क्या करना व कैसे करना, उस हेतु उसे बुद्धि व अहंकार उपलब्ध हैं। वह इन्हें इसी जनम में निखारता है तथा उसी आधार पर वह मन-इन्द्रियों के साथ छेड़खानी करता है। और उतने पूरता ही हरकोई यहां स्वतंत्र है। और जीवन इस बात पर निर्भर है कि कौन इस स्वतंत्रता का कैसा उपयोग करता है। जो बुद्धि-अहंकार के द्वारा ग्रहण की गई गलत शिक्षाओं के बलपर अपने मन व इन्द्रियों को दबाएगा, वह विकृत और फ्रस्ट्रेटेड हो जाएगा, यह तय है। वहीं जो समझदारी पूर्वक सबमें सामंजस्य बिठाएगा, वह तर जाएगा। उम्मीद है कि अपनी भीतरी शक्तियों के बाबत अब सबको काफी स्पष्टता आ गई होगी।

E) पुनर्जन्म का सत्य समझना आवश्यक

प्रकृति के सारे रहस्य गहरे अवश्य हैं परंतु वे समझ से परे कतई नहीं हैं। क्योंकि सब के सब नियमबद्ध हैं। नियमबद्ध होने के कारण वे मन और जीवन की लेबोरेटरी में सिद्ध भी किये ही जा सकते हैं। और मेरे सारे प्रयास रहस्यों को सिद्ध करने की ही दिशा में हैं। मेरा यह स्पष्ट मानना है कि उसके बगैर कुछ फायदा होने वाला नहीं है। ऐसा नहीं है कि रहस्यों के बाबत कभी कुछ कहा नहीं गया है। कहा गया है और खूब कहा गया है। सत्य सुना भी बहुत गया है। परंतु सामान्य प्रचलित बातों के विपरीत जान

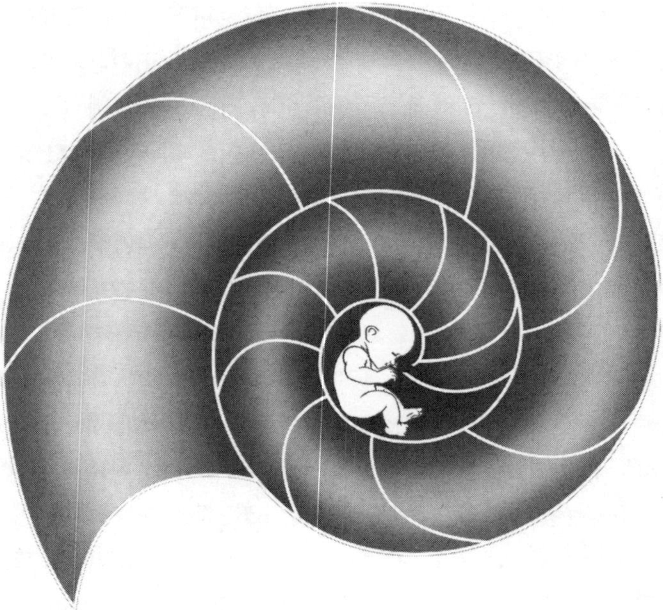

पुनर्जन्म का सत्य

मनुष्य का बार-बार जन्म होता है, यह सत्य है।
आपकी आदतें हों, आपके व्यवहार हों या
आपकी प्रतिभाएं हों; इनमें से अधिकांश का
इस जन्म के जाने, सीखे या समझे हुए से
कोई ताल्लुक नहीं है। ...बस यही सब आपके
पिछले जन्मों के कर्मों के वे फल हैं,
जो मन और इन्द्रियों के रूप में
आपको इस जन्म में मिले हैं।

पड़ने के कारण मनुष्य उन रहस्यों पर विश्वास नहीं कर पा रहा है। यानी रहस्यों के संबंध में अभाव ज्ञान का कम है तथा विश्वास का ज्यादा है। और जबतक मनुष्य विश्वास नहीं करेगा, उनपर अमल कैसे करेगा? और जबतक अमल नहीं करेगा, उनका फायदा कैसे उठा पाएगा? फायदा नहीं उठा पाएगा तो बेवजह जीवन के धक्के खाते रह जाएगा।

खैर, ये सब बातें मैं इसलिए कह रहा हूँ ताकि आप इन रहस्यों का अपने मन की लेबोरेटरी में अनुभव करने पर ध्यान दें। एकबार उन्हें वहां सिद्ध होने का मौका दोगे तो फिर उनपर अमल भी करोगे। और एकबार अमल करना शुरू करोगे तो सब अपनेआप समझ में भी आने लग जाएगा। फिर जीवन बनते क्या देर लगेगी? सो, अब हम सीधे पुनर्जन्म की सच्चाई समझने की कोशिश करते हैं। क्योंकि मनुष्य का बार-बार जन्म होता है, यह सत्य है। और जबतक मनुष्य इस रहस्यमयी सत्य का अनुभव नहीं कर लेगा, वह कुदरत का कोई रहस्य आसानी से नहीं समझ पाएगा। सच तो यह है कि इस एक सत्य से अनजान होने के कारण ही मनुष्य आज तक जीवन के तमाम रहस्यों से अनजान है। अब पुनर्जन्म के बाबत विस्तार से चर्चा तो मैं पुनर्जन्म पर लिखी किताब में ही करूंगा। परंतु आत्मा को समझने हेतु भी इस सत्य की झलक का तो आपको अपने मन में अनुभव करना ही पड़ेगा।

अत: विस्तार से न सही, परंतु मन और इन्द्रियों के प्रभावों को समझने हेतु पुनर्जन्म बाबत मुझे संक्षेप में आपको अभी समझाना ही पड़ेगा। और उस संदर्भ में अभी इस विषय में इतना समझो कि जो कुछ भी आपने जाना, सीखा और समझा है, क्या सब आपने इसी जन्म में जाना, समझा और सीखा है? थोड़ा-सा गौर करने पर आप पाएंगे कि आपकी आदतें हों, आपके व्यवहार हों या आपकी प्रतिभाएं हों; इनमें से अधिकांश का इस जन्म के जाने, सीखे या समझे हुए से कोई ताल्लुक नहीं है। तो फिर ये सब अस्तित्व में कहां से आए? ...बस यही सब आपके पिछले जन्मों के कर्मों

के वे फल हैं, जो मन और इन्द्रियों के रूप में आपको इस जन्म में मिले हैं। सो, सबको पुनर्जन्म का सत्य समझना और स्वीकारना ही रहा। अब यदि समझदार हो तो इशारा काफी है। और यदि इशारा समझ गए हो तो अपनी जानी, समझी व सीखी चीजों को इस जनम की है या पिछले जन्मों की, इसे अलग-अलग पहचान लो। क्योंकि रहस्यों के साथ ताल-से-चाल मिलाकर चलने हेतु यह स्पष्टता बड़े काम आएगी।

कर्म करने की कार्यप्रणाली समझें

निश्चित ही अब तक आपको अपनी सम्पूर्ण संरचना और उसकी कार्यप्रणाली समझ में आ गई होगी। और न समझ में आयी हो तो बार-बार पढ़ के इसे भलीभांति समझ ही लेना। क्योंकि यह पूरी तरह से समझे बगैर आपका जीवन आपके नियंत्रण में आने वाला नहीं है। अब जो-जो ऑटोमेशन पर हैं, वे तो स्वचालित हैं ही फिर वे चाहे मन के भाव हों या इन्द्रियों की इच्छाएं, वे अपने ही कारणों से आ और जा रहे हैं। उनपर किसी का कोई नियंत्रण नहीं है। और यह सबके अनुभव में है ही। परंतु मनुष्य के बुद्धि-अहंकार को यह बर्दाश्त नहीं हो रहा है। क्योंकि इन दोनों ने बाहर की दुनिया से अपना ही अनोखा ज्ञान ग्रहण कर रखा है। इस बात से भी कोई अनजान तो है नहीं। और बस यही मनुष्य के जीवन का वो संघर्ष है जो किसी से निपटाए नहीं निपट रहा है। अब समझो यह कि जो ऑटोमेशन पर है, वो ऑटोमैटिकली सक्रिय है ही। उसे सक्रिय करने हेतु किसी को कुछ करना नहीं है। उसपर तमाम पिछले जन्मों की छाप है। और उसी आधार पर वह प्रकृति के तमाम रहस्यों द्वारा स्वचालित है। और मैं अनेक बार कह ही चुका हूँ कि इस स्वचालित क्रिया को आप अपने अबतक के जन्मों में किये गए कर्मों का 'फल' भी कह ही सकते हैं। अत: जिसके मन और इन्द्रियां जैसे भी हैं, उसमें किसी को शिकायत करने का कोई कारण नहीं है।

खैर, कुल-मिलाकर अभी तो इतना समझें कि आपके मन और इन्द्रियां, कुदरत की न्यायव्यवस्था से पूरी तरह कनेक्टेड हैं। यदि कुदरत से कुछ कनेक्टेड नहीं है तो वह सबके बुद्धि और अहंकार हैं। और उसी के बलपर मनुष्य को इस जीवन की यात्रा करनी होती है। यानी कि जो कुछ भी अब आपको करना है...वह अपने-अपने बुद्धि और अहंकार के साथ करना है तथा उन्हीं के बलपर करना है। बाकी सब तो आपका यूं ही ऑटोमेशन पर है। और सच कहा जाए तो यहीं आकर जीवन की गाड़ी पटरी से उतर रही है। इसका सीधा कारण यह है कि बुद्धि और अहंकार की जो खूबियां हैं... उसका तो मनुष्य कुछ फायदा उठा नहीं पा रहा है और उसके दुष्परिणाम का शिकार हुआ चला जा रहा है। तथा यही मनुष्य की बर्बादी का प्रमुख कारण है। अत: जीवन बनाने हेतु तथा आत्मा को समझने हेतु बुद्धि और अहंकार के प्लस-माइनस को समझना बहुत जरूरी है। क्योंकि तबतक मनुष्य को यह समझ में नहीं आने वाला है कि कितनी क्रियाएं ऑटोमैटिक चलने देने की व कहां बुद्धि-अहंकार को अपनी चलाने देने की? सो, आगे हम उसी पर चर्चा करेंगे।

बुद्धि और अहंकार के प्लस-माइनस

अब मनुष्य के बुद्धि और अहंकार की उसके वर्तमान जीवन में महत्त्वपूर्ण भूमिका है, यह तो हमने समझ लिया। अब यह भी समझ लो कि बुद्धि-अहंकार के क्या-क्या प्रमुख रोल हैं? तो युग के अनुसार बाहरी ज्ञान सिर्फ मनुष्य की बुद्धि प्राप्त कर सकती है। और जीना सबको युग के अनुसार ही पड़ता है। अब हमारे भगवान रथों में घूमते थे तो हम भी रथों में घूमेंगे...यह सोचना निश्चित ही कोरी मूर्खता कहलाएगी। इसलिए युग के साथ ताल मिलाकर चलने हेतु गाड़ी चलाना सीखना ही पड़ेगा। और यह सिर्फ बुद्धि कर सकती है। यानी युग को समझना तथा उस अनुसार जीना

बुद्धि का काम है...और यह बुद्धि का वो सदुपयोग है जो सबको करना चाहिए। वहीं दूसरी ओर यह भी हमेशा के लिए ध्यान रख लेना कि मनुष्य के मन और उसकी इन्द्रियों पर युग का कोई प्रभाव नहीं रहता है। और यहीं आकर हरकोई फंस रहा है। मनुष्य के मन और इन्द्रियों से जहां पुराने प्रभावों के आधार पर धक्के आते हैं, वहीं उसके बुद्धि और अहंकार जीवन को युग अनुसार ढालने में लगे रहते हैं। मनुष्य के मन और इन्द्रियां जहां जन्मो-जन्मांतर की चिंता करते हैं, वहीं बुद्धि सिर्फ इस जनम की चिंता में उलझी रहती है। अब ऐसे में किसकी सुनें...? बस इसी कन्फ्यूजन में मनुष्य का पूरा जीवन निकल जाता है।

खैर, बात यहीं नहीं रुकती। मनुष्य की दिक्कत यह है कि मन और बुद्धि दोनों ही प्रबल और स्वतंत्र शक्तियां हैं। दोनों में से किसी को भी झुकाना आसान नहीं है। वहीं सवाल यह भी कि जीवन मन से बनेगा या बुद्धि से? क्योंकि दोनों शक्तिशाली और उपयोगी हैं...तो सुनें किसकी? इस संदर्भ में स्पष्ट कहूं तो जीवन दोनों के यथायोग्य सामंजस्य से ही बनेगा। परंतु फिर भी इतना स्पष्ट समझ लो कि जीवन बनाने हेतु मन का योगदान नब्बे प्रतिशत है तथा बुद्धि का दस प्रतिशत। लेकिन चूंकि अधिकांश लोग बुद्धि और अहंकार पर ज्यादा आश्रित हैं...इसीलिए वे भ्रमित और बर्बाद हैं। मैंने तो अपनी ओर से इस पूरे भ्रम की ओर एक बड़ा इशारा कर दिया। अब इसपर पूरे विस्तार से तो तभी चर्चा करेंगे जब मनुष्य की संरचना तथा उसकी कार्यप्रणाली पर चर्चा करेंगे। अभी तो 'आत्मा' समझने हेतु जितना आवश्यक है, उतनी ही बात करेंगे। और उस संदर्भ में इतना समझ लो कि मनुष्य का मन कुदरत के रहस्यों से संपर्क बनाये रखने का एक कम्यूनिकेशन सेन्टर है। मनुष्य का 'मन' कुदरत की न्यायव्यवस्था का ही एक हिस्सा है। अत: उसमें उठ रहे सारे तूफानों के पीछे...अपना एक गहरा रहस्य है। और यही कारण है कि जीवन बनाने हेतु मन का योगदान बुद्धि से कई गुना ज्यादा है। लेकिन गलत

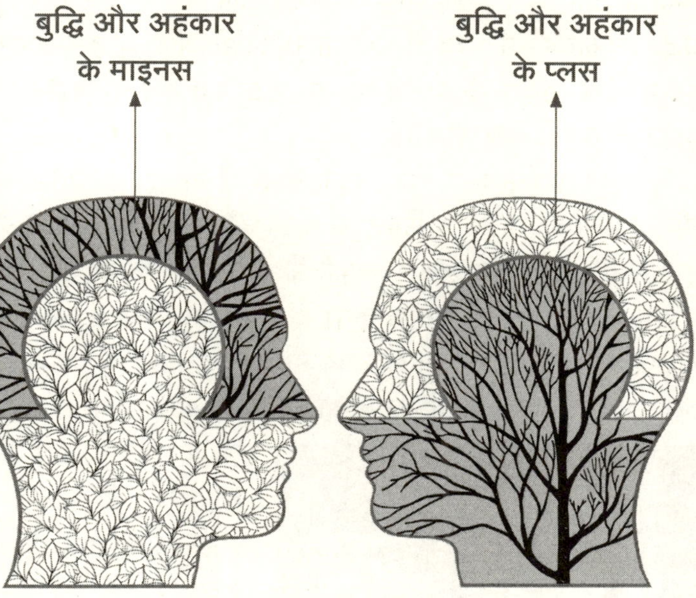

बुद्धि और अहंकार के सदुपयोग-दुरुपयोग

*युग को समझना तथा उस अनुसार जीना बुद्धि का काम है...
प्लानिंग व कैल्क्युलेशन करना यह सब भी बुद्धि का ही काम है।
अहंकार का काम है बुद्धि जो करे, उसे दृढ़ता प्रदान करना।
यह बुद्धि-अहंकार के वे सदुपयोग हैं जो सबको करना चाहिए।
मन, इन्द्रियों व शरीर को बेवजह दबाना
बुद्धि-अहंकार का दुरुपयोग है।*

शिक्षा के प्रभावों में आकर मनुष्य जीवन बनाने की बागडोर सिर्फ अपने बुद्धि-अहंकार को सौंप देता है। और मानव निर्मित ज्ञान, बुद्धि-अहंकार की एक सीमा है। कुदरत के रहस्यों का उसे कुछ पता नहीं है। जबकि जीवन कुदरत के रहस्यों के अधीन है।

सो यहां कुल-मिलाकर इतना समझ लें कि मन पर भरोसा बढ़ाये बगैर आप ना तो आत्मा के निकट जा पाएंगे और ना ही आप अपना जीवन बना पाएंगे। अत: जीवन बनाना चाहते हो तो मन पर भरोसा बढ़ाओ और बुद्धि का जरूरत-भर ही उपयोग करो। ...वरना फंस जाओगे। जीवन बनाने का यही एकमात्र सीधा व सरल उपाय है। अभी तो बुद्धि का उपयोग कहां करना तथा कहां नहीं करना उस बाबत चंद इशारे मैं कर देता हूँ। बाकी तो इस बाबत विस्तार से समझने हेतु मनुष्य की संरचना तथा उसकी कार्यप्रणाली पर आने वाली पुस्तक का इन्तजार करें। क्या करूं, सारे रहस्य एक-दूसरे में इस कदर उलझे हुए हैं कि सभी को एकसाथ पूरे विस्तार से नहीं समझाया जा सकता है। वहीं यह भी मजबूरी है कि हर रहस्य को समझाने हेतु चंद अन्य रहस्यों की ओर भी इशारे करने ही पड़ते हैं। उम्मीद है कि आप गहरे रहस्यों को समझाने से जुड़ी मेरी मजबूरी समझेंगे।

मन और बुद्धि के यथायोग्य सामंजस्य के बगैर जीवन को सुखी व सफल नहीं बनाया जा सकता है।

खैर, अब मैं सीधे बुद्धि के उपयोगों की ओर चंद इशारे करता हूँ। साथ ही बुद्धि और मन का सामंजस्य कैसे बिठाना है, यह भी समझाता हूँ। तो इस विषय में ऐसा समझें कि खेलने, कूदने और नाचने की इच्छा मनुष्य के मन में हर युग में रही है। परंतु युग के अनुसार खेलना-कूदना और नाचना बुद्धि सिखाती है। इसी तरह अच्छी सुगंध व अच्छे भोजन वगैरह की

चाह मनुष्य की इन्द्रियों को हर युग में रही है। ...परंतु उसकी पूर्ति युग के अनुसार करना, यह बुद्धि का काम है। साथ ही भोजन हेतु अपनी शारीरिक जरूरतों को समझना भी बुद्धि का ही काम है। वैसे ही जीवन की जरूरतों को पहचानना और उस हेतु प्लानिंग व कैल्क्युलेशन करना, यह सब भी बुद्धि का ही काम है। और अहंकार का काम है बुद्धि जो करे, उसे दृढ़ता प्रदान करना। और ये तमाम कार्य, जो बुद्धि और अहंकार से किये जाते हैं, उसमें कोई अड़चन नहीं है। परंतु दुर्भाग्य से मनुष्य के बुद्धि और अहंकार यहीं नहीं रुकते हैं। इसके आगे वे 'अच्छे-बुरे' व 'पाप-पुण्य' के चक्कर में पड़ जाते हैं। तरह-तरह की आपसी तुलनाओं पर उतर आते हैं। फिर उन सबके बलपर वे मन, इन्द्रियों व शरीर को बेवजह दबाने में लग जाते हैं। डीएनए व जीन्स के प्रभावों के विरुद्ध लड़ाई में उतर आते हैं। बस, बुद्धि-अहंकार की इन्हीं सब हरकतों के कारण मनुष्य मुसीबतों में फंस रहा है। लेकिन दुर्भाग्य से इसी को हरकोई यहां 'श्रेष्ठ ज्ञान' मान रहा है। जबकि यही एकमात्र अज्ञान है। और इसी अज्ञान के आधार पर मनुष्य अपने मन, इन्द्रियां, शरीर, डीएनए व जीन्स के साथ अकारण की छेड़खानियां कर रहा है। बस उसी से सब विकृत हुए जा रहे हैं। अकारण प्रकृति से दूर होते चले जा रहे हैं।

अब सवाल यही कि जिन मन-इन्द्रियों की बागडोर कुदरत के हाथ में है, उसे मनुष्य अहंकारवश अपनी बुद्धि के बलपर अपने हाथ में लेना चाहता ही क्यों है? जबकि अधिकांश समय इन्हें खुला छोड़ने में ही मनुष्य की भलाई है। बस इस एक सवाल के जवाब में ही मनुष्य की सफलता का रहस्य छिपा हुआ है। हालांकि इस बात की पूरे विस्तार से चर्चा तो मैं 'धर्म' पर चर्चा करते वक्त ही कर पाऊंगा। क्योंकि अभी तो हमारा पूरा फोकस आत्मा पर ही है। अभी तो हम आत्मा समझने हेतु जो-जो जानना आवश्यक है, उसी पर संक्षिप्त चर्चा कर रहे हैं। और उस संदर्भ में हमें यह

जानना जरूरी है कि मनुष्य क्यों अकारण अपने मन और इन्द्रियों के साथ छेड़खानी कर रहा है, जबकि उसी से उसका जीवन उलझ रहा है।

अब मनुष्य की बुद्धि अपने मन और इन्द्रियों के साथ अकारण की छेड़खानी क्यों कर रही है, यह समझने हेतु हमें तीनों के कार्यक्षेत्र समझने होंगे। और उस संदर्भ में यह स्पष्ट समझ लें कि पसंद-नापसंद यह मन व इन्द्रियों का विषय है। वहीं उसकी पूर्ति की जा सकती है या नहीं, यह तय करना बुद्धि का ही विषय है। और यदि मन व इन्द्रियों की इच्छाएं पूरी की जा सकती हैं तो कैसे उसकी पूर्ति करना, यह भी बुद्धि का विषय है। परंतु उन इच्छाओं की पूर्ति करते वक्त प्रकृति के नियमों को न तोड़ा जाए, उस हेतु मन व इन्द्रियों का बुद्धि व अहंकार से सामंजस्य जरूरी है। और प्रकृति के वे कौन-से नियम हैं जिन्हें किसी हाल में, किसी भी मनुष्य को कभी नहीं तोड़ने चाहिए, उसकी चर्चा हम प्रकृति के नियमों पर चर्चा करते वक्त ही विस्तार से कर पाएंगे। अभी तो इतना समझो कि प्रकृति के खिलाफ जाकर अपनी इच्छाएं पूरी करने की कोशिश घातक सिद्ध हो रही है। बाकी तो मैंने कहा ही है कि रहस्य इतने गहरे हैं तथा एक-दूसरे में इस कदर गुंथे हुए हैं कि इन्हें एक-एक कर ही समझने पड़ेंगे। लेकिन आप एक रहस्य में जीना तो प्रारंभ करो, बाकी के रहस्यों से तालमेल आपका मन स्वतः ही बिठा लेगा। आपके मन की शक्तियां कुदरत से पूरी तरह ट्यून्ड हैं। उन्हें किसी ज्ञान की आवश्यकता नहीं। और इसीलिए मैं रहस्य तो समझा ही रहा हूँ, परंतु साथ में आपके मन की शक्तियों को जगाने के प्रयास में भी लगा ही हुआ हूँ। वे जाग जाएं तो आपको ये किताबें पढ़ने की आवश्यकता ही न रह जाए।

खैर, अभी तो इतना समझें कि इच्छाएं मन व इन्द्रियों का विषय है। अतः उन्हें खराब कहना या पाप कहना भटका देगा। क्योंकि मनुष्य के सारे पाप-पुण्य उसके बुद्धि-अहंकार की उपज हैं। सभी पाप-पुण्यों व

अच्छे-बुरे के आधार मानवीय हैं, प्राकृतिक नहीं...। बाकी वास्तव में तो प्रकृति के खिलाफ जाना ही एकमात्र 'पाप' है। अत: यह स्पष्ट समझ लो कि पाप-पुण्य व अच्छे-बुरे के आधार पे बुद्धि-अहंकार द्वारा मन और इन्द्रियों को बिना समझे दबाया जाएगा तो वे विकृत हो जाएंगी। जो अधिकांशों की हो ही चुकी हैं। और इसीलिए हरेक को यहां अपने मन व इन्द्रियां खतरनाक जान पड़ रहे हैं। परंतु वास्तविकता में ऐसा है नहीं। यह सिर्फ उन्हें अकारण दबाये जाने की सजा है जो हर मनुष्य यहां भुगत रहा है। सो बुद्धि के उपयोगों को भी समझो तथा साथ ही उसके दुरुपयोगों को समझकर उनसे बचो भी। तो ही मन की शक्तियां जागेगी, और तो ही कुदरत आपके जीवन की बागडोर थामेगी। और कुदरत जीवन की बागडोर थामेगी, तो ही जीवन बनेगा। अब मनुष्य को प्रभावित करने वाली उसकी तमाम अंदरूनी शक्तियों जैसे डीएनए-जीन्स, बुद्धि-अहंकार तथा मन और इन्द्रियों के बाबत जो कुछ भी संक्षेप में समझाया जा सकता था, मैंने समझा दिया। लेकिन यह किताब चूंकि 'आत्मा' पर है, सो अब हम सीधे आत्मा पर चर्चा प्रारंभ करते हैं।

आत्मा क्या है?

दरअसल सबके भीतर उसकी आत्मा
उसका 'कोन्शियन्स' और उसका 'द्रष्टा'
बनकर बैठी ही हुई है। सबूत के तौरपर कहूं तो
झूठ बोलते वक्त या असत्य में जीते वक्त
शायद आप दूसरों को भ्रमित कर लेते हों
परंतु स्वयं को तो अपनी आत्मा के जरिए
अपने झूठ व असत्य का पता चल ही जाता है।

अबतक हमने मुनष्य की तमाम भीतरी शक्तियों, उनके प्रभावों तथा उनकी कार्यप्रणालियों की चर्चाएं करी। लेकिन एक और चीज है जो हर मनुष्य में पूरी दृढ़ता से मौजूद होती है। और वह है उसकी 'आत्मा'। इस आत्मा की चर्चा भी बहुत है और इसके चर्चे भी बहुत हैं। परंतु बहुत कम लोग जानते हैं कि वास्तव में यह है क्या? इस आत्मा का मनुष्य के जीवन में 'रोल' क्या है? ...तो ऐसा समझें कि मनुष्य का आत्मा सिर्फ एक 'द्रष्टा' है। और द्रष्टा होने का अर्थ है कि यह आत्मा सिर्फ एक देखने वाला है। और जब सिर्फ देखने वाला है तो निश्चित ही इसका मनुष्य की पूरी सिस्टम में कोई रोल नहीं है। मनुष्य के जीवन का पूरा खेल उसके मन और इन्द्रियों

के इर्द-गिर्द घूमता रहता है। मन और इन्द्रियों के चल रहे इस खेल को रोकने का या हवा देने का काम मनुष्य के बुद्धि और अहंकार करते रहते हैं। 'आत्मा' की इस पूरे खेल में कोई दखलंदाजी नहीं होती है। वह ना तो बुद्धि और अहंकार को रोकती है और ना ही वह मन और इन्द्रियों को किसी बात हेतु उकसाती है। मनुष्य का आत्मा द्रष्टा है और वह हरहाल में एक द्रष्टा ही बना रहता है। वह ना सिर्फ मनुष्य की सिस्टम का भीतरी खेल देखता है...बल्कि साथ ही वह सिस्टम के इस खेल के कारण उत्पन्न हो रहे बाहरी तमाशों को भी देखता रहता है। सो, कुल-मिलाकर मनुष्य के भीतर-बाहर जो कुछ भी हो रहा है, उसे देखने वाले तत्व का नाम 'आत्मा' है।

आप आत्मा हैं

अबतक की बातों से यह स्पष्ट हो जाता है कि मनुष्य के भीतर दो शक्तियां हैं। एक उसके मन, इन्द्रियों और उसके बुद्धि-अहंकार के रूप में मौजूद है तथा दूसरी उसकी 'आत्मा' के रूप में। यानी एक, जहां सबकुछ हो रहा है...तथा एक, जो सिर्फ इन सबके खेल को देख रहा है। अब सवाल यह उठता है कि आखिर हम कौन हैं? हम करने वाले हैं या देखने वाले? और इस बात को वैज्ञानिक तरीके से समझने हेतु आपको अपनी सिस्टम की प्रैक्टिकल कार्यप्रणाली को समझना पड़ेगा। सो, मानो कि आपने कुछ देखा। तो यह आपको कैसे पता चला कि आपने क्या देखा? निश्चित ही आपकी आंखों ने जो देखा वह उसने बुद्धि तक पहुंचाया। यानी आपकी बुद्धि को पता चला कि आपने क्या देखा। अर्थात आप आंख नहीं, बुद्धि हैं। क्योंकि अंत में तो आप वही हो सकते हैं, जिसे पता चलता है। सो अब यह बताओ कि बुद्धि ने उस देखे बाबत क्या सोचा, यह किसको पता चल रहा है? बस वह जिसको पता चल रहा है, वही आपकी आत्मा है। वैसे ही मन में कोई भाव उठे या इन्द्रियां कुछ चाहें, तो उसका पता किसे चल रहा है? निश्चित

ही आपकी बुद्धि को। और फिर मन में उभरी उस चाह का क्या करना, यह बुद्धि तय करती है। लेकिन फिर सवाल यही कि मन और बुद्धि के बीच चल रहे इस खेल का पता तो आपके भीतर किसी-न-किसी को चल ही रहा है। बस, वह जिसे पता चल रहा है...वही आप हैं। वही आपका आत्मा है। इसका अर्थ स्पष्ट है कि आप आंख, कान, शरीर, मन, बुद्धि या इन्द्रियां नहीं ही हैं। क्योंकि करने वाला और देखने वाला एक नहीं हो सकता है। सो आप ध्यान करने वाले से हटाओ तथा देखने वाले पर लगाओ। लगातार और बार-बार इस देखने वाले पर ध्यान लगाने से निश्चित ही आपका आत्मबोध गहरा हो जाएगा। और जैसे-जैसे आत्मबोध गहरा होता जाएगा आपकी समझ में आता जाएगा कि आप वे हैं, जो खेल देख रहा है। तो बस, आप इस देखने वाले का अनुभव बढ़ाते चले जाओ। जीवन सकारात्मक करवट स्वत: ले लेगा। मुझे यकीन है कि इसके बाद आप कौन हैं तथा आत्मा क्या है, उस बाबत काफी कुछ स्पष्टता आपको हो ही गई होगी।

आत्मा में स्थित कैसे हों?

अब सवाल उठता है कि आत्मा में स्थित कैसे हों? और यह एक ऐसा सवाल है जिसने युगों से सबको भ्रमित कर रखा है। कोई मार्ग किसी के काम आया हो, ऐसा इतिहास नहीं है। आत्मबोध जब भी और जिसको भी हुआ है, अचानक हुआ है। फिर भी दुकानें चलाने वाले मार्ग बताने से बाज नहीं आते हैं। परंतु स्पष्ट समझ लो कि आत्मा में स्थित कैसे हों, यह सवाल ही बुनियादी तौरपर गलत है। सच तो यह है कि आप सिर्फ एक शुद्ध 'आत्मा' हैं। सो आत्मा में स्थित होने का पूछना ही गलत हो जाता है। और यही आत्मा को लेकर अज्ञान है। और यह अज्ञान इसलिए है...क्योंकि आप अपने को आत्मा न मानकर...अपने को मन, बुद्धि, अहंकार, शरीर व इन्द्रियां मानते रहते हैं। इसपर आपका दुर्भाग्य यह कि बाहर भी अधिकांश

शिक्षाएं आपको यही सब मानकर दी जा रही हैं। परंतु चूंकि यह भ्रम है, गलत है... इसलिए बाहर की ऐसी किसी शिक्षा के कोई परिणाम नहीं आ रहे हैं। क्योंकि जबतक आप अपने को मन, बुद्धि, अहंकार, शरीर व इन्द्रियां समझते रहेंगे, तबतक इन सबसे छेड़खानी करते रहेंगे। और जबतक इन सबसे छेड़खानी करते रहेंगे, तबतक आपसे बाहर भी जमानेभर की तमाम छेड़खानियां होती ही रहेगी। और यह स्पष्ट समझ लो कि किसी भी प्रकार की छेड़खानी से आप 'आत्मा' में स्थित नहीं हो सकते। और यह मैंने एक ऐसा गहरा रहस्य कहा है कि इसे समझ लोगे तो आपके लिए अधिकांश ज्ञान महत्त्वहीन हो जाएंगे। अत: यह बात फिर स्पष्टतापूर्वक समझ लो कि आत्मा देखने वाला है, करने वाला नहीं...। आत्मा का अर्थ ही यह है कि सबकुछ करने वाले ''कुदरत के रहस्य हैं'', मैं तो हरहाल में इस खेल को देखने वाला ही हूँ। अत: यह समझ ही लो कि हर छेड़खानी आपको ना सिर्फ अपनी आत्मा से बल्कि कुदरत के तमाम रहस्यों से भी दूर कर देगी।

साजोसामान, रिश्तेदार, दोस्त और दुश्मन ही नहीं आपके अपने भावों के उतार-चढ़ाव भी आपके लिए 'अन्य' ही हैं। आप तो उन सबको सिर्फ देखने वाले ही हैं।

खैर, सच कहूं तो यहीं आकर सारे मार्ग व सारा बेकार का ज्ञान धरा-का-धरा रह जाता है। क्योंकि आप सिर्फ और सिर्फ एक द्रष्टा हैं और द्रष्टा को छेड़खानी की आवश्यकता ही नहीं है। और यदि छेड़खानी है तो आप द्रष्टा नहीं रह जाते हैं। आत्मबोध हेतु बीच का मार्ग है ही नहीं। अपनी सिस्टम को अपना मानना बंद किये बगैर यहां कोई कभी 'आत्मा' में स्थित नहीं हो सकता है। और जो कुछ भी ज्ञान आपके पास उपलब्ध है, वे सभी एक या दूसरे कारण से...एक या दूसरे प्रकार की छेड़खानी करना सिखा रहे

हैं। यही कारण है कि आत्मबोध जो आम बात होनी थी, वह मनुष्य को दुर्लभ जान पड़ रही है।

अब मैंने तो अपनी ओर से स्पष्ट से भी ज्यादा स्पष्ट इशारा कर दिया है। मैंने कह ही दिया है कि आत्मा में स्थित कैसे हों, यह पूछें ही मत। उस बाबत कुछ करें ही मत। उल्टा और भटक जाएंगे। यदि वाकई आप आत्मा के निकट जाना चाहते हैं तो रोज-रोज अपने को मन, बुद्धि, इन्द्रियां या शरीर मानने के भ्रम को कमजोर करते जाओ। जिस मात्रा में यह भ्रम कमजोर होगा, स्वत: ही उस मात्रा में आत्मा से आपकी निकटता बढ़ती चली जाएगी। क्योंकि उसी मात्रा में हाथोहाथ आपकी इन सबमें दखलंदाजियां भी कम होती चली जाएंगी। और स्पष्ट समझ लो कि आत्मा के निकट जाने का यही एकमात्र मार्ग है। और यह कोई ऐसी चीज नहीं है कि इस हेतु जन्मों प्रयास करने हैं। प्रज्ञावान व्यक्ति चाहे तो आज और अभी से अपने जीवन के तमाशे का देखने वाला हो ही सकता है।

मनुष्य अपने बारे में भ्रमित क्यों?

अब सवाल यह उठता है कि जब मनुष्य एक द्रष्टा है...तो वह अपने को शरीर व सिस्टम माने क्यों जी रहा है? तो इसका सीधा जवाब यह है कि बुद्धि और अहंकार के बलपर बाहरी प्रभावों में आना इस हेतु जवाबदार है। क्योंकि फिर उन्हीं प्रभावों के चक्कर में वह अपनी जरूरतों की सूचियां बनाता है। फिर उन जरूरतों की पूर्ति हेतु वह जमानेभर की व्यर्थ कोशिशों में लग जाता है। यानी बाह्य आकर्षणों में फंसकर वह अपने को आत्मा की जगह अपनी सिस्टम मानने की भूल कर बैठता है। और मजा यह कि मनुष्य को इस गलत राह पर जमानेभर के अज्ञान लगाते हैं। उन्हीं के आधार पर वह अच्छा-बुरा व पाप-पुण्य की हजारों सूचियां बनाता है। फिर उन बनाई सूचियों के बलपर वह... मन, इन्द्रियों और शरीर को दबाने में

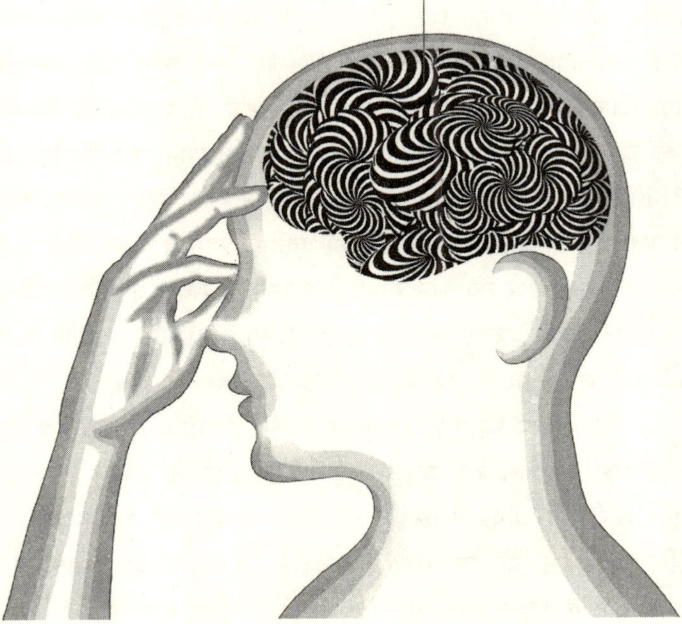

मनुष्य भ्रमित क्यों ?

मनुष्य बाह्य आकर्षणों में फंसकर अपने को आत्मा की जगह अपनी सिस्टम मानने की भूल कर बैठता है।
और जो सिस्टम... या जो जीवन आपका है ही नहीं उसमें आप छेड़खानी कर ही कैसे सकते हो?
यह नियम है कि जो अपने बुद्धि और अहंकार के बलपर जितना उपद्रव करेगा, वह उतना ही भ्रमित होगा।

लग जाता है। और इस चक्कर में जो सिर्फ देखने वाला होना चाहिए था, वह करने वाला हो जाता है। फिर वह बाहर भी उपद्रव मचाता है और भीतर भी जमानेभर के अकारण के उपद्रवों पर उतर आता है। लेकिन यह भटकन का मार्ग है, था और रहेगा। यह नियम है कि जो अपने बुद्धि और अहंकार के बलपर जितना उपद्रव करेगा, वह उतना ही भटकेगा। क्योंकि जो सिस्टम... या जो जीवन आपका है ही नहीं, उसमें आप छेड़खानी कर ही कैसे सकते हो? नहीं कर सकते हो। और यह समझ जगाना ही एकमात्र सच्चा ज्ञान है। तथा यह ज्ञान ही मनुष्य के उत्थान का एकमात्र मार्ग है। सच कहा जाए तो यह अपनी सिस्टम से की जाने वाली छेड़खानी ही सबसे बड़ी हिंसा है। और इस आधार पर अधिकांश लोग आज इस हिंसा के पुजारी हैं। और फिर ऐसे अज्ञानी ही जोर-जोर से अहिंसा की बातें करते हैं।

खैर, आप ध्यान से समझें तो अर्जुन भी गीता में यही हिंसा करने की कोशिश कर रहा था। मन में युद्ध मौजूद होने के बावजूद वह बाहरी प्रभावों के वश में आकर उससे छुटकारा पाना चाहता था। और कृष्ण ने कहा था कि यह अपनी सिस्टम के खिलाफ जाना ही 'हिंसा' है। जबतक मन में युद्ध है, युद्ध से भागना नहीं चाहिए। मन ही ''गौतम बुद्ध''सा हो जाए, तो बात अलग है। लेकिन आम शास्त्रों से प्रभावित हुआ अर्जुन युद्ध में हिंसा मान रहा है। जबकि कृष्ण अपने ही मन के विपरीत जाने को हिंसा कह रहे हैं। और यह जो कृष्ण कह रहे हैं, वही एकमात्र सच्चा ज्ञान है, बाकी सब 'भ्रम' है। क्योंकि जब सिस्टम आपकी है ही नहीं तो उससे छेड़खानी करने वाले आप होते कौन हैं? यही कारण है कि भगवद्गीता अंतिम ज्ञान है। और यही कारण है कि वह सभी बेकार की मान्यताओं से अलग है। और इसीलिए आत्मबोध हेतु भगवद्गीता ही मनुष्य का एकमात्र सहारा है। यहां यह भी स्पष्ट समझ लो कि सुनी-सुनाई तथा ऊपरी बातों से छुटकारा पाये बगैर कृष्ण और गीता समझ में आने वाले नहीं हैं। आज नहीं तो कल, कृष्ण

को समझना तो पड़ेगा ही। क्योंकि आत्मा के निकट गए बगैर तो आपका उद्धार होने वाला नहीं है। यही मनुष्य के लिए सफलता का विज्ञान है। और इस विज्ञान की विस्तार से चर्चा मैं धर्म के विज्ञान पे चर्चा करते वक्त ही कर पाऊंगा। अभी तो इतना समझो कि आत्मा के संबंध में बात इतनी स्पष्टतापूर्वक हो चुकी है कि इसमें कन्फ्यूजन की कोई गुंजाइश ही नहीं है। सो थोड़ी-सी दृढ़ता जगाओ और देखने वाले के करीब जाओ, विश्वास जानो कि जीवन बदलते देर नहीं लगेगी।

कुल-मिलाकर कहूं तो सिस्टम आपकी नहीं है, यह ज्ञान है। और जब सिस्टम आपकी है ही नहीं तो उसमें छेड़खानी का भी आपको कोई अधिकार नहीं है, यह महाज्ञान है। और ये दोनों बातें जीवन में उतार ली तो आप आत्मा में स्थित हो गए। आप ज्ञानी और द्रष्टा हो गए। अब मैंने तो अपनी ओर से आत्मा के संबंध में वैज्ञानिक तरीके से जो कुछ संक्षेप में समझाया जा सकता था, समझा दिया। बात सीधी व सरल भी है तथा आसान व प्रैक्टिकल भी। यदि इसमें कोई बाधक है तो आपकी आदत तथा आपका बेकार का ज्ञान। इन दोनों से छुटकारा पा लो तो कुदरत की ओर से सबको...सबकुछ रेडी-प्लेटर पर उपलब्ध ही है। मरजी आपकी है कि आप मेहनत करके भी जीवन के धक्के खाते रह जाना चाहते हैं या आराम की मनोदशा में जीते-जीते ही जीवन की तमाम ऊंचाइयां सर कर लेना चाहते हैं? क्योंकि जीवन का नियम तो यही है कि जो आत्मा के निकट जाएगा, वह बढ़ेगा...बाकी जीवन के धक्के खाते रह जाएंगे। न उनकी मान्यताएं, न उनकी परंपराएं, और ना ही उनका व्यर्थ

> *हमारा आना-जाना हो*
> *या हमारी सिस्टम*
> *सब ऑटोमैटिक है।*
> *...इसमें रत्तीभर दखलंदाजी की*
> *गुंजाइश ही कहां है?*

ज्ञान उनके काम आएगा। उल्टा बिना आत्मा के प्रतिभा भी दगा दे जाएगी, सो अलग।

सिस्टम – बोर्ड ऑफ डायरेक्टर्स

अब तक आप इतना तो समझ ही गए होंगे कि आप अलग हो, आप एक द्रष्टा हो...और आपकी सिस्टम, जिसे आप अपना होना समझ रहे हो, वह अलग है। अब इतना और समझ लो कि आपकी सिस्टम अपनेआप में बोर्ड ऑफ डायरेक्टर्स है। लेकिन फिर भी वह आपकी तो नहीं ही है। आप तो एक शुद्ध द्रष्टा ही हो। सो, सीधा उपाय यही है कि सिस्टम को... 'सिस्टम' के हवाले छोड़ दो। जब वो आपकी है ही नहीं तो उससे आपका लेना-देना क्या? समझते क्यों नहीं कि आप अलग हो और आपकी सिस्टम अलग है। आप सिस्टम की उलझनों को या उस कारण होने वाले बाहरी उपद्रवों को अपना जीवन मान ही क्यों रहे हो? समझते क्यों नहीं कि जब सिस्टम आपकी है ही नहीं तो आपका दांव पे लगा क्या है? आप तो तमाशा देखो, बस...।

सो करो सिर्फ इतना कि बुद्धि-अहंकार को गलत राह पर मत जाने दो। अपने तीनों मजबूत मनों द्वारा उसे नियंत्रित करो। अपने 'बुद्धि-अहंकार' को बाहरी प्रभावों में आकर अपने मन व इन्द्रियों पर अकारण का शासन मत करने दो। जीवन सिस्टम का है, आपका नहीं... सो चुपचाप उसे सिस्टम के हवाले कर दो। कब, क्या व कितना करना, यह सिस्टम को अपनेआप तय करने दो। आप बीच में मत आओ। बुद्धि और मन में संघर्ष है, विरोधाभास है...तो वे दोनों बैठकर सलटें। ...आपको क्या? बस, इस एक आदत से आपका द्रष्टा यानी आपका 'आत्मा' मजबूत होता चला जाएगा।

यह स्पष्ट समझ ही लो कि मन और इन्द्रियों को अकारण व बेवजह दबाने वाली किसी भी बात में आप आएंगे तो आत्मा तो छोड़ो,

मन की शक्तियां तक कभी नहीं निखार पाएंगे। और सच कहा जाए तो सारे "अच्छे-बुरों के ज्ञान" में फंसकर मनुष्य अपने मन की शक्तियों को गंवा ही बैठा है। क्योंकि अच्छी-बुरी आपकी सिस्टम हो सकती है, आप नहीं। सो, सिस्टम की चिंता सिस्टम करे। आप क्यों सिस्टम की चिंता में दुबले हुए जा रहे हो? लेकिन यह अब सबकी आदत-सी हो चुकी है। लेकिन स्पष्ट समझ लो कि इस आदत के कारण ही सबके जीवन का यह हाल है। लेकिन यदि आप बचना चाहते हो तो अपनी आत्मा की ओर का एक कदम दृढ़तापूर्वक बढ़ा लो। मान ही लो कि जो सिस्टम आपकी है ही नहीं, उसकी परवाह आप क्यों करें? वह खुद जवाबदार है, करे अपनी चिंता। बस इतना आप करो, बाकी का सब अपनेआप हो जाएगा।

सिस्टम को हो सके उतना अपनेआप चलने दो

अब तक आप इतना तो समझ ही चुके हैं कि आपके बुद्धि और अहंकार को छोड़कर आपकी पूरी सिस्टम ऑटोमेशन पर है। आप मन में क्रोध या खुशी पैदा नहीं कर सकते हैं। आप शरीर को कब नींद आना या कब भूख लगना, यह तय नहीं कर सकते हैं। आपकी इन्द्रियों को कब और क्या खाने की इच्छा हो जाए, यह आप तय नहीं कर सकते हैं। यह पूरी प्रक्रिया ऑटोमैटिक है। और इसे हो सके उतना ऑटोमैटिक रहने देने में ही आपकी भलाई है।

सो, यदि आप अपने 'बुद्धि-अहंकार' को गलत शिक्षाओं के प्रभावों से बचा लोगे, उन्हें अच्छे-बुरे व पाप-पुण्य के चक्कर में ज्यादा नहीं उलझने दोगे, तो वे आपकी ऑटोमैटिक सिस्टम को ऑटोमैटिक ही रहने देंगे। फिर जब शरीर थकेगा और उसे नींद आएगी, तब यदि कुछ अति आवश्यक न हुआ तो बुद्धि शरीर को आराम करने देगी। शरीर को भूख लगेगी और बुद्धि ने उपवास या रोजे की शिक्षा नहीं ले रखी होगी, तो

उसे खाने देगी। मन को खेलने की इच्छा है और कोई बाधा नहीं है, तो बुद्धि–अहंकार उसे खेलने देंगे। क्योंकि एक सच्चे द्रष्टा के लिए यह सब सिस्टम की समस्या है, उसकी नहीं...। और जब समस्या सिस्टम की है, दांव पे सबकुछ सिस्टम का लगा है, तो उसे ही निपटने दो। आप बीच में आना बंद कर दो।

विश्वास जानो कि इस एक आदत से आप कुदरत के रहस्यों के निकट आ जाएंगे। आप देखने वाले हैं... और हो सके उतना देखने वाला बने रहो। तय जानो कि जल्द ही आपका महान प्रकृति से एकात्म हो जाएगा। फिर सिस्टम सुधारना भी प्रकृति के रहस्यों की जिम्मेवारी हो जाएगी तथा सिस्टम से महान कार्य करवा लेना भी उसकी ही जिम्मेदारी में आएगा। क्योंकि अंत में तो सिस्टम कुदरत की ही है। आपकी है ही नहीं। और जब आपकी नहीं तो जवाबदारी भी आपकी नहीं। बस तो फिर जो जवाबदारी आपकी है नहीं, उसे क्यों उठाना चाहते हो? जिस चीज की आपमें क्षमता नहीं है, वह क्यों करना चाहते हो? समझते क्यों नहीं कि कर–कर के तो आपने अपनी सिस्टम का यह हाल कर दिया है। अब सौंप दो उसे प्रकृति को। उसी की जिम्मेदारी है और उसी को सुधारने दो। आप देखने आए हैं, सो इस खेल को देखते रहो।

जो करेगा – वो भरेगा

एक बात और समझ लें कि बिना समझे चारों ओर से आपको बहुत कुछ करने और न करने के लिए उकसाया जा रहा है। आप अपनी सिस्टम व प्रकृति के रहस्यों के तालमेल को समझे बगैर वह सब करते भी चले जा रहे हैं। लेकिन आप समझते नहीं कि आपकी समस्या करना नहीं है, आपकी समस्या उस करने का भुगतना है। अत: समझो यह कि जब आप कुछ करोगे ही नहीं, तो आप कुछ भुगतोगे भी नहीं। सिस्टम को करने दो... और सिस्टम

को भोगने दो। आप तो बस, अपनी सिस्टम के करने व भोगने, दोनों का तमाशा देखते रहो। आप तो इतना समझो कि आप यहां फिल्म देखने का मजा लेने आए हैं... सो उसका मजा लो। यह एक ऐसी गहरी बात है कि इसे समझते ही आपका उद्धार हो जाएगा। क्योंकि जैसे ही आप समझ लेंगे कि आपकी समस्या करना नहीं बल्कि उस करने का भुगतना है, तो अपनेआप आपका 'करना' कम हो जाएगा। और करना कम हुआ नहीं कि आत्मा के निकट पहुंचे नहीं। फिर आप फिल्म के देखने वाले हो जाएंगे। और जैसे ही आप अपने जीवन की फिल्म के देखने वाले हो जाएंगे कि तत्काल आप सभी के जीवन की फिल्मों के देखने वाले हो जाएंगे। सोचो, एक साथ इतनी फिल्में देखने में कितना मजा आएगा? और तय जानो कि आप सिर्फ यह मजा लेने आए हैं। चूंकि आप द्रष्टा हैं, अतः आप मुक्त थे, हैं और रहेंगे। अब मैंने तो अपनी ओर से परम मुक्ति का आसान मार्ग बतला दिया। जितना फायदा उठा सकते हो, उठा लो।

आत्मा के निकट जाना क्यों जरूरी?

अबतक सबने इतना तो समझ ही लिया कि हमारे भीतर एक करने वाली सिस्टम है तथा एक उस सिस्टम का खेल देखने वाली 'आत्मा' है। सवाल यह कि करने वाले से देखने वाले के निकट क्यों जाएं? बुराई क्या है यदि कोई अपने को सिस्टम माने जिए तो? तो उसमें बुराई इतनी ही है कि जो कोई अपने को करने वाला मानेगा, वह बहुत कुछ करेगा भी। और सत्य यह है कि वह जो कुछ भी करेगा उससे वह जीवन को और उलझाएगा ही। सो समझो यह कि यदि आप कुछ नहीं करेंगे तो क्या आपके मन, बुद्धि या शरीर सुप्त पड़ जाएंगे? क्या वे कुछ नहीं करेंगे? ...करेंगे और जरूर करेंगे। यह सब आपके कुछ न करने पर भी पूरी तरह से सक्रिय रहेंगे। अब सोचो इतना कि जब आप कुछ नहीं कर रहे होंगे तब आपकी सिस्टम को कौन

चला रहा होगा? ...तब आपकी सिस्टम को परमात्मा के परमरहस्य चला रहे होंगे। और सिस्टम परमात्मा की और वही उसे चलाए, यह सच्चा ज्ञान है। हम परमात्मा और सिस्टम के बीच के इस खेल का आनंद लेने आए हैं, यही मनुष्य के जीवन की सच्चाई है। और जिसे यह आनंद लेना हो उसे सबकुछ करना बंद करना ही पड़ेगा।

अब कुछ नहीं करना और तमाशा देखने का मजा लेना, यह तो बड़ी अच्छी बात है। फिर अड़चन कहां आ रही है? अड़चन यह आ रही है कि सारी शिक्षाएं एक या दूसरा...करने को उकसा रही हैं। यही नहीं, आपकी कई शिक्षाएं आपको बहुत कुछ करने से रोक भी रही हैं। और इन्हीं शिक्षाओं के चक्कर में पड़कर ''बिन करे भी बहुत कुछ होता है'' यह अब आपकी समझ में आना बंद हो गया है। हालांकि बिन करे कैसे बड़े-बड़े चमत्कार होते हैं इसकी विस्तार से चर्चा तो ऑटोमेशन पर लिखी किताब में ही कर पाऊंगा। अभी तो आप इतना समझें कि यदि ज्ञानी लोग 'कर्म-मात्र' को पाप बता रहे हैं, तो वे गलत नहीं है। क्योंकि कर्म करना पाप है, फिर चाहे कुछ भी क्यों न कर रहे हों? वैसे ही देखना एक महानता है, फिर चाहे कुछ भी क्यों न देख रहे हों? और यही बात तो कृष्ण गीता में अर्जुन से कह रहे हैं। वे उसे यही समझा रहे हैं कि चूंकि मैं युद्ध का देखने वाला हूँ...इसलिए युद्ध में कितनी ही बड़ी हिंसा क्यों न हो जाए, मैं पाप को प्राप्त नहीं होऊंगा। जबकि तू चूंकि रण छोड़ के भागने का कर्म करना चाह रहा है, इसलिए तू हरहाल में पाप को प्राप्त होगा। इसीलिए कृष्ण कह रहे हैं कि यदि तू सिस्टम को अपनी मानकर युद्ध से भागेगा, तो अनर्थ हो जाएगा।

अहंकार आपको तब पकड़ता है जब कुछ पाने के लिए आपने मेहनत की हो, लेकिन जिनको अपनेआप मिला हो वे महान लोग चाहकर भी अहंकार करें तो कैसे?

इसके बजाय तू अपनी सिस्टम को निमित्त मानकर परमात्मा को सौंप देगा, तो युद्ध करने के बावजूद भी तेरा उद्धार हो जाएगा।

खैर, यह किताब कोई भगवद्‌गीता पर तो है नहीं। सो आप तो इतना समझो कि जीवन के रहस्य सीधे हैं। सिस्टम आपकी नहीं परमात्मा की है, यही एकमात्र सत्य है। फिर वह अच्छी है या खराब, यह आपकी चिंता का विषय ही नहीं है। वह परमात्मा की चिंता का विषय है। और सिस्टम की चिंता पूरी तरह से परमात्मा पर छोड़ देना ही एकमात्र सच्ची धार्मिकता है। सिस्टम में खोट जानकर उसे पवित्र करने की किसी भी विधि को धार्मिकता मत समझ लेना। ...बुरी तरह से भटक जाओगे। यह सब जीवन के गहरे रहस्य हैं। आप तो मेरे द्वारा प्रस्तुत किये जा रहे इन तमाम रहस्यों को एक-एक कर समझें। जितना हो सके, उतना उनमें जिएं। बाकी का सबकुछ अपनेआप हो जाएगा। अभी तो इतना समझें कि जो सिस्टम आपकी है ही नहीं, क्यों उसकी चिंता में व्यर्थ दुबले हुए जा रहे हो? जो आपकी है नहीं उसके साथ क्यों छेड़खानी कर रहे हो? बस यह एक समझ जगा लो, चारों तरफ हसीनियत छा जाएगी।

हरकोई यहां प्रकृति का निमित्त

अब थोड़ा महानता को प्राप्त होने के पूरे विज्ञान को गहराई से समझ लो। क्योंकि अंत में तो सभी महान बनने के उद्देश्य से ही जी रहे होते हैं। परंतु चूंकि उस हेतु सब अपने बुद्धि-अहंकार पर आश्रित हो जाते हैं, इसलिए महानता से चूक जाते हैं। क्योंकि हमारे बुद्धि और अहंकार चाहते हैं कि मन व शरीर उनकी इच्छाओं और मान्यताओं के लिए हाजिर रहे। बुद्धि और अहंकार की इसी जिद्द के कारण फिर हरकोई यहां अपने मन, शरीर और इन्द्रियों पर जुल्म ढाता है। और इसी कारण वह हजार परेशानियों में फंस जाता है। ऐसा इसलिए क्योंकि अपने मन, शरीर और इन्द्रियों पर

अकारण जुल्म ढाना सीधे तौरपर कुदरत के तमाम रहस्यों से झगड़ा मोल लेना है। जबकि जो मनुष्य अपनी सिस्टम को उसके हाल पर छोड़ के उसका द्रष्टा हो जाता है, उसकी सिस्टम पर प्रकृति अपना अधिकार जता लेती है। फिर प्रकृति की तमाम महान शक्तियां उस मनुष्य की सिस्टम का ''सर्व के उद्धार हेतु'' उपयोग कर लेती है। यानी फिर प्रकृति उसे अपना 'निमित्त' बना लेती है। और उसी कारण उस मनुष्य की सिस्टम ''महान कार्य'' की ओर अग्रसर हो जाती है। यही तमाम महान हुए मनुष्यों के महानता को प्राप्त होने का रहस्य है। और द्रष्टा, यानी 'आप'... उस समय भी प्रकृति और सिस्टम के इस खेल के द्रष्टा ही होते हैं। यही कारण है कि किसी भी महान व्यक्ति को अपनी महानता का गुमान नहीं पकड़ता है। क्योंकि वह जानता है कि जो कुछ भी महान कार्य सिस्टम से हुए हैं, उसमें उसका कोई योगदान नहीं। वे सब तो सिस्टम से परमात्मा ने करवा लिए हैं। अब ऐसा मनुष्य ''मैंने किया...'', यह कहे ही कैसे? ''मैंने किया'', यह तो तन के धार्मिक क्रियाएं करने वालों को कहना पड़ता है। यह सब तो उन लोगों को कहना पड़ता है जिनका सिस्टम अहंकार से चलता है। महान लोगों को कतई नहीं। बस इशारा हो गया, समझ जाओ...।

आत्मा का जीवन से सीधा ताल्लुक

जो भिन्न हैं वह हमारे मन का ऑटोमेशन है
जो भिन्न हैं वह हमारी बुद्धि है
जो भिन्न हैं वह हमारा अहंकार है
जो भिन्न हैं वह हमारा शरीर है।
...परंतु आत्मा के स्तर पर
यहां किसी में कोई भेद नहीं है।

यही प्रकृति की महान लीला है कि कुछ न करते हुए भी मनुष्य की 'आत्मा' उसका सबकुछ है। सिर्फ 'द्रष्टा' होते हुए भी उसके निकट गए बगैर मनुष्य अपने जीवन में कुछ भी बड़ा या महान नहीं कर सकता है। क्योंकि सारी महानता पर प्रकृति का एकाधिकार है। और प्रकृति की यह महानता उसी सिस्टम से बहती है जो सिस्टम प्रकृति के हवाले छोड़ दी गई होती है। और यह 'द्रष्टा' हुए बगैर संभव नहीं...। सो, जिसको बड़ा व महान बनना हो, उसे द्रष्टा बनना ही रहा। यानी अपनी आत्मा के निकट

जाना ही रहा। और अपनी आत्मा के निकट जाना ही एकमात्र धार्मिकता भी है। इसीलिए कहते हैं कि बगैर धार्मिक सफलता पाये कोई सांसारिक सफलता नहीं पायी जा सकती है। हालांकि इस पूरे विज्ञान की विस्तार से चर्चा तो मैं 'धर्म' पर आधारित किताब में ही कर पाऊंगा, अभी तो बस इतना जहन में उतार लो कि अपने 'द्रष्टा' के निकट गए बगैर जीवन बनने वाला नहीं है।

आत्मा एक – सिस्टम अनेक

अब आत्मा के संबंध में एक बात और स्पष्ट समझ लीजिए कि एक ही आत्मा अस्तित्व में है और वह सिर्फ द्रष्टा ही है। भिन्न सबके... मन, बुद्धि, अहंकार, शरीर, इन्द्रियां, डीएनए और जीन्स हैं। यही कारण है कि 'शुद्ध द्रष्टा' होते हुए भी कृष्ण, बुद्ध, क्राइस्ट, कबीर, मीरा, लाओत्से, अष्टावक्र... सब भिन्न-भिन्न हैं। कभी यह मत समझना कि द्रष्टा बनने हेतु या आत्मा पाने हेतु मन, बुद्धि, अहंकार खत्म करने होंगे। ऐसी बातें अज्ञानी करते हैं। ये सभी हमारे शरीर के अभिन्न अंग हैं। जब तक आत्मा शरीर में है, तबतक सब सलामत रहने ही वाले हैं। फर्क सिर्फ इतना हो जाता है कि 'द्रष्टा' बनते ही ये सब प्रकृति की ऊंचाई पा लेते हैं। इन सबका व्यवहार ऑटोमैटिकली प्रकृति जैसा हो जाता है। बाकी तो मनुष्य जब तक जीवित है तब तक उसे भूख भी लगती रहेगी व नींद भी आती ही रहेगी। यह बात मैं इसलिए कह रहा हूँ क्योंकि लोगों में द्रष्टा को लेकर तरह-तरह की भ्रमित करने वाली बातें प्रचलित हैं। जबकि द्रष्टा होना एक सामान्य क्रिया है। लेकिन द्रष्टा के मन, बुद्धि या अहंकार मर जाते हैं, यह गलत धारणा है। सत्य इतना ही है कि द्रष्टा उन्हें अपना मानना बंद कर देता है।

सो, बेकार की बातों के बहकावे में आकर भटक मत जाना। ऐसी बातें बेवजह सबको हीनता और पापभाव पकड़ा रही हैं। और पकड़ी हीनता व

पापभाव से दुष्प्रेरित होकर ही लोग संप्रदायों के नाम पर सबकी गुलामी पाल रहे हैं। परंतु आप इनके मायाजालों में मत फंसें। आप विश्वास जानें कि द्रष्टा होना कोई कठिन या लंबी यात्रा नहीं है। द्रष्टा होना तो आपके अस्तित्व की सच्चाई है। और अपनी सच्चाई में स्थित होना कौन-सी बड़ी बात है? सो इस सामान्य घटना को सामान्य रहने दोगे तो जल्द ही अपने अस्तित्व में स्थित हो जाओगे। कॉम्प्लीकेटेड और कठिन बनाओगे, तो भटकते चले जाओगे।

मनुष्य गलत शिक्षाओं का शिकार

मनुष्य यदि इतना दु:खी और असफल है तो इसका एकमात्र कारण उसका गलत शिक्षाओं की ओर आकर्षित होना है। मनुष्य 'द्रष्टा' है, यही एकमात्र सत्य है। और जब द्रष्टा है तो उसे अपनी सिस्टम के साथ छेड़खानी नहीं ही करनी चाहिए। इसके पीछे कई गहरे रहस्य व प्रकृति के कई महान सिद्धांत हैं। परंतु उन सबसे अनजान होने के कारण मनुष्य को चारों ओर से अपनी सिस्टम से खिलवाड़ करने की शिक्षा दी जा रही है। और इसी प्रोसेस में मनुष्य का 'द्रष्टापन' कमजोर हो रहा है व 'कर्तापन' मजबूत हो रहा है। परंतु यह कर्तापन एकमात्र अज्ञान भी है व अधर्म भी। अत: गलत शिक्षाओं के प्रभावों से बचे बगैर कोई अपनी आत्मा से दूरी नहीं घटा पाएगा। ...उल्टा सिस्टम को दबाकर बढ़ते 'कर्तापन' के सहारे वह अपनी आत्मा से दूरी बढ़ाता ही रहेगा और अपनी आत्मा से बढ़ती हर दूरी के साथ उसका मन और विकृत होता चला जाएगा जो कि अधिकांशों का हो ही चुका है। सो आप द्रष्टा थे, द्रष्टा हैं... और द्रष्टा रहेंगे। ...इसी एक ज्ञान का दिन-रात सेवन करो। यही आपके उद्धार का एकमात्र मार्ग है।

आत्मा को कहानियों के सहारे समझें

संत राम चले अमेरिका

*आप ना कर्ता हैं, ना भोक्ता हैं।
...आप द्रष्टा हैं। सो बस बिना पक्ष लिए
देखते रहो।*

चलो, आपको आत्मा ज्यादा अच्छे से समझ में आ जाए, उस हेतु एक कहानी का सहारा लेता हूँ। भारत में राम नामक एक महान संत हुए। एकबार शिष्यों की फरमाइश पर वे अमेरिका गए। अब उनकी वेशभूषा ही कुछ ऐसी थी कि भारत में भी कई लोग उन्हें आश्चर्य से देखते थे, फिर ऐसे में अमेरिकावासियों का तो कहना ही क्या? बस, एयरपोर्ट के बाहर निकलते ही जहां एक ओर शिष्य उनके स्वागत में लगे हुए थे, वहीं कुछ स्थानीय निवासियों ने उन्हें देख उनकी हंसी उड़ाना शुरू कर दिया। यह तो ठीक पर धीरे-धीरे हंसी उड़ाने वाली भीड़ में इजाफा भी होने लगा। संत राम के शिष्यों को बड़ा बुरा लगा। उनमें से एक ने उनसे कहा भी – आपकी महान

उपलब्धियों से अनजान ये लोग बेवजह वेशभूषा के कारण आपकी हंसी उड़ा रहे हैं, पर हमें यह बिल्कुल अच्छा नहीं लग रहा है।

यह सुनते ही संत राम बोले - अच्छा तो शायद संत राम को भी नहीं लग रहा हो, परंतु सच कहूं तो मुझे तो बड़ा मजा आ रहा है। देखो संत राम के हाल! अपने को बड़ा ज्ञानी समझता है और विदेश में क्या कपड़े पहनना, इस तक का होश नहीं है।

शिष्य तो संत राम की बात सुनते ही चौंक गए। उन्हें समझ में ही नहीं आया कि यह "संत राम" कौन है और उनका यह "मैं" कौन है। एक-दो शिष्यों को तो लगा कि कहीं संत राम इस हंसी उड़ाए जाने से अपना मानसिक संतुलन तो नहीं खो बैठे हैं?

लेकिन संत राम एक शुद्ध द्रष्टा हैं। और द्रष्टा वो है जो दूसरों की ही नहीं, अपनी स्वयं की सिस्टम से होने वाली गड़बड़ियों तथा उस कारण खड़ी होने वाली उलझनों का भी भरपूर आनंद लेता है। सो बस, अपनी सिस्टम से जरा-सी दूरी बढ़ा लो। फिर आनंद की वह धारा फूट निकलेगी जो कभी रुकने या थमने का नाम ही नहीं लेगी। क्योंकि फिर तो अपनी सिस्टम की करी मूर्खताओं का भी खेल देखने को मिलेगा व दूसरों की सिस्टम का भी...!

आत्मा को कहानियों के सहारे समझें

फकीर की महान शिक्षा

जीवन के सारे दुःखों की जड़, चाह है।
चाह नजर बाहर घुमाने से पैदा होती है।
यानी जिसकी नजर सिर्फ अपने पर बनी हुई हो
वह कभी दुःखी नहीं होता।

एक अड़ियल युवा ज्ञान की खोज में निकला और जाते-जाते एक फकीर के यहां पहुंच गया। पहला दिन तो ठीक पर दूसरे दिन जब उसकी शिक्षा प्रारंभ हुई तो फकीर ने उससे एक ही बात कही कि तुम इस पेड़ के नीचे एकान्त में बैठ जाओ। फिर जो विचार आते हैं उन्हें आने दो। पेड़ के नीचे बैठने से थक जाओ और उठने की इच्छा हो तब उठ जाओ। जब भूख लगे तो खाना खा लो, सोने की इच्छा करे तो सो जाओ। टहलने की इच्छा जागे तो टहल आओ, और इस दरम्यान मन कभी किसी बाबत सवाल करने का करे तो मेरे पास चले आना।

बात शिष्य की समझ में तो नहीं आई परंतु उसने गुरु के कहे अनुसार अपनी सायकोलॉजिकल हैपनिंग के साथ बहना शुरू कर दिया। दो-एकदिन तो वह यह सब करता रहा परंतु फिर तीसरे दिन वह जिज्ञासा लिए फकीर के पास पहुंच गया। उसने फकीर से कहा कि आपने जो कहा वह तो मैंने किया, परंतु यह सब भी कब तक? मैं तो यहां ज्ञान पाने आया हूँ।

फकीर ने कहा - बात तो तुम्हारी ठीक है, लेकिन मैं इससे ज्यादा कुछ जानता नहीं। साथ में यह भी कह दूं कि अपनी सायकोलॉजी के साथ बहते सीखने के अलावा कोई दूसरा ज्ञान होता भी नहीं है। खैर, तुम सिर्फ यह बताओ कि इन दो दिनों में तुम्हें कोई कष्ट हुआ?

शिष्य बोला - कष्ट तो कुछ नहीं हुआ।

फकीर ने पूछा - अच्छा यह बताओ कि इन दो दिनों के दरम्यान तुम कुछ नयी ऊर्जा से भरे?

शिष्य एक क्षण को तो सोच में पड़ गया। तत्क्षण उसने अपने बीते दो दिनों पर गौर किया। वाकई इन दो दिनों में उसकी स्फूर्ति पहले से कई गुना बढ़ गई थी। उसने तुरंत फकीर के चरण छूते हुए कहा - वाकई पिछले दो दिनों में कष्ट कोई नहीं हुआ और ऊर्जा अनेकों गुना बढ़ गई।

फकीर ने कहा - बस तो फिर तुम्हें ज्ञान क्यों चाहिए? ज्ञान का मकसद ही कष्टों से छुटकारा पाना है और ज्ञान की गरिमा ही मनुष्य को ऊर्जा से भर देने में है। और एकसाथ ये दोनों बातें सिर्फ अपनी सायकोलॉजिकल हैपनिंग के साथ जीने से ही संभव है। थोड़ा सोचो, यदि तुम्हें ज्ञान की चाह न होती तो इन दो दिनों में क्या नहीं हो जाता? ...तुम बादशाह ही हो जाते। क्योंकि इस ज्ञान की चाह के अलावा इन दो दिनों में सबकुछ तुम्हारे मन मुताबिक ही चला था। अर्थात यह एकमात्र चाह भी न होती तो तुम आनंद के शिखर पर पहुंच चुके होते।

भ्रम मिटाने हेतु एक आसान प्रयोग

यह नियम समझ लो
कि जिसका जिस मात्रा में द्रष्टा मजबूत होगा
उसी मात्रा में उसके दु:ख व चिंता
कम होते चले जाएंगे।

आप आत्मा हैं। आप एक शुद्ध द्रष्टा हैं। आप सिर्फ देखने वाले हैं। आप ना तो शरीर हैं और ना ही शरीर के कोई अंग हैं। अब यह कहने को तो ठीक है, परंतु इसे मानें कैसे? इसका अनुभव कैसे करें? स्वयं को शरीर मानने का भ्रम इतना गहरा व पुराना है कि यह भ्रम तोड़ें कैसे? अब चाहे जो हो, यह भ्रम तो तोड़ना ही पड़ेगा। क्योंकि उसके बगैर जीवन बनने वाला नहीं है। तबतक दु:ख और चिंता के अहसास मिटने वाले नहीं हैं। यह नियम समझ लो कि जिसका जिस मात्रा में द्रष्टा मजबूत होगा, उसी मात्रा में उसके दु:ख व चिंता कम होते चले जाएंगे। क्योंकि आपकी सारी परेशानियों की जड़ ही तो यह भ्रम है कि आप एक अलग से शरीर हैं, जिसका कोई नाम है,

जिसके कोई जाति व धर्म हैं। जिसके अपने मान-सम्मान व सम्पत्ति हैं। अब यह सब आप हैं तो फिर तो कष्ट होगा ही। क्योंकि इन सबमें ऊंच-नीच होते ही रहेंगे। और अपना मानने के कारण इन सबमें होने वाली हर ऊंच-नीच से आप प्रभावित भी होते ही रहेंगे। और आपकी सारी शिक्षाएं शरीर होने के भ्रम को मजबूती प्रदान करना ही सिखा रही हैं। सभी शिक्षाएं शरीर और उसके भिन्न-भिन्न अंग को एक या दूसरा करने को उकसा ही रही हैं। ऐसे में 'आप शरीर नहीं हैं' यह भ्रम टूटे भी कैसे? सो, समझदार हो तो इस बात से इतना तो समझ ही लो कि कैसी-कैसी गलत शिक्षाओं के जाल में आप उलझे पड़े हैं? मैंने तो तगड़ा इशारा कर दिया। अब देखना यह है कि कौन कितनी जल्दी मायावी ज्ञानों से अपनी जान छुड़ा पाता है?

खैर, अभी तो इतना समझ लो कि यदि आप स्थायी तौरपर अपने को द्रष्टा नहीं मान पा रहे, तो भी कोई बात नहीं। परंतु यह भ्रम तोड़ने हेतु जो एक प्रयोग बताता हूँ...कम-से-कम वह तो करो। क्योंकि जीवन बनाने हेतु यह भ्रम कमजोर तो करना ही पड़ेगा। बात-बात पर दुःख, चिंता व भय पकड़ते रहने को जीवन तो नहीं ही कहा जा सकता है। अतः रोज रात को सोते वक्त दस मिनट आंख बंद कर एकान्त में बैठें और दिनभर की घटनाओं पर मनन करें। निश्चित ही जो कुछ भी दिन भर घटा है उसे आपने अपना मानकर गंभीरतापूर्वक झेला है। उसके सुख-दुःख के झटके आपने सहे हैं। कोई बात नहीं...। कम-से-कम रात को सोते वक्त तो उन झटकों से मुक्त हो जाओ। उदाहरण के तौरपर, यदि मेरा कुछ नुकसान हुआ है तो यह मनन करो कि नुकसान तो दीप का हुआ है, मेरा क्या? मैं तो वह देखने वाला हूँ जिसने दीप को नुकसान होते भी देखा तथा उसको नुकसान का बेवजह दर्द झेलते भी देखा। पर मैं तो दीप हूँ नहीं, सो मैं क्यों चिंता पालूं? किसी से झगड़ा हुआ है या किसी ने अपमानित किया है, तो भी मनन करो। मनन करो कि अपमान तो 'दीप' का हुआ है, मेरा थोड़े ही हुआ है? मैं क्यों क्रोध में

या गम में सोऊं? मैं कोई 'दीप' थोड़े ही हूँ। मैंने तो देखा कि दीप बेवजह अपमानित हुआ। बेवजह दीप को दुःख हुआ। पर मुझे क्या?

लगातार के इस प्रयोग से आपको चैन की नींद आनी शुरू हो जाएगी। और जब नींद शांतिपूर्ण होगी तो सुबह भी बड़ी हसीन होगी। फिर उसी शांत मन से सुबह फिर एकबार पांच मिनट एकांत में मनन करने बैठ जाओ और अपने को समझाओ कि आज दिनभर जो कुछ भी करना है, वे दीप के कर्म हैं। तो उसे करने दो। उनके परिणाम जो कुछ आएं, उन्हें दीप को अपनी मनोदशानुसार झेलने दो। मैं तो बस यह खेल देखूंगा। क्योंकि मैं तो दीप जो कुछ भी दिनभर खेल खेलेगा, उसका द्रष्टा-मात्र हूँ। बस अपने को दिये इस पांच मिनट की बदौलत दिनभर आप हल्के रहेंगे। और जब आप लगातार शांत व हल्के रहेंगे तो फिर इसकी आदत पड़ जाएगी। फिर जल्द ही आप स्वयं को अपने द्रष्टा के निकट पाएंगे। और जिस मात्रा में आप अपने द्रष्टा के निकट आते चले जाएंगे, फिर उसी मात्रा में आपकी प्रकृति के रहस्यों से ट्यूनिंग बैठती चली जाएगी। यह एक ऐसी ऑटोमैटिक प्रक्रिया है कि इसमें भी आपको कुछ नहीं करना है। यानी इस एक प्रयोग से ना सिर्फ आपके दुःख व चिंता कम होंगे...बल्कि इससे जीवन एक नयी ऊंचाई छूना भी प्रारंभ कर देगा। मुझे उम्मीद है कि अपने लिए यह पंद्रह मिनट तो आप निकाल ही लेंगे।

आत्मा
सत्य की लेबोरेटरी

अगर आप बार-बार बाहर की परिस्थितियों से विचलित हो रहे हैं, तो समझ लेना कि आपकी 'आत्मा' सोई हुई है।

प्रकृति की मनुष्य के लिए रचना ही ऐसी है कि उसकी आत्मा सिस्टम के तमाम खेलों को अच्छे से जानती है। यही कारण है कि गलत करते वक्त ऐसा कोई नहीं जिसे स्वयं यह पता न चल रहा हो कि वह गलत कर रहा है। और सच कहा जाए तो यही हर मनुष्य के सही करने या गलत करने का एकमात्र बैरोमीटर है। आत्मा मनुष्य के सत्य-असत्य की एकमात्र लेबोरेटरी है। परंतु फिर भी मनुष्य अपने निजी व नजदीकी स्वार्थ के कारण बड़ी आसानी से अपनी आत्मा की अनदेखी करता रहता है। क्यों...? क्योंकि वह सही-गलत की बजाय अपने मायावी अस्तित्व को ज्यादा महत्त्व दे रहा होता है। लेकिन यह स्पष्ट समझ लो कि अपनी आत्मा की आवाज और उसके अहसासों की अनदेखी करने वाला हमेशा दुःख, चिंता व भय पकड़ता ही रहेगा।

चलो, स्वार्थ व भ्रम के कारण मनुष्य अपनी आत्मा की अनदेखी करता है, यह तो अधिकांशों का अनुभव है। लेकिन चिंता का प्रमुख विषय यह है कि अच्छा-बुरा और पाप-पुण्य...बाहर से पकड़ने के कारण भी मनुष्य लगातार अपनी आत्मा की अनदेखी करता रहता है। और यह ज्यादा खतरनाक है। क्योंकि इस स्थिति में आत्मा की अनदेखी करते वक्त उसके पास शास्त्रों और समाजों की बड़ी-बड़ी बातों के हजारों सहारे उपलब्ध होते हैं। यही कारण है कि धर्म की रक्षा हेतु जितनी आसानी से मनुष्य दूसरों पर जुल्म कर लेता है, उतनी आसानी से अपनी स्वार्थपूर्ति हेतु वह दूसरे मनुष्यों पर जुल्म नहीं कर पाता है। यही बात सामाजिक मान्यताओं तथा परंपराओं पर भी लागू होती है। इन सबके नामपर भी मनुष्य बड़ी आसानी से सबपर जुल्म ढा लेता है। इसी से आप समझ सकते हैं कि बाहर से ओढ़े पाप-पुण्य या अच्छे-बुरे कितने खतरनाक हैं?

खैर, हम वापस आत्मा की परमसत्ता पर लौट आते हैं। और उस संदर्भ में अब तक करी गई बातों का सार यह है कि आत्मा सिर्फ एक शुद्ध द्रष्टा होते हुए भी...उसकी आवाज बड़ी बुलंद और स्पष्ट है। वह प्रकृति से इस कदर कनेक्टेड है कि कुछ भी गलत करते वक्त उस गलती का अहसास वह मनुष्य को करवा ही देती है। फिर भी अपने स्वार्थ के कारण मनुष्य आत्मा द्वारा कराये जा रहे उस अहसास की अनदेखी कर देता है। और इसीलिए मैं बार-बार कह रहा हूँ कि क्या करना या क्या नहीं करना, यह मनुष्य को बाहर से नहीं सीखना है। उसकी आत्मा सब जानती ही है। हर गलत करते वक्त वह उस बात का अहसास करवाती ही है। और मनुष्य को अपनी उस आत्मा की आवाज की अनदेखी नहीं करनी चाहिए। हर सत्य का यही एकमात्र बैरोमीटर है। बाहर बताये जाने वाले पाप-पुण्य व अच्छाइयां-बुराइयां सत्य के मापदंड नहीं हैं। उल्टा उनके बहकावे में आकर तो अक्सर मनुष्य और आसानी से गलत कर जाता है। अत: सही-गलत

हेतु जो जितना बाहरी बातों की बजाय अपनी आत्मा की आवाज पर भरोसा करेगा, वह आसानी से सही दिशा में बढ़ता चला जाएगा। उसका द्रष्टा भी जागता जाएगा तथा वह प्रकृति से कनेक्ट भी होता चला जाएगा।

चलो, यही बात मैं गीता के दृष्टिकोण से समझाने की कोशिश करता हूँ। अर्जुन युद्ध से इनकार करता है। क्यों? एक तो भय, यानी कि निजी स्वार्थ के कारण... तथा दूसरा शास्त्रों में वर्णित उन ज्ञानों के कारण जिसमें रिश्तेदारों को मारना 'पाप' कहा गया है। और कृष्ण कह रहे हैं कि तू शरीर नहीं आत्मा है, इसलिए तुझे अपने तमाम निजी स्वार्थ त्याग देने चाहिए। साथ ही कृष्ण यह भी कह रहे हैं कि सही-गलत का निर्णय मनुष्य की आत्मा से होता है, बाहरी बातों से नहीं। क्योंकि इस स्पॉन्टेनियस चल रही प्रकृति में पल-पल नयी परिस्थितियां उत्पन्न होती रहती हैं। ऐसे में यह सिर्फ मनुष्य की जागी आत्मा ही है जिसे हर बात के समय, संजोग व परिस्थिति का पूर्ण ज्ञान होता है। और उसी आधार पर वहां से निर्णय होते हैं। और अर्जुन तू भी सही निर्णय पर पहुंचना चाहता है तो अपनी आत्मा की शरण जा। उसकी शरण जाते ही तू युद्ध करने हेतु खड़ा हो जाएगा। क्योंकि तेरी आत्मा जानती है कि वर्तमान समय, संजोग व परिस्थिति में तेरे लिए युद्ध करना ही श्रेष्ठ है। कहने का तात्पर्य इतना ही कि सही-गलत का एकमात्र बैरोमीटर मनुष्य की 'आत्मा' है। एक वही है जिसे क्या सही है और क्या गलत, उसका होश है। कोई भी बाह्यज्ञान इसमें रत्तीभर सहायक नहीं। यही कारण है कि सारे बाह्यज्ञान हमेशा सिर्फ भटकाने वाले सिद्ध होते हैं। क्योंकि ''क्या करना और क्या नहीं करना'' का कोई 'थम्ब-रूल' नहीं हो सकता है। जो अभी सही है, वह पलभर बाद गलत भी हो ही सकता है।

सो, कुल-मिलाकर इतना समझो कि गलत करोगे, तो भरोगे। और गलत तबतक करते रहोगे, जबतक आत्मा की अनदेखी करोगे। और मैं कह ही चुका हूँ कि मनुष्य अपनी आत्मा की अनदेखी स्वार्थ के कारण करता है।

सिस्टम को अपना मानने के भ्रम में करता है। साथ ही वह बाहर से ओढ़े अच्छे-बुरे व पाप-पुण्यों की सूचियों में उलझने के कारण भी अक्सर अपनी आत्मा की अनदेखी कर जाता है। लेकिन यदि आप जीवन बनाना चाहते हैं तो आपको अपनी आत्मा की आवाज सुननी ही पड़ेगी। तभी आपका गलत करना बंद होगा। और आत्मा की आवाज सुनना चाहते हो तो स्वार्थ के साथ-साथ बाह्य ज्ञानों के प्रभावों को भी त्यागना होगा। अब मैंने तो रास्ता सुझा दिया...। आगे अपना जीवन बनाने हेतु अपनी आत्मा की आवाज सुन पाने की कला जगाना तथा उस आवाज के अनुसार कार्य करने का साहस जुटा पाना, दोनों आपके हाथ में है।

आत्मा फिल्म के एक परदे की तरह है

सिनेमा में कोई राम का रोल निभाए या रावण का
क्या फर्क पड़ता है?
सिनेमा में सवाल अच्छे-बुरे का नहीं होता
बल्कि महत्व रोल अच्छे से निभाने का होता है।
...यही हाल द्रष्टा का है।

थिएटर में फिल्म देखने सभी जाते हैं। यह एक ऐसी चीज है, जिसका सबको अनुभव है। यह भी सभी जानते हैं कि फिल्में अनेक प्रकार की बनती हैं। कई फिल्में धार्मिक व सामाजिक विषयों पर होती हैं तो कई बुराई व हिंसा से भरपूर होती हैं। इसमें प्रमुख बात यह कि ये तमाम प्रकार की फिल्में एक ही परदे पर चलती हैं। और फिल्म धार्मिक हो या हिंसा से भरपूर, परदे को उससे कोई फर्क नहीं पड़ता है। ना तो धार्मिक फिल्म के चलने से परदा पवित्र हो जाता है और ना ही हिंसक फिल्म चलने से परदा अपवित्र हो जाता है। ना तो धार्मिक फिल्म चलने पर परदा तन जाता है

और ना हिंसक फिल्म चलने के बाद पाप धोने के लिए उसपर गंगाजल छिड़का जाता है।

सीधी बात है कि फिल्म कैसी भी चले, परदे को क्या? फिल्म बनाने वाला जाने तथा उसमें काम करने वाले कलाकार जाने। जब फिल्म के बनने व चलने में परदे का कोई रोल ही नहीं, तो परदा तने भी क्यों और बेवजह ग्लानि पाले भी क्यों? परदे का तो रोल ही सिर्फ फिल्म को चलने हेतु माध्यम प्रदान करना है। लेकिन इतना निर्लिप्त होने के बाद भी एक फिल्म के लिए 'परदा' ही सबकुछ होता है। परदा न हो तो फिल्म न तो चल सकती है, न ही दिख सकती है। यानी फिल्म को बनाने में कोई रोल न होने के बावजूद तथा फिल्म में कोई किरदार न निभाने के बावजूद भी कोई फिल्म बिना परदे के नहीं चल सकती है।

बस, मनुष्य का आत्मा भी एक ऐसा परदा ही है, जिस पे मनुष्य की अपने कर्मों से बनी 'जीवनरूपी फिल्म' चलती रहती है। मनुष्य की इस जीवनरूपी फिल्म को बनाने में 'आत्मा' का कोई रोल नहीं होता है। जीवनरूपी इस फिल्म को प्रकृति मनुष्य के कर्मों के अनुसार डायरेक्ट करती रहती है। फिर यह फिल्म अच्छी हो या बुरी, सफलता से भरी हो या कष्टों से घिरी हो, आत्मा को कोई फर्क नहीं पड़ता है। आत्मा के लिए तो बुद्धि, अहंकार, मन, शरीर, इन्द्रियां वगैरह इस फिल्म के किरदार हैं, जो आपस में मिलकर जीवनरूपी इस फिल्म को निरंतर चलाते रहते हैं। ...तो चलाते रहें। यह सब जो मरजी आए करे तथा जैसी चाहे फिल्म बनाए और चलाए। उनकी चलाई व बनाई फिल्म के अनुसार प्रकृति इन्हें चाहे इनाम दे या सजा दे, आत्मा को क्या? उसे तो बस इस फिल्म के चलने हेतु एक परदे का रोल अदा करना होता है। ...और आत्मा सिर्फ वही करती है। फिर फिल्म में कभी बुद्धि विलेन व मन हीरो का रोल अदा करता है, तो कभी मन विलेन बन जाता है। कभी मन व बुद्धि प्रेमी-प्रेमिका की तरह बर्ताव करते हैं तो

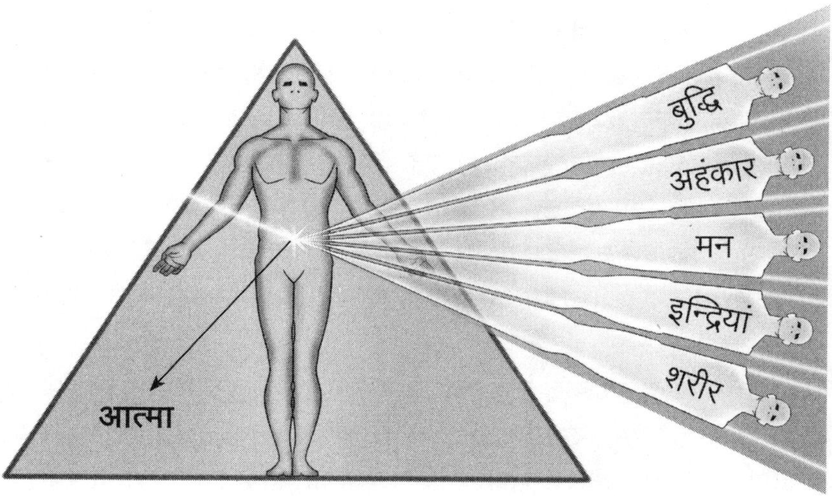

आत्मा – फिल्म की स्क्रीन

आत्मा के लिए तो बुद्धि, अहंकार, मन, शरीर, इन्द्रियां वगैरह फिल्म के किरदार हैं, जो आपस में मिलकर जीवनरूपी फिल्म को निरंतर चलाते रहते हैं।

कभी वे दोनों आपस में सास-बहू की तर्ज पर आमने-सामने आ जाते हैं। तो क्या, जिसकी जो मरजी आए करे, यह सब आत्मा की समस्या कतई नहीं है। आत्मा तो फिल्म के चलने हेतु परदा थी, परदा होती है और ताउम्र वह एक परदा ही बनी रहती है।

कुल-मिलाकर समझें तो बात वही की वही है कि आत्मा अलग है और जीवन अलग। जैसे परदा व फिल्म अलग हैं, वैसे ही आत्मा व जीवन की चल रही फिल्म भी अलग ही है। अत: जिस क्षण, जो कोई अपने को फिल्म मानना बंद कर देता है और अपने को 'आत्मा' जान लेता है, वह 'आत्मबोधी' हो जाता है। फिर इस बात से कोई फर्क नहीं पड़ता है कि उस समय उसके परदे पर कैसी फिल्म चल रही है? वह तो फिल्म को बनाने वाली सिस्टम जाने तथा फिल्म को डायरेक्ट करने वाली प्रकृति जाने।

सो, अगर कोई कहे कि फिल्म को सुधारो, फिल्म में गड़बड़ है या फिल्म को ऐसी-ऐसी बनाओ...तो ही धार्मिक, तथा तो ही आत्मबोध होगा; तो ये सब अज्ञान से भरी बातें हैं। सच तो यह है कि यह संसार एक बड़ी फिल्म स्टूडियो है जिसमें करोड़ों जीवनरूपी फिल्में एक साथ कार्यरत हैं, लेकिन इसके बावजूद सबकी डायरेक्टर तो एकमात्र 'प्रकृति' ही है। चलने वाली ये सब भिन्न-भिन्न जीवनरूपी फिल्में तो सिर्फ अपने-अपने कर्मों के अनुसार अपना-अपना रोल निभा रही हैं। ऐसे में अपना किरदार निभाने वाले में दोष निकालना निहायत मूर्खता भरी बात है। दोष तो उसमें तब है जब वो अपना किरदार छोड़ किसी अन्य का किरदार निभाने की कोशिश करे। और सभी इसी कोशिश में लगे हैं। चारों ओर धर्म व समाज के नामपर ऐसी ही शिक्षाएं भी दी जा रही हैं। यही कारण है कि सभी अपना किरदार छोड़, अन्यों का किरदार निभाने के दोष से भरे पड़े हैं। और सिर्फ इसी एक वजह से मनुष्य 'आत्मज्ञान' से वंचित है।

अत: जितनी जल्दी हो सके यह भ्रम मिटा ही दो कि आप फिल्म हो। या आपकी फिल्म में गड़बड़ है। या उसे सुधारने की जरूरत है। यह सब अज्ञान है। सच तो यह है कि आप फिल्म हो ही नहीं। सो, फिल्म कैसी भी हो, आपको क्या? बस जिस क्षण यह दृढ़तापूर्वक समझ लोगे, उसी क्षण फिर आपकी फिल्म प्रकृति की फिल्म हो जाएगी। फिर क्या, फिर तो वह देखते-ही-देखते उस आजाद हुई फिल्म को इतनी शानदार बना देगी कि आप और दुनिया दोनों देखते रह जाओगे।

खैर, एक बात और समझो। आत्मा अलग है...तो अलग है। आत्मा 'फिल्म' नहीं है तो नहीं ही है। अत: फिल्म कैसी भी चल रही है, आत्मा की पवित्रता तथा शुद्धता पर उसका कोई असर नहीं पड़ता है। उसकी निर्दोषता हरहाल में बरकरार रहती है। यही कारण है कि खराब-से-खराब व्यक्ति भी जब कभी द्रष्टा के निकट जाता है, तो पलभर को ही सही, परंतु तत्काल उसकी निर्दोष मासूमियत सामने आ जाती है। यही कारण है कि एक ज्ञानी के लिए पापी और पुण्यात्मा में कोई फर्क नहीं होता है। क्योंकि दोनों का वास्तविक स्वरूप तो आत्मा ही होता है। कोई कुछ भी करे, भीतर गहरे में तो वह निर्दोष ही होता है। वह बेचारा तो अपना रोल निभा रहा होता है। इसी बात को ध्यान में रखते हुए जब अर्जुन पाप-पुण्य की बात करता है तो कृष्ण उससे कहते हैं कि हे अर्जुन, वास्तव में एक ज्ञानी के लिए कुत्ता, चांडाल व विनययुक्त ब्राह्मण में कोई भेद नहीं होता है। उसके लिए तो सब एक ही हैं, क्योंकि अंत में तो ये सभी अपना-अपना रोल निभा रहे होते हैं। अत: तू पापी कौन और पुण्यात्मा कौन जैसी अज्ञान से भरी बातें मत कर। पापी और पुण्यात्मा के संबंध में तू मेरी स्पष्ट परिभाषा समझ ले...। पापी वो है जो अपना रोल निभाने से इनकार करे। और तू भी इस युद्ध में ऊंची-ऊंची बेकार की बातों का सहारा लेकर अपना रोल नहीं निभाएगा तो तू भी 'पाप' को उपलब्ध हो जाएगा।

अब मैंने तो बात जितनी स्पष्टतापूर्वक कही जा सकती थी, कह दी। यह पाप-पुण्य व अच्छे-बुरे की बातें अज्ञानी करते हैं। ऐसा करो व ऐसा मत करो की शिक्षाएं अहंकारी देते हैं। ज्ञानी तो सिर्फ एक बात कहते हैं कि जागो...! जागो! तुम फिल्म नहीं...परदा हो। बात, समाप्त...।

आत्मा 'प्राण' है

परदा सिर्फ फिल्म को चलने के लिए
माध्यम प्रदान करता है।
यही कार्य आपका 'द्रष्टा' भी कर रहा है।

अब बताओ कि कोई भी फिल्म कब चल सकती है तथा कबतक चल सकती है? जबतक कि उसे परदा मिलता रहे। बिना परदे के विश्व की कोई फिल्म पलभर को भी नहीं चल सकती है। बस, आत्मा भी जीवन की फिल्म को चलाने हेतु एक परदा है। जीवन की फिल्म तभी तक चलती है, जबतक कि आत्मा शरीर में मौजूद रहती है। आत्मा ने शरीर छोड़ा नहीं कि उसी क्षण फिल्म चलना बंद। यानी यह आत्मा ही मनुष्य का 'प्राण' है।

लेकिन चूंकि आत्मा टाइम और स्पेस के बाहर की बात है, इसलिए वह विज्ञान की पहुंच से बाहर है। विज्ञान ने अभी इतनी प्रज्ञा नहीं जगायी है, ना ही उसने अभी इतनी प्रगति की है कि वो 'टाइम और स्पेस' के बाहर की दुनिया की बात समझ सके। अरे, विज्ञान को आजतक खुशी कहां से आती है व गम क्यों उठते हैं, इसी का कुछ पता नहीं...तो आत्मा तो उसके

आत्मा ही 'प्राण'

जीवन तभी तक चलता है
जबतक कि आत्मा शरीर में मौजूद रहती है।
आत्मा ने शरीर छोड़ा नहीं कि
उसी क्षण जीवन चलना बंद।
यानी यह आत्मा ही मनुष्य का 'प्राण' है।

लिए बहुत दूर की बात है। इसलिए विज्ञान हृदय बंद पड़ गया, ब्रेन बंद हो गया...और मनुष्य मर गया, ऐसी बातें ही करता रहता है।

खैर, अब चूंकि मैं विज्ञान को साथ लेकर चल रहा हूँ तो विज्ञान को भी आज नहीं तो कल 'स्पीरिच्युअल साइन्स' को साथ लेकर चलना ही होगा। और जिस दिन दोनों का मिलन हो जाएगा, विश्व को तमाम सवालों के जवाब मिल जाएंगे। सच कहूं तो दोनों का साथ हो जाए, यही मेरी कोशिश है। और उम्मीद है कि जल्द ही यह कोशिश रंग लाएगी। ...अभी तो इतना समझो कि कुछ न होते हुए भी तथा कुछ न करते हुए भी, आत्मा आपकी सबकुछ है। वही आपका प्राण है। उसकी उपस्थिति के कारण ही आपकी जीवनरूपी फिल्म चल रही है। उसने शरीर छोड़ा नहीं कि खेल खत्म। आप फिर भी उसे तवज्जो नहीं देते, यह कमाल है। लेकिन जितनी जल्दी हो सके, यह कमाल करना बंद कर दो। ...आपके लिए अच्छा है।

सिस्टम कैसी भी द्रष्टा को क्या?

आप सिर्फ एक शुद्ध द्रष्टा हैं। शरीर, मन या इन्द्रियां आपके नहीं हैं, यह ज्ञान है। इसलिए ज्ञानी इनमें से किसी के साथ छेड़खानी नहीं करते हैं। शरीर, मन और इन्द्रियों को दबाने के सारे उपद्रव अज्ञानी मचाये हुए हैं।

अबतक आपने अच्छे से समझ ही लिया होगा कि द्रष्टा अलग है व सिस्टम अलग। सिस्टम यानी आपके मन, बुद्धि, अहंकार, शरीर व इन्द्रियों का टोटल। और आप सिस्टम नहीं हैं। आप हरहाल में एक शुद्ध द्रष्टा थे, हैं और रहेंगे। लेकिन दुर्भाग्य से अधिकांश लोग यहां अपने को सिस्टम माने जी रहे हैं। यही अज्ञान है और यही माया है और उसी के कारण सबका जीवन परेशानियों में डूबा हुआ है। और जो कोई परेशानियों से बचना चाहता है, उसे अपने द्रष्टा यानी अपनी आत्मा के निकट जाना ही होगा। जीवन की परेशानियों को दूर करने का दूसरा कोई उपाय नहीं है। इसके अलावा के हजारों उपाय क्यों न कर लो...दुःख-दर्द दूर होने वाले नहीं हैं। इसे नियम ही

जानो कि जो जितना अपने द्रष्टा के निकट जाएगा उतना ही उसका जीवन रोज नयी ऊंचाइयां छूता चला जाएगा। हालांकि यह द्रष्टा के निकट जाना... सुनने में जितना आसान लग रहा है, उतना आसान है नहीं। क्योंकि सिस्टम को अपना मानने की आदत बहुत पुरानी है।

ऐसे में सवाल यही कि मनुष्य इस कदर अपने बाबत भ्रमित है क्यों? कारण एक ही है कि मनुष्यजाति के इतिहास में ज्ञानी पचास हुए हैं... तो अज्ञानी लाखों। और इन अज्ञानियों को 'आत्मा' का तो कुछ पता नहीं होता, स्वयं सिस्टम के मायावी-जाल में फंसे होते हैं, और फिर भी ज्ञान झाड़ते रहते हैं। अब जो सिस्टम से ज्ञान देगा वह जाहिरी तौरपर सिस्टम को ही ज्ञान देगा। और सिस्टम को क्या ज्ञान दिया जा सकता है? यही कि कुछ करो या फिर यह मत करो। अब अज्ञानी यह समझ ही नहीं रहे हैं कि कुछ करने या स्वयं को कुछ करने से रोकने पर ही तो 'द्रष्टा' मर रहा है। ...यह मैंने मनुष्यजीवन का सबसे गहरा सत्य कह दिया। थोड़ी-सी प्रज्ञा जगाओ और तमाम मायावी ज्ञानों से आज, अभी और यहीं...छुटकारा पा लो।

खैर, वापस मनुष्य की भटकन व अज्ञानियों की बातों पर लौट आते हैं। और वहां यह मनुष्य का दुर्भाग्य है कि सिस्टम को दिया ऊटपटांग ज्ञान उसको ज्यादा आकर्षित करता है। फिर उसी को आधार बनाकर वह अपनी सिस्टम का खूब उपयोग करता है। और जो सिस्टम का जितना उपयोग करता है, उतना ही वह फंसता चला जाता है। क्योंकि जो जितना ज्यादा सिस्टम का उपयोग करता है...उतना वह अपनी आत्मा से दूर होता चला जाता है। और जो कोई अपनी आत्मा से जितना दूर है...उतना ही वो परेशान है, यह अटल नियम है। अब इससे स्पष्ट क्या कहूं? फिर भी धर्म पर चर्चा करते वक्त मैं इस बात का पूरा विज्ञान समझाऊंगा। अभी तो इतना समझो कि कुछ भी करने या ना करने का ज्ञान ही मनुष्य को मरवा रहा है। क्योंकि कुछ करते ही या अपने को कुछ करने से रोकते ही...मनुष्य का द्रष्टापन

कमजोर हो रहा है। लेकिन दुर्भाग्य से अज्ञान इस कदर हावी हो चुका है कि अब "देखने-मात्र से सबकुछ हो जाता है" यह बात ही सामान्य लोगों की समझ के परे हो गई है।

खैर, अब एक बात और है जो सबके लिए समझना बहुत जरूरी है। क्योंकि अक्सर इस भ्रम के कारण भी मनुष्य बहुत कुछ कर रहा है तथा बहुत कुछ करने से स्वयं को रोक रहा है। प्राय: हरकोई यह मानता है कि आत्मा के निकट गया मनुष्य सामाजिक और धार्मिक तौरपर एकदम परफेक्ट होता है। अब समाजों और धर्म के दायरों में तो करोड़ों लोग परफेक्शन से जी रहे हैं, तो क्या वे अपनी आत्मा के निकट हो गए? कतई नहीं...। यह स्पष्ट समझ लो कि उनमें से कुछेक का आत्मा से संबंध हो...तो हो। सामान्य तौरपर तो इनमें से किसी का आत्मा से दूर-दूर तक का कुछ लेना-देना नहीं होता है। आत्मा इतनी विशाल और शक्तिशाली है कि उसकी आप कल्पना ही नहीं कर सकते हैं।

होगा, अभी तो आप इतना समझो कि आत्मा के निकट गया मनुष्य कभी भी बंधी-बंधाई मान्यताओं और शिक्षाओं के अनुसार नहीं बरतेगा। अरे, आत्मा जिससे इस जगत की उत्पत्ति हुई है, भला वो इन दो-पांच हजार वर्ष पुराने धर्मों और समाजों को क्या महत्त्व देगी? अत: मेहरबानीकर आत्मा के निकट जी रहे मनुष्यों को अपनी बंधी-बंधाई बेतुकी मान्यताओं के आधार पर तौलना बंद कर दो। आत्मा के निकट जी रहा मनुष्य जंगलों में भटकता है, तपस्या करता है, चुस्त धार्मिक होता है, वैभव से दूर होता है...ये सब गलत धारणाएं हैं। ऐसी धारणाएं अज्ञान से भरे तथाकथित धर्मों और समाजों ने आपके दिमाग में बिठा दी हैं। मुझे उनसे कुछ लेना-देना नहीं। वे चाहे जो धारणाएं फैलाएं और चाहे जिन धारणाओं में जिएं, उनकी मरजी। जब कुदरत की ओर से मनुष्य आत्म-उद्धार और आत्म-पतन दोनों हेतु स्वतंत्र है, तो मैं उन लोगों के मुंह ही क्यों लगूं जो अपना आत्म-पतन

करना चाहते हैं? मुझे तो चिंता उस होनहार मानवता की है जो आत्मा के निकट जाकर अपने एक शानदार जीवन की नींव डाल सकती है। और फिर मुझे घुमा-फिराकर बोलने की आदत भी नहीं है। बोलूं भी क्यों? मुझे न धन चाहिए, ना मान और सम्मान चाहिए। मुझे इन सब मायाओं से कुछ लेना-देना नहीं है। मेरे पास भगवान का दिया लिखने व बोलने का इतना काम है कि उसके अलावा मुझे फुर्सत ही नहीं है। अच्छा-बुरा जैसा भी उसने मुझे बनाया है, मैं उससे संतुष्ट हूँ। मैं भगवान का दिया अपना कार्य कर पा रहा हूँ तथा साथ ही अपने शौक भी पूरे कर पा रहा हूँ, यही मेरे लिए परम संतोष की बात है। और यही संतुष्टि मैं फैलाना चाहता हूँ। मनुष्य के धड़कते हृदय के अलावा कोई भगवान नहीं, इस सत्य को मैं जानता हूँ। और इसी कारण हर मनुष्य की बेहतर धड़कन के लिए मैं प्रयासरत हूँ। चूंकि मैं भगवान ने जैसा बनाया है...उससे संतुष्ट हूँ, इसलिए मुझे सिवाय भगवान के और कोई बंधन नहीं है। और जब मुझे कोई बंधन ही नहीं तो मैं घुमा-फिराकर बोलूं ही क्यों? मैं तो जो वो भेजेगा वही बोलूंगा...तथा वही करूंगा। मनुष्य को अज्ञान से छुड़वाने हेतु जो करना है, करता चला जाऊंगा। उसके हसीन जीवन हेतु जो आवश्यक है, वह समझाता रहूंगा। यूं भी मेरी बातें उन चंद करोड़ लोगों के लिए ज्यादा काम की हैं जिनकी आत्माएं कुछ-न-कुछ मात्रा में जागृत हैं।

सो अब मैं जो समझाना चाह रहा हूँ...वह अच्छे से समझ लेना। कभी भी तथाकथित धर्मों और समाजों के दायरों में आत्मखोजी को मत खोजना। और अपने को भी उस आधार पर आत्मज्ञानी मत मान लेना। मनुष्य की सिस्टम जो कुछ भी है, वह उसके कई जन्मों के कर्मों के अनुसार उसे मिली है। और उस सिस्टम पर कुदरत का एकाधिकार है। उसे अपना मानना और फिर उसके साथ तरह-तरह के प्रयोग करना, भटका देगा। द्रष्टा ऐसा नहीं करते। द्रष्टा का अर्थ ही इतना है कि जब सिस्टम मेरी है ही नहीं तो मैं

उसे कुछ करने को कहूं क्यों तथा उसे कुछ भी करने से रोकू क्यों? सिस्टम जाने और सिस्टम को चलाने वाला भगवान जाने। मैं तो दोनों के मिले-जुले खेल को देखता रहूंगा। सिस्टम ऊंची-नीची भी है तो उसे सिस्टम बनाने वाला ठीक करे। मुझे क्या? और मेरी हैसियत ही क्या जो मैं सिस्टम को ठीक करूं? कुदरत की चल रही इतनी विशाल लीला में मेरी हैसियत ही कितनी है जो मैं कुछ पॉझिटिव कर सकूं? यह आत्मखोजी का ज्ञान होता है। और ऐसी स्पष्ट मनोदशा से जी रहे व्यक्ति को ही 'द्रष्टा' का कुछ-न-कुछ मात्रा में अहसास होता है। ऐसा व्यक्ति भगवान पर और उसकी दी सिस्टम पर, दोनों पे भरोसा कर रहा होता है। साथ ही वह अपने कर्मों से बनी अपनी सिस्टम की अच्छाइयों-बुराइयों को भी स्वीकार करे ही जी रहा होता है। और ऐसा व्यक्ति ही सच्चा धार्मिक है। वह कहां का भगवान पर भरोसा करने वाला हो गया जो खुद तय करने में लगा है कि मेरी सिस्टम कैसी हो? वह तो अहंकारी हो गया। वह तो भगवान को चैलेन्ज करने वाला हो गया। वह तो कह ही यह रहा है कि तेरी बनायी सिस्टम में गड़बड़ है।

खैर, दुर्भाग्य की बात तो यह है कि दुनिया ऐसे ही अहंकारियों से भरी पड़ी है जो अपनी सिस्टम से छेड़छाड़ भी करते रहते हैं और भगवान पर भरोसा होने की बात भी करते रहते हैं। कहने की जरूरत नहीं कि ऐसे तमाम लोग बिना अपवाद के परेशान हैं। और इसके पीछे कुदरत के कई रहस्य हैं। एक-एक कर जब आप कुदरत के तमाम रहस्यों को समझते चले जाएंगे तो धीरे-धीरेकर यह पूरा विज्ञान आपकी समझ में आता चला जाएगा। अभी तो एकबार फिर इतना समझो कि जब सिस्टम मेरी है ही नहीं, जब सिस्टम भगवान ने दी है, तो उसे अच्छी-बुरी कहने वाला मैं कौन? उसे सुधारने व बिगाड़ने वाला मैं कौन? इतना समझ लोगे तो जीवन आज, अभी और यहीं से एक ऊंची छलांग लगा लेगा। परंतु मैं जन्नत की हकीकत जानता हूँ। मनुष्य की मजबूरी समझता हूँ। गलत बातों और मान्यताओं ने सबको इस

कदर उलझा दिया है कि अब यह पढ़ने-सुनने में जितना आसान लग रहा है, अमल में रखना उतना ही मुश्किल हो गया है। लेकिन एकबार समझना शुरू करोगे तो सब हो ही जाएगा। कुदरत भी आपको थाम ही लेगी।

खैर, फिर वापस उस बात पर आ जाते हैं जो मैं समझाना चाहता हूँ। और वह यह कि आत्मा के निकट जी रहा मनुष्य कैसा भी हो सकता है। वह कुछ भी कर सकता है। पर चाहे जो हो जाए, वह कभी भी बंधी-बंधाई मान्यताओं के दायरे में फिट नहीं होगा, यह तय है। इसलिए यह समझ ही लो कि जमाना आपको अपनी मान्यताओं के आधार पर तौलेगा। उस आधार पर आपको अच्छा-बुरा भी कहेगा। लेकिन आप उस उलझन में मत पड़ो। आप इतना समझो कि आपको जवाब जमाने को नहीं, अपनी आत्मा को देना है। आपको जवाब जगत के परमात्मा को देना है। सो जमाना आपको बुरा कहे, चिंता मत करना। आप तो बस भगवान की निगाह में बुरे बनने से बचना। क्योंकि आपका उद्धार उसी से होगा। जमाने ने तो तमाम आत्मज्ञानियों को भी ना सिर्फ भला-बुरा कहा है, बल्कि सबको क्रूरतापूर्वक सताया भी है। बुद्ध और कृष्ण से लेकर कबीर-मीरा तक, इनमें कोई अपवाद नहीं है। इन्हीं तथाकथित धर्मों और समाजों ने क्राइस्ट को सूली पर लटकाया है और सोक्रेटिज को जहर दिया है। सो पागल जमाने की परवाह मत करो। परवाह अपनी आत्मा के निकट जाने की करो।

जो अपना द्रष्टा आप है
वह कुछ भी कर सकता है।
उसे किसी बात की
कोई गुलामी नहीं...।

मैं यह सब इसलिए कह रहा हूँ कि जमाना जिसे बुरा कहता है उनमें से कई आत्मा के अति निकट जी रहे हैं। वहीं दूसरी ओर यही जमाना जिन्हें मान-सम्मान दे रहा है, उनमें से कइयों की आत्माएं पूरी तरह से सुप्त पड़ी हैं। जमाने को न तो आत्मा के...और ना कुदरत के किसी रहस्य का कुछ

पता है। और फिर जब ऐसे ही आत्मा के निकट पहुंचे लोग प्रगति करते हैं, प्रसन्न जीवन गुजारते हैं, बड़े व महान हो जाते हैं...तो यही जमाना कहता है...कि भलाई का प्रगति से कुछ लेना-देना नहीं है। वे यह समझते ही नहीं कि कुदरत के रहस्य में वास्तविक भला वो है, जो अपनी आत्मा के निकट है। जो अपनी सिस्टम से कम-से-कम छेड़छाड़ कर रहा है। जो सिस्टम से बह रहे जीवन के साथ बहता चला जा रहा है। और ऐसे ही व्यक्तियों का जीवन रोज-रोज बढ़ता जा रहा है। उन्हीं के मन की शांति व प्रसन्नता रोज-रोज बढ़ती चली जा रही है। और जमाने से यह देखा नहीं जाता। बस चैन से जी रहे ऐसे लोगों को भला-बुरा कहकर जमाना अपना फ्रस्ट्रेशन निकालता रहता है। और मैं ऐसे लोगों को हिम्मत देने हेतु ही यह सब कह रहा हूँ। इसलिए मेहरबानीकर चैन की वंशी बजा रहे लोग इन सबसे भ्रमित ना होएं। और ऐसे बेहतर लोगों की सहायता हेतु ही मैं आगे कुछ टेस्ट दूंगा। बस आप अपने को भ्रमित जमाने के आधार पर नहीं, उन टेस्टों के आधार पर चेक कर लो। तुरंत आपको समझ में आ जाएगा कि 'आत्मा' के स्तर पर आप कहां खड़े हैं?

खैर, अभी तो आप यह समझो कि जिन तथाकथित धर्मों, समाजों और जमानों की बात आप कर रहे हैं, वे आठ विवाह करने वाले, अनेक प्रेम करने वाले, रास रचाने वाले, छल व कपट करने वाले, झूठ बोलने वाले, वध करने वाले और युद्ध करवाने वाले 'कृष्ण' के किसी कृत्य को कभी नहीं स्वीकार सकते। लेकिन क्या करें, कृष्ण ने गीता में ऐसी छटा से अपने को ईश्वरों का ईश्वर कहा है कि बेचारे कृष्ण को नकार भी नहीं सकते हैं। सो उन्हें पूजने को मजबूर हैं। उसपर मजे की बात यह कि कोई कृष्ण जैसा कुछ करते दिख जाए तो फिर यही लोग उसे पापी कहने से भी बाज नहीं आते हैं। अब ऐसे डबल-स्टॅन्डर्ड और अज्ञानी "आत्मा व कुदरत के रहस्यों" के बाबत क्या जानते होंगे, समझदार हो तो इतना तो समझ में आ

ही जाना चाहिए। हालांकि इस संदर्भ में यह भी स्पष्ट समझ लो कि कृष्ण ने पूरे जीवन में क्षणभर को भी कोई गलत काम नहीं किया है। जब जो किया, परफेक्ट किया है। और इसीलिए मैंने कृष्ण की सम्पूर्ण जीवन-यात्रा लिखी है। इसमें मैंने कृष्ण ने क्या किया उससे कहीं ज्यादा तवज्जो उन्होंने वह क्यों किया, को दी है। ऐसा इसलिए क्योंकि मेरी दृष्टि में कृष्ण ही एकमात्र व्यक्ति हैं जिन्हें समझकर मनुष्य के ''क्या करना तथा क्या नहीं करना'' बाबत सारे भ्रम समाप्त हो सकते हैं।

कुल-मिलाकर कहूं तो मैं यह सब इसलिए समझा रहा हूँ क्योंकि मुझे उन लोगों की ज्यादा चिंता है जो जमाने के अज्ञान से अपने को बचाकर अपनी आत्मा के निकट पहुंच चुके हैं। मैं चाहता हूँ कि वे भ्रमित जमाने के सर्टीफिकेटों से घबराकर अपना मार्ग छोड़ न दे। साथ ही सहयोग उन लोगों को भी करना चाहता हूँ जिनमें अब भी आत्मा के निकट जाने की संभावना जीवित है। बाकी तो जो अपनी गलत मान्यताओं के गुलाम हैं, जो जिद्दी व अहंकारी हैं... उन्हें तो मैं हमेशा दोनों हाथ जोड़कर नमस्कार करता आया हूँ। और इस नमस्कार का मतलब इतना ही है कि भाई, अब ना तो कोई ज्ञान की बात और ना ही स्वयं भगवान तुम्हारा कुछ भला कर सकता है। तुमलोग तो बुद्ध, कबीर, क्राइस्ट, मीरा जैसों को सताकर ही खुश रहो। और मृत्यु के बाद उन्हें पूजने से संतुष्ट रहो। हमें तो उन्हें न मान देना है और ना उनका अपमान करना है, हमें तो उन महान आत्माओं के जीवन तथा उनके दिये ज्ञान से सीखना है...तथा उस अनुसार जीकर अपना जीवन बनाना है।

खैर, अब मैं सीधे आपको कौन अपनी आत्मा के कितना निकट है और कौन अपनी आत्मा से कितना दूर है, उसके चंद वैज्ञानिक टेस्ट देता हूँ। आप पहले उन बातों को समझें और फिर उस अनुसार अपने को तौलें। तत्पश्चात उन टेस्टों के ज्यादा-से-ज्यादा निकट जाने पर ध्यान दें। साथ ही आज के बाद अन्य मनुष्यों को भी इन टेस्टों के आधार पर तौलना प्रारंभ

करें। जो इस टेस्ट में पास दिखाई दे...उसके निकट जाएं और जो फेल जान पड़े, उससे दूरी बना लें। क्योंकि जब जीना है तो सच्चे व आत्मखोजी के संग ही जीना अच्छा है। गलत लोगों का साथ रहेगा, तो उनका काफी कुछ आपको भी भुगतना ही पड़ेगा। और मैंने अधिकांश लोगों को यह दोहरी मार खाते देखा है। अपना तो वे भुगत ही रहे हैं, लेकिन उससे कहीं ज्यादा गलत रिश्तों से उत्पन्न कष्टों को उन्हें झेलना पड़ रहा है।

अत: हर टेस्ट को अच्छे से समझें। इसे जीवन की सबसे बड़ी परीक्षा के तौरपर लें। और यदि आप अपने को आत्मा के निकट पाते हैं तो फिर बेफिक्र होकर बढ़ते चले जाएं। फिर मानकर चलें कि कुदरत ने आपको थामा ही हुआ है। और कहते ही हैं कि जाको राखे साइंयां मार सके न कोई। अत: पास में साईं को रखो, जमाने को नहीं। अंत में यह निवेदन भी कर ही दूं कि दोनों को बैलेन्स करने की कोशिश कभी मत करना। साईं और जमाना, दोनों कभी साथ में आने वाले ही नहीं हैं।

कौन आत्मा के कितना निकट उसके टेस्ट

जितने हम स्थिर हैं, उतना हम आत्मा के निकट हैं।
और ये जो हम 'अच्छे-बुरे' के नाम पर कंपते हैं
वे सारे कंपन ही हमें अपनी आत्मा से दूर रखे हुए हैं।
समझदार के लिए ''ज्ञान और अज्ञान का भेद''
इस एक सूत्र से स्पष्ट हो गया।

अब हम यह कैसे समझें कि हम आत्मा के कितने निकट हैं या कितने दूर हैं? हम यह कैसे पता लगाएं कि कौन अपनी आत्मा के स्तर पर कहां जी रहा है? और यह जानना और समझना बहुत आवश्यक है क्योंकि जो अपनी आत्मा के जितना निकट होगा, उतना ही वह अपने भाग्य की लाइन पर चल रहा होगा। और भाग्य की लाइन पर चलने वालों को ही सद्‌भागी कहा जा सकता है। और जो अपनी आत्मा से जितना दूर होगा, उतनी ही

उसने भाग्य के विपरीत की दिशा पकड़ रखी होगी। वे ही दुर्भाग्यशाली हैं...। और यह स्पष्ट कर दूं कि यही भाग्यशाली और दुर्भाग्यशाली की एकमात्र परिभाषा है। बाकी आपकी ऊपरी, हवाई या बेतुकी परिभाषाओं से कुदरत का कुछ लेना-देना नहीं है। और यदि भाग्य के रहस्य को समझना चाहते हो तो मेरे द्वारा भाग्य पर लिखी किताब पढ़ लेना। अभी तो इतना समझो कि इस टेस्ट में पास होने पर ही आपका जीवन हसीन रहने वाला है। साथ ही यह भी ध्यान रख लो कि जीवन बनाने हेतु भाग्यशालियों का साथ भी जरूरी है। सिर्फ आपके भाग्यशाली होने से काम नहीं चलने वाला। जीवन बड़ा बनाने हेतु आपके आसपास भी भाग्यशाली लोगों का होना जरूरी है। यदि भाग्यहीनों यानी सुप्त आत्मा वाले लोगों के साथ जी रहे होंगे तो उनके दुर्भाग्य के छींटे आपके दामन तक भी जरूर पहुंचेंगे।

अत: आत्मा से कितनी निकटता तथा कितनी दूरी, यह जानने के मैं जो क्राइटेरिया दे रहा हूँ...उन्हें बार-बार पढ़ना। उनके तराजू पर अपने को अच्छे से तौलना। ज्यादा-से-ज्यादा उसके निकट जाने की कोशिश करना। साथ ही अपने आसपास वालों को भी इन मापदंडों पे तौल लेना। और जितनी जल्दी हो सके, इस क्राइटेरिया में...फिट होने वालों का ही सर्कल बनाना। यह स्पष्ट समझ लो कि जो अपनी आत्मा के जितना निकट होगा, कुदरत के सारे सहयोग उसी मात्रा में उसके साथ होंगे। और ये सब अटल नियम हैं, अत: इन्हें गंभीरता से लेना तथा जितना हो सके इनके निकट जाने की कोशिश करना।

A) नकारात्मकता लंबी नहीं टिकनी चाहिए

जो लोग अपनी आत्मा के निकट हैं उनमें नकारात्मकता लंबी टिकती ही नहीं है। मैं यह नहीं कहता कि उन्हें क्रोध, चिंता या दु:ख बिल्कुल नहीं पकड़ते हैं। परंतु वे लंबे समय तक टिकते नहीं हैं। मानो आपको किसी

नकारात्मकता – आत्मा से दूरी का सबूत

सकारात्मकता आत्मा से निकटता का सबूत है
और नकारात्मकता दूरी का।
आत्मा के निकट जी रहे व्यक्ति को क्रोध, चिंता और दुःख
पकड़ते तो हैं परंतु वे लंबे समय तक टिक नहीं सकते।

पर क्रोध आया या आप किसी से...किसी बात को लेकर नाराज हो गए। चलो, वह तो हो ही गए। समझो यह कि जो अपनी आत्मा के जितना निकट होगा, उसी मात्रा में...उतनी जल्दी उसके क्रोध व नाराजगी दूर हो जाएंगे। अब आप जानते हैं कि कइयों के क्रोध व नाराजगी महीने भर चलते हैं, और कई ऐसे नमूने भी होते हैं जिनके क्रोध व नाराजगी सालों-साल चलते हैं। ऐसे लोगों का आत्मा से कुछ लेना-देना नहीं है। जो आत्मा के निकट होगा, वह घंटे-दो-घंटे में ही फिर सामान्य हो जाएगा। और सामान्य यानी सम्पूर्ण नार्मल। क्योंकि कई ऐसे भी होते हैं जो परिस्थितिवश तो नार्मल व्यवहार करते हैं, परंतु फिर अगले कई सालों तक अपने उसी क्रोध व उसी नाराजगी को टुकड़े-टुकड़े में फिर निकालते रहते हैं। यानी ऊपर से सामान्य होने के बावजूद वे भीतर-ही-भीतर उबल रहे होते हैं। यह सब उन सोयी हुई आत्माओं के लक्षण हैं, जिनका जीवन में कुछ हो ही नहीं सकता है।

ठीक वैसा ही पकड़ी चिंता व पकड़े भय का भी है। यहां भी मैं यह नहीं कहूंगा कि जो आत्मा के निकट हैं उन्हें चिंता या भय पकड़ते ही नहीं हैं। परंतु यहां भी सवाल यही है कि वे कितना टिकते हैं? साथ ही चिंता व भय के मामले में सवाल तो यह भी कि वे कितनी दूर के पकड़े हुए हैं? यानी कि चिंता व भय आज के पकड़े हैं या कल के? और कल के, तो कितनी दूर के? यदि वर्ष-दो-वर्ष बाद की चिंता हो रही है...तो यह जागी हुई आत्मा का लक्षण नहीं है। और यदि चिंता दस-बीस वर्ष बाद की पकड़ रही है, तब तो और बुरी बात है। वहीं यदि स्वर्ग-नर्क की चिंता करते हैं... तब तो अपनी आत्मा को मरा ही जानो। जब अर्जुन स्वर्ग-नर्क की बात करता है तो कृष्ण उससे यही कहते हैं कि ऐसी चिंताएं अज्ञानी करते हैं। उल्टा सच तो यह है अर्जुन कि अपने को पकड़े भय व चिंता के कारण तू इस समय जो भोग रहा है, वही नर्क है। यानी स्वर्ग और नर्क मनुष्य की वर्तमान मानसिक दशा है। मन ने नकारात्मक भाव पकड़े हैं तो हाथोहाथ नर्क

है। मन ने सकारात्मक भाव पकड़े हैं तो हाथोहाथ स्वर्ग है। बाकी कोई और स्वर्ग-नर्क है भी नहीं। परंतु अर्जुन पर शास्त्रों का गहरा प्रभाव था। और कृष्ण को मतलब अर्जुन को युद्ध हेतु राजी करने से था। सो जब अर्जुन कृष्ण की मानसिक स्वर्ग-नर्क वाली बात नहीं समझ पाया तो हाथोहाथ कृष्ण ने बात पलटते हुए कह दिया कि तू चाहे जो समझ रहा हो, पर इतना जान ले कि तेरी वर्तमान सोच तुझे स्वर्ग देने वाली तो नहीं ही है। क्योंकि तेरी वर्तमान सोच में बदलाव लाये बगैर तुझे चैन नसीब होने वाला नहीं है।

होगा, अभी तो हम भगवद्गीता को छोड़ वापस वर्तमान विषय पर आ जाते हैं। गीता तो अठारह अध्याय तक चली थी। सो अभी तो आत्मा के संबंध में इतना समझो कि जिसको जितने लंबे भविष्य की चिंता या भय पकड़ रहे हैं, उतने ही वे अपनी आत्मा से दूर जी रहे हैं। और जिन्हें वर्तमान समस्या के लिए ही चिंता व भय पकड़ रहे हैं, वे अपने को अच्छा-खासा जागा हुआ मान सकते हैं। कुल-मिलाकर कल की...और लंबे कल की चिंता, सोयी हुई आत्मा के लक्षण हैं। और इस बात के पूरे विज्ञान को भी आपको समझना ही होगा। मैं कह ही चुका हूँ कि मैं बात सिर्फ वैज्ञानिक तरीके से करता हूँ। हवा में बात कहने की बजाय हर बात को सिद्ध करने में विश्वास रखता हूँ।

सो, यह समझो कि आत्मा है क्या...? सिर्फ एक द्रष्टा। और द्रष्टा के लिए वह सिर्फ खेल का देखने वाला है। उसके लिए ना तो शरीर ही उसका है और ना ही उस शरीर का जीवन ही उसका है। आत्मा में जीने वाला तो जानता है कि वह हमेशा था, हमेशा है और हमेशा रहेगा। अत: उसका कुछ बनना-बिगड़ना नहीं है। वह जानता है कि जो कुछ बन-बिगड़ सकता है, वह शरीर और उसके जीवन का बन-बिगड़ सकता है। और उसे, उससे कुछ लेना-देना नहीं है। अब समझो यह कि ऐसे व्यक्ति को शरीर या जीवन के साथ कुछ भी क्यों न हो जाए, चिंता या भय पकड़ेंगे ही क्यों?

ऐसे में कहने की जरूरत ही नहीं कि जो इस महान 'आत्मा' के निकट होगा, निश्चित ही वह उसी अनुपात में चिंता व भय कम पकड़ेगा। और जो थोड़ा-बहुत पकड़ेगा, वह भी आजकल के। दूर-दूर के और वर्षों बाद के कभी नहीं पकड़ेगा। और अगले जन्म या स्वर्ग-नर्क की भय व चिंताएं तो वह कभी भी नहीं पकड़ेगा। 'सुप्त आत्मा' का मतलब ही इतना है कि वो अपनी सिस्टम व अपने जीवन को पूरी दृढ़ता से अपना होना मान रहा है। और इसीलिए वह हर ऊंच-नीच से बुरी तरह प्रभावित हो रहा है।

अब मैंने तो आत्मा से निकटता और दूरी का वैज्ञानिक टेस्ट दे दिया। हर बात को लेकर गंभीर हो जाना सिस्टम को अपना मानकर जी रहे होने का सबूत है। वहीं कुछ भी हो जाए पर ज्यादा फर्क न पड़ना, यह द्रष्टा के निकट होने का सबूत है। सो, आप इस क्राइटेरिया के आधार पर अपने को चेक कर लें। यदि आपको अपने परिवार को लेकर या अपने भविष्य को लेकर गहरे भय व गहरी चिंताएं पकड़ती हैं, तो अपने को आत्मा से दूर ही जानो। यदि आपको अपने स्वयं के अपमानित होने पर गहरा क्रोध आता है...या फिर आपके भगवान या धर्म के विपरीत बात करने वालों पर क्रोध आता है, तो भी आप अपनी आत्मा को सुप्त ही मानो। सबूत के तौरपर कहूं तो ऐसे लोगों ने ही क्राइस्ट, सोक्रेटिज और मंसूर को मारा है... तथा ऐसे लोगों ने ही बुद्ध, कबीर और मीरा को सताया है। और यही लोग आज भी संप्रदायों की ठेकेदारी लिए घूम रहे हैं। इन्हें गलती से भी धार्मिक मत समझ लेना।

हालांकि उनकी छोड़ो और आप अपने पर ध्यान दो। चेक करो कि आपको भय और चिंता कितना पकड़ते हैं। वे कितनी देर तक टिकते हैं? और यदि ज्यादा दूर के भय व चिंता पकड़ते हैं तो सावधान हो जाओ। उन्हें आजकल तक समेट लो। इस तरह जीने से भय व चिंता जैसी प्राण लेने वाली माया कमजोर हो जाएगी। विश्वास करो कि जिसने पैदा किया है, वह

जवाबदारी से पालेगा भी। यहां यह नियम भी समझ ही लो कि जैसे ही आप अपनी चिंता त्यागते हैं कि फिर उसी पल से भगवान आपकी चिंता करना शुरू कर देता है। और जिसकी चिंता भगवान करे...उसे फिर भीतर एक भी नकारात्मकता को झेलना ही क्यों पड़े?

अत: यदि आप बच्चों के भविष्य की भी चिंता करते हैं तो भी समझ ही लेना कि आप अभी अपनी आत्मा से काफी दूर हैं। आत्मखोजी तो जानता है कि हर बच्चा परमात्मा की संतान है। जब स्वयं के शरीर और जीवन की चिंता उसे नहीं करनी है...तो अपने बच्चे की चिंता वह कर ही कैसे सकता है? वह जानता है कि मैं अपने बच्चे की चिंता करूंगा तो परमात्मा क्या करेगा? उसकी ऑटोमैटिक चलने वाली न्यायव्यवस्था का क्या होगा?

खैर, अब मैंने जो समझाना था समझा दिया। अब आपको इन सब बातों को समझकर अपनी आत्मा के निकट जाना है। इतना समझ लो कि आत्मा के निकट गए बगैर उद्धार होने वाला नहीं है। सो बाकी जिन हजार उपद्रवों में आप समय व ऊर्जा बर्बाद कर रहे हैं, उन्हें बर्बाद करना बंद कर दो। अपने समय व अपनी ऊर्जा आत्मा से दूरी घटाने पर लगाओ। बाकी सब परमात्मा अपनेआप कर लेगा।

B) क्रोध नाटक होना चाहिए

यह भी एक बहुत बड़ी गलतफहमी है कि आत्मखोजी क्रोध नहीं करते हैं। समय, परिस्थिति व मनुष्यों के व्यवहार अनुसार क्रोध तो उन्हें भी करना ही पड़ता है। उदाहरण के तौरपर अगर कृष्ण के जीवन की बात करें तो उनका तो जीवन ही इतना उलझा हुआ था कि उन्हें कई बार सबको अपना क्रोधित स्वरूप दिखाना पड़ा था। यहां तक कि गीता में भी उन्होंने अपना क्रोधित स्वरूप दिखाया ही है। परंतु उनका हर क्रोध सिर्फ समय की जरूरत

हुआ करता था। एक नाटक हुआ करता था। क्रोध के उचित परिणाम आते ही क्रोध गायब। अगले ही क्षण पूरी तरह सामान्य। क्योंकि नाटक से भरा यह क्रोध सिर्फ सामने वाले को या तो बात समझाने के लिए किया गया होता था या फिर उसे सीधी राह पर लाने हेतु। यानी क्रोध भी अंत में होता तो दूसरों के भले के लिए ही था। ...और यही आत्मखोजी का क्रोध होता है।

दूसरी तरफ सामान्य मनुष्य के सारे क्रोध के पीछे सिर्फ स्वार्थ और अहंकार होता है। वह क्रोध तब करता है जब उसके हित पर कोई हमला होता है। या फिर तब जब उसकी इच्छा या मान्यता के विरुद्ध कोई कुछ कहता या करता है। ऐसा क्यों? क्योंकि वह आत्मा की जगह अपने शरीर, अपने जीवन तथा अपनी मान्यताओं को अपना माने जी रहा होता है। उसे यह समझ ही नहीं है कि उसका शरीर हो या जीवन...दोनों उसके नहीं, कुदरत के निमित्त हैं। उसे यह ज्ञान ही नहीं है कि वह कुदरत और उसके शरीर के बीच चल रहे खेल का 'द्रष्टा-मात्र' है। इसलिए जब भी उसके स्वार्थ या अहंकार पर हमला होता है, वह क्रोधित हो उठता है। फिर जिसने हमला किया होता है, उसपर वह अपना यह क्रोध रह-रहकर निकालता रहता है।

क्रोध आपकी परेशानी नहीं है। आपकी परेशानी यह है कि क्रोध खत्म होने के बाद भी वह आपके भीतर चलता रहता है।

कुल-मिलाकर समझें तो सवाल क्रोध करने या नहीं करने का बिल्कुल नहीं है। सवाल यह है कि क्रोध स्वार्थ में किया जा रहा है या दूसरे की भलाई हेतु? और सवाल यह है कि क्रोध करने के बाद कौन, कितनी जल्दी सामान्य हो रहा है? सो, जो क्रोध करने के बाद भी जितनी जल्दी फिर पूरी तरह से सामान्य हो जाता है, वही उतना अपने को आत्मा के निकट समझे। वहीं जिसका क्रोध जितने ज्यादा दिन टिकता है, उसी मात्रा में वह

अपने को अपनी आत्मा से दूर जाने। और जिनका क्रोध महीनों और सालों चलता है...वे तो समझ ही लें कि उनकी आत्मा पूरी तरह सुप्त पड़ी है। वे तो अपने द्रष्टा की झलक तक से अनजान है। उनके लिए तो सबकुछ उनकी सिस्टम ही है। ऐसे में हर झटके का दर्द उन्हें लंबे समय तक झेलना ही है। और बड़े दु:ख के साथ कहूं तो ऐसी मानसिकताओं वाले व्यक्तियों का जीना क्या और मरना क्या?

खैर, सोचो तो उन लोगों के क्रोध के बारे में भी जिन्होंने मनुष्य को नर्क में तरह-तरह की यातनाएं देने वाली बात कही है। इतना क्रोध व इतना लंबा क्रोध? होगा, आप तो यह शुक्र मनाओ कि अभी आपकी अपनी आत्मा से उनलोगों जितनी दूरी तो नहीं ही हुई है! फिर व्यर्थ के क्रोध व नाराजगियों को गंभीरतापूर्वक लेकर क्यों अपना वर्तमान जीवन नर्क बना रहे हो? जब सिस्टम ही प्रकृति की है तो फिर उसे प्रकृति को सौंपकर खेल का मजा क्यों नहीं लेते हो?

C) न गर्व – न शर्म

किसकी अपनी आत्मा से कितनी निकटता है तथा कितनी दूरी, गर्व और शर्म का आकलन यह जानने का सबसे अक्सीर टेस्ट है। यदि आपको कोई भी कर्म करने के पश्चात गर्व होता है या पछतावा होता है, तो पहले तो यह तय जान लो कि अभी आप एक शुद्ध 'द्रष्टा' नहीं हो। आपकी आत्मा अभी अपनी पूर्णता में प्रकट नहीं है। चलो, अपनी आत्मा पूर्णता में प्रकट होना बहुत दूर की बात है। सो कभी-कभार किसी बात हेतु गर्व होना या कुछ करने के बाद पछताना, यह चलता है। यदि साल में दो-चार बार ही ऐसा होता है, तो आप यह मानकर चल ही सकते हैं कि आप आत्मा के निकट हैं। हां, परंतु वे होने वाले गर्व या पछतावे लंबे समय तक न टिक रहें हो तो...! यदि पकड़ा गर्व या छाया पछतावा महीनों टिकता है...तो

यह समझ ही लो कि अभी आप अपनी आत्मा से बहुत दूर हैं। वहीं यदि बात-बात पर गर्व और शर्म पकड़ते रहते हैं, तब तो जान ही लो कि आप अभी पूरी तरह से बेहोश हैं। अभी आपकी आत्मा पूरी तरह सुप्त पड़ी है। फिर आप में और परम बेहोशी में जी रहे उन पंडित, मौलवी और पादरियों में कोई फर्क नहीं जो बात-बात पर अपनी रथयात्राएं निकालते रहते हैं। इतना गर्व किस बात का? क्या कर लिया है? तोतों की तरह चीजें दोहराने का इतना गर्व कि बैठने हेतु बड़े-बड़े सिंहासन चाहिए! कृष्ण और बुद्ध को तो पूरी मनुष्यता का उद्धार करने के बावजूद कभी गर्व नहीं पकड़ा। एडीसन को जगत रोशन करने के बाद भी किसी गर्व ने कभी नहीं पकड़ा। आपने बिल गेट्स या रतन टाटा को कब गर्व करते देखा?

खैर, वहीं दूसरी ओर सामान्य मनुष्यों को देखो! एक नयी गाड़ी खरीदी नहीं कि तन गए। और गलती से मंदिर-मस्जिद-चर्च हो आए... तब तो पूछो ही मत। ऐसा तन जाते हैं मानो जगत का उद्धार करके आ रहे हों! और यही सब अपनी आत्मा से दूरी के लक्षण हैं। सारे गर्व आपकी बेहोशी और अज्ञानता के सबूत हैं। अब मोहम्मद रफी जैसी आवाज, जो कि हजारों-हजारों सालों में बमुश्किल पैदा होती है, फिर भी वे कितने सामान्य। कोई उनकी तारीफ करे तो भी वे यही कहते थे कि इसमें मेरा कुछ नहीं। यह तो अल्लाह की मुझपर मेहरबानी है। वह चाहता तो यह मेहरबानी किसी और पर कर देता, वह रफी हो जाता। और यह जो मोहम्मद रफी कह रहे हैं, यही आत्मखोजी का सत्य है। आत्मा के निकट जीने वाले जानते हैं कि "सारा महान" कुदरत की मेहरबानी से घट रहा है। वे जानते हैं कि कुदरत की इस हो रही मेहरबानी के वे द्रष्टा-मात्र हैं। वे तहेदिल से जानते हैं कि जो कुछ उनसे हो रहा है, वे सिर्फ उसके निमित्त-मात्र हैं। और यह तय समझो कि ऐसा गहरा अहसास उसे ही हो सकता है जो अपनी आत्मा के निकट है। आत्मा के निकट होने का अर्थ ही इतना है कि मैंने अपनी सिस्टम, अपने

शरीर तथा अपने जीवन को अपना मानना छोड़ दिया। इन्हें अपना मानने का भ्रम त्याग दिया। सबको कुदरत के हवाले छोड़ दिया। अब कुदरत जो चाहे इस सिस्टम से करवा ले, मुझे क्या? मैं तो कुदरत और सिस्टम के बीच का खेल देखूंगा। और ऐसे खेल देखने वाले को सिस्टम कुछ भी करे, काहे का गर्व और काहे की शर्म। यह सारे गर्व और शर्म वे लोग पालते हैं, जो बेहोश हैं। वे ही अर्जुन की तरह पुण्य पे इतराते हैं और पाप से घबराते हैं। घबराना ही पड़ेगा, क्योंकि सिस्टम का होना ही अपना होना माने जो जी रहे हैं। लेकिन आप मेहरबानीकर सिस्टम को अपना मानना धीरे-धीरेकर कम करो। उसे कुदरत को सौंपकर...आप अपनी सिस्टम के निमित्त हो जाओ। फिर न गर्व, न शर्म। यह समझ ही लो कि किसने क्या किया व क्या नहीं, इसका आत्मा की निकटता से कोई ताल्लुक नहीं। कुछ भी करने के बाद गर्व या पछतावा पकड़ रहा है या नहीं, उसी आधार पर आत्मा से निकटता व दूरी तय होती है। उम्मीद है कि आप इस महान विज्ञान को समझ गए होंगे। विज्ञान सीधा और साफ है कि पकड़े गर्व और शर्म सिर्फ इस बात के सबूत हैं कि आपने किया। जबकि बात-बात पर गर्व या शर्म न पकड़ना इस बात का सबूत है कि अभी आप में यह अहसास जिंदा है कि सबकुछ परमात्मा करवा रहा है।

खैर, न समझें हों तो कृष्ण के जीवन के एक उदाहरण से बात को फिर समझाने की कोशिश करता हूँ। क्योंकि जबतक कुछ करने या न करने का धर्म से संबंध बिठाते रहेंगे, आत्मप्राप्ति के मार्ग से भटकते रहेंगे। सो, यह बताओ कि विश्व इतिहास का सर्वश्रेष्ठ ग्रंथ भगवद्गीता कहने के बाद कृष्ण ने क्या किया? महाभारत जैसा विनाशकारी युद्ध लड़ा। चलो, यह तो ठीक है...परंतु उस युद्ध में उन्होंने क्या किया? झूठ बोला, छल किया और वचन तोड़ा। इतना ही नहीं, सत्य बोलने की प्रतिज्ञा लिए जी रहे युधिष्ठिर तक से भी झूठ बुलवा लिया। तो क्या वे पछताए? तो क्या उन्होंने यह सोचा कि इतना महान सत्य कहने के बाद मैंने यह सब क्या कर लिया? इसीलिए कहता

हूँ कि ऐसे कमाल करना बंद करो। कुदरत के सत्यों और उसके रहस्यों की गहराई समझो। क्या करना श्रेष्ठ व क्या करना गलत, इस चक्कर में पड़ो ही मत। तथाकथित धर्मों और समाजों के फैलाये इन मूर्खतापूर्ण जालों से बाहर आओ। क्या करना व क्या नहीं करना, यह कुदरत की महालीला से तय होने दो। वह अच्छा है या बुरा, पाप है या पुण्य, उसकी एनालिसिस करो ही मत। यूं भी कुदरत की चल रही महालीला की एनालिसिस करने वाले आप होते कौन हैं?

खैर, कुछ नहीं तो थोड़ा भगवद्गीता को समझना प्रारंभ करो। यह महान से भी महानतम ग्रंथ है। दुर्भाग्य तो यह है कि लोगों ने इस महान ग्रंथ के भी ऐसे-ऐसे अर्थ निकाल लिए हैं कि पूछो ही मत। यहां तक कि गीता को भी कइयों ने दुकानें चमकाने का सामान बना लिया है। जबकि वास्तविकता में तो भगवद्गीता दुकानें बंद कराने वाला ग्रंथ है। यह तो सत्य की बहती धारा है। ज्ञान की बहती गंगा है। यह तो मनुष्य को उसकी आत्मा के निकट ले जाती है। गीता मनुष्य को सायकोलोजिकली महान बनाती है। उसके मन की छिपी शक्तियों को जगाती है। इस महान ग्रंथ में दुकानें चलाने की बात आ ही कहां से जाती है?

खैर, सोये हुए लोगों को इसके अपने अर्थ निकालने दो। आप तो अभी यह समझो कि गीता में अर्जुन का प्रमुख सवाल क्या है? यही कि युद्ध करने व न करने में क्या श्रेष्ठ है? यही कि मैं युद्ध करूं या न करूं? और कृष्ण क्या कह रहे हैं? कृष्ण कह रहे हैं कि हे अर्जुन, तू युद्ध करेगा और जीतेगा तो तुझे गर्व पकड़ेगा। और एकदिन यह पकड़ा गर्व तुझे मार डालेगा। यदि तू युद्ध करके उसमें हार गया तो मारे गम के तू मर जाएगा। और वहीं यदि तू युद्ध के मैदान से भागेगा तो शर्म से मर जाएगा। यानी कि तीनों ही सूरतों में तेरी तो हार ही होगी। अतः तेरा यह सवाल कि मैं युद्ध करूं या न करूं...गलत है। क्योंकि तू युद्ध करेगा तो भी मरेगा व युद्ध से भागेगा

तो भी मरेगा। बचना चाहता है तो मेरी तरह युद्ध का द्रष्टा बन जा। अपने शरीर के साथ-साथ अपने युद्ध-कौशल्य को भी परमात्मा को समर्पित कर दे। ...फिर उसे तुझसे जो करवाना होगा, करवा लेगा। फिर वह तेरे थकी हजारों को ही क्यों न मरवाए, तो भी तुझे क्या? अरे, फिर तो वह तुझसे पूरी धरती का विनाश ही क्यों न करवा दे, तो भी तू रत्तीभर पाप को प्राप्त नहीं होगा। बस तू तो मेरे इस सत्य वचन पर भरोसा कर कि द्रष्टा को कभी कोई 'पाप' नहीं लगता है।

सो, कुल-मिलाकर यह समझ लो कि जीवन का पूरा खेल इस बात पर निर्भर है कि कितना आप अपनी सिस्टम को अपना मानते हैं और कितना उसे परमात्मा का मानते हैं? परमात्मा का मानेंगे तो फिर सिस्टम कुछ भी करे, आपको न गर्व करने की जरूरत है न शर्म करने की। न तनने की जरूरत है और न पछताने की। ये सारे भाव आप तभी पकड़ते हैं जब सिस्टम को अपना मानते हैं। और जो जितनी जोर से सिस्टम को अपना माने जी रहा है...वही फिर रोज-रोज गर्व और शर्म का अनुभव कर रहा है। ऐसे लोग चाहे जो हो जाए, भीतर से कष्ट में रहेंगे, रहेंगे और रहेंगे। और मेरी दृष्टि में कष्टपूर्ण अहसासों में जीना वह सबसे बड़ा पाप है जो मनुष्य अपने साथ कर रहा है।

D) कर्मों में दृढ़ता जरूरी

कृष्ण गीता में कहते हैं कि हे अर्जुन, यह आत्मा यथार्थ सम्मति देने वाला है। यानी आत्मखोजी के सम्पूर्ण कर्म पूरी दृढ़तापूर्वक निपटते हैं। दृढ़ता यानी संशयों का अभाव। कर्म करते वक्त रत्तीभर कन्फ्यूजन नहीं। अब जो जितना ज्यादा कन्फ्यूज्ड है, वह समझ ही ले कि उतनी ही मात्रा में वह अपनी आत्मा से दूर है। क्योंकि यह कुदरत एक ऐसी अनंत बहती लीला है कि जिसमें एक पल की भी कोई रुकावट नहीं। और जहां रुकावट नहीं,

कर्म करो पर फल की चिंता मत करो

हर कर्म में अपनी दृढ़ता बनाए रखें। हर दृढ़ता को एक-न-एकदिन कुदरत से सही दिशा मिल ही जाती है। दृढ़ता का अर्थ ही है कि फल की चिंता का अभाव। फल की चिंता होगी तो कर्म पूर्ण दृढ़ता से कभी नहीं निपटा पाएंगे।

वहां कन्फ्यूजन कैसा? क्या आपने सूर्य को कभी कन्फ्यूज देखा है? सोचो, यदि पृथ्वी पलभर को कन्फ्यूज होकर ठहर जाए तो क्या होगा? मनुष्यता ही समाप्त हो जाएगी।

सो, कृष्ण कह रहे हैं कि अर्जुन, आत्मखोजी किसी बात को लेकर रत्तीभर कभी कन्फ्यूज नहीं रहते। तेरा इतने कन्फ्यूजन पालना इस बात का सबूत है कि तू इस समय अपनी आत्मा से काफी दूर हो चुका है। लेकिन मेरा विश्वास जान कि पूर्ण दृढ़ता से किये गए हर कर्म में परमात्मा पूरी तरह शामिल होता है। अर्जुन तू तो इस महाभारत की बात कर रहा है, परंतु सुन ले... यदि तू पापियों से भी अधिक पापी होगा, लेकिन दृढ़निश्चयी होगा तो तू धर्मात्मा ही माना जाएगा। क्योंकि परमात्मा के तराजू पर तो दृढ़ता और कन्फ्यूजन ही तौले जा रहे हैं। यह जान ही ले अर्जुन कि कर्मों में पूर्ण दृढ़ता कुदरत के साथ बह रहे मनुष्य को ही आ सकती है। भटका हुआ मनुष्य तो हर कार्य आधे-अधूरे मन से ही करेगा। ऐसा मनुष्य कभी कर्मों में पूरी तरह से डूब ही नहीं सकता है। वह हरहमेशा परिणामों की चिंता में ही उलझा रहेगा।

> *जिसमें अपनी स्वयं की*
> *दृढ़ता नहीं*
> *वह जीवन में कभी*
> *कुछ नहीं कर सकता है।*

खैर, इसी संदर्भ में कृष्ण...आगे कहते हैं कि एक बात और समझ ले अर्जुन कि ये सारे कन्फ्यूजन मनुष्य के द्वंद्वों को आभारी हैं। पाप-पुण्य, अच्छा-बुरा, लाभ-हानि, तेरा-मेरा, अपना-पराया के तराजू पर मनुष्य जबतक कर्मों को तौलता रहेगा, तबतक वह हर कर्म को लेकर कन्फ्यूज रहेगा। क्योंकि तबतक वह इन द्वंद्वों को आधार बनाकर स्वयं निर्णय करता रहेगा। और जबतक वह सारे निर्णय स्वयं करेगा तबतक वह दृढ़तापूर्वक अपनी सिस्टम को अपना माने जीता भी रहेगा। लेकिन जो आत्मखोजी

सिस्टम को अपना मान ही नहीं रहा है, वह पाप-पुण्य, अच्छे-बुरे, तथा लाभ-हानि जैसे द्वंद्वों में फंसकर कुछ भी करने हेतु कन्फ्यूज्ड होए ही क्यों? उससे तो पाप-पुण्य या लाभ-हानि की चिंता किये बगैर करने योग्य तमाम कर्म दृढ़तापूर्वक होते ही रहते हैं। अत: आप भी यह नियम समझ ही लो कि जिसको जितने कम कन्फ्यूजन, उतना वो अपनी आत्मा के निकट। क्योंकि उतनी ही उसके कर्मों में दृढ़ता। दूसरी ओर जिसे हर बात को लेकर कन्फ्यूजन, उसकी आत्मा सुप्त।

कुल-मिलाकर इतना समझ लें कि दृढ़ता एक चमत्कारिक गुण है। यह सीधे मनुष्य को आत्मा के निकट ले जाता है। अत: दृढ़तापूर्वक कर्म करने पर यानी परिणाम निगाह में नहीं होने पर आप क्या कर रहे हैं और क्या नहीं, उसका कोई महत्त्व नहीं रह जाता है। और यह एक गहरा विज्ञान है। और इसे मैं वाल्मीकि के उदाहरण से समझाने की कोशिश करता हूँ। वे दृढ़तापूर्वक डाके डाला करते थे। और इसे लेकर उन्हें रत्तीभर कोई कन्फ्यूजन नहीं था कि वे सही कर रहे हैं या गलत। वे अपने लुटेरे होने के कर्म से पूरी तरह संतुष्ट थे। और इसके पीछे का विज्ञान यह कि ऐसी दृढ़ता को सिर्फ सही दिशा देने की ही बात होती है। और देखो, सही दिशा मिलते ही वे महान ऋषि वाल्मीकि हो गए।

चलो, यह तो पुरानी बात हो गई। सो, आधुनिक उदाहरण के सहारे बात समझाने की कोशिश करता हूँ। अब यह तो सबको पता है कि स्टीव जॉब्स बचपन में कितने शैतान थे। लेकिन उन्हें अपनी शैतानियों में रत्तीभर बुराई नजर नहीं आती थी। फिर एकदिन उनकी स्कूल टीचर हिल द्वारा उनकी इस दृढ़ता को सही दिशा मिली। बस फिर क्या था? दृढ़ता को सही दिशा मिलते ही वे एक सफल स्टीव जॉब्स हो गए। सो कृष्ण अर्जुन से यही कह रहे हैं कि तू बार-बार पूछ रहा है कि धर्मात्मा के लक्षण क्या होते हैं? तो सुन, धर्मात्मा अपने हर कर्म में मेरी ही तरह दृढ़निश्चयी होता है। मैं कोई गीता

ही दृढ़निश्चय से कह रहा हूँ...ऐसा नहीं है। मैंने राधा से प्यार भी इतनी ही दृढ़ता से किया था। और इतना और समझ ले अर्जुन कि मैं राधा के प्यार में दृढ़तापूर्वक न डूबा होता तो आज दृढ़तापूर्वक ना तो यह गीता कह पाया होता और ना ही आज महाभारत के इस युद्ध में पूरी दृढ़तापूर्वक खड़ा होता। सो अर्जुन यह समझ ही ले कि जहां पूर्ण दृढ़ता...आत्मा का दर्पण है, वहीं कन्फ्यूजन...अहंकार का सबूत है।

खैर, यहां एक बात और गौर कर लें कि कोई मनुष्य पैदाइशी कन्फ्यूज्ड नहीं होता है। मनुष्य के मन व हृदय में सारे कन्फ्यूजन तथाकथित धर्मों व समाजों की द्वंद्व से भरी शिक्षाओं के कारण पैदा हुए हैं। अब समझदार हो तो, इस इशारे से समझ जाओ। मैंने तो जो और जितना संक्षेप में समझाया जा सकता था, समझा दिया। आप तो बस इतना ध्यान रखें कि जितने ज्यादा हो सके उतने कर्म दृढ़तापूर्वक सलटाने की कोशिश करें। यदि कर्म बिना फल की चिंता के निपटा पाते हैं तो फिर ऐसे में दुनिया उन कर्मों को किस निगाह से देखती है, उसकी चिंता न करें। भरोसा बहते कर्मों की दृढ़ता पर रखें। हर कर्म में अपनी दृढ़ता बनाए रखें। हर दृढ़ता को एक-न-एकदिन कुदरत से सही दिशा मिल ही जाती है। कइयों को मिली है, आपको भी मिल जाएगी। सो, मेहरबानीकर दृढ़ता के इस विज्ञान को अच्छे से समझ लेना। यह एक गहरी सायकोलोजी है। दृढ़ता का अर्थ ही है कि फल की चिंता का अभाव। फल की चिंता होगी तो कर्म पूर्ण दृढ़ता से कभी नहीं निपटा पाएंगे। सच कहूं तो कर्म करो पर फल की चिंता मत करो का सायकोलॉजिकल अर्थ ही यह है कि कर्म दृढ़तापूर्वक करो।

E) स्वयं को पूर्णत: प्रकट करो

हर आत्मखोजी का जीवन एक खुली किताब की तरह होता है। वे कभी तथाकथित धर्मों, समाजों, परिवारों, ज्ञानों या मान्यताओं के भय

से अपने को या अपने कर्मों को छिपाते नहीं हैं। न महावीर ने अपनी नग्नता छिपाई न बिल गेट्स ने अपनी नास्तिकता। ...जरूरत ही नहीं है। छिपाना उन्हें पड़ता है जो अपने कर्मों के कर्ता हैं। छिपाना उन्हें पड़ता है जो सिस्टम को अपना माने बैठे हैं। छिपाना उन्हें पड़ता है जिन्होंने तथाकथित धर्मों, समाजों व मान्यताओं को अपने पर शासन करने दिया है। कृष्ण को ही देख लो, उन्होंने क्या कुछ नहीं किया, पर क्या उनमें से कुछ भी छिपाया? सो जिसका सबकुछ प्रकट है, जो जैसा है वैसा ही स्वयं को पूरेपूरा दिखा रहा है...वही आत्मा के निकट है। और जो अपना सबकुछ यह मानकर छिपाये हुए है कि जमाना इसे बुरा समझता है, वह आत्मा से दूर है। वहीं जो है कुछ तथा प्रदर्शित कुछ और करने का नाटक कर रहा है, उसे तो आपलोग आत्महीन ही समझो। समझो यह कि रासलीला में बुराई नहीं है...परंतु हां, दिन में रासलीला के खिलाफ प्रवचन देने और रात को रासलीला रचाने में अवश्य बुराई है। मुंह में राम व बगल में छूरी रखने में बुराई है।

सो यदि आप वाकई में आत्मिक शक्तियों के निकट जाना चाहते हो तो हो सके उतना जैसे हो, वैसे दिखो। कौन क्या कहता है, उसकी परवाह हो सके उतनी कम करो। बस उसी क्षण से आपका आत्मबल दृढ़ होता चला जाएगा। महत्त्व कौन...क्या कहता है का नहीं, बल्कि आप वास्तव में कैसे हैं, इसका है। और फिर इस बात का सीधा विज्ञान समझो। जब सिस्टम आपकी है ही नहीं तो उसमें बुराई खोजकर उसे दबाने वाले या उसका कुछ छिपाने वाले आप कौन होते हैं? सिस्टम को परमात्मा का मानने वाले ऐसी हरकत नहीं करते हैं। वे यह मानकर ही चलते हैं कि परमात्मा ने जैसा बनाया है, सोच-समझकर ही बनाया है। फिर इसमें छिपाने वाली बात ही क्या है? मुझे तो सिर्फ देखना है कि उसने सिस्टम को कैसा बनाया है? बस ऐसे भरोसे से जीने वाला ही अपने को पूर्णत: प्रकट कर सकता है। और यही स्वयं को पूर्णता से प्रकट करने का विज्ञान है।

सच तो यह है कि अच्छा दिखने की बजाय जो सच्चा दिखने पर ध्यान देगा, वह जल्द ही अपनी आत्मा के निकट जा पहुंचेगा। महत्त्व इस बात का नहीं है कि आप कैसे हैं? महत्त्व इस बात का है कि जैसे हैं, सबको मालूम है या नहीं। यदि आप छिपा रहे हैं तो यह छिपाना आपको हजार जगहों से भारी पड़ेगा। इसके पीछे भी प्रकृति का अपना गहरा विज्ञान है। संक्षेप में कहूं तो कुछ छिपाते या दबाते ही मनुष्य, अपने भाग्य की रेखा से भटक जाता है। ऐसे भटके लोगों को ही हम पाखंडी कहते हैं। और गौर से देखोगे तो समझ भी जाओगे कि यह पाखंड ही यहां सबको भारी पड़ रहा है।

आप किसी भी महान व्यक्ति का जीवन पढ़ लें। दृढ़तापूर्वक जीने के कारण हरेक के जीवन में जमाने ने पचासों 'ऐब' निकाले ही होंगे। यही जमाने का काम भी है। फिर बड़ी सफलता पाने पर एकदिन इसी जमाने ने उन्हें सलाम भी किया है। यह भी जमाने की अपनी फितरत है। इसीलिए कह रहा हूँ कि पूर्ण ईमानदारी ही आपको अपनी आत्मा के निकट ले जा सकती है। बाहरी दबावों, प्रभावों व ऊटपटांग मान्यताओं के कारण पाखंड पर मत उतर आना, जीवन बीत जाएगा पर हाथ कुछ नहीं लगेगा। और यह मैं जो कुछ भी कह रहा हूँ...उन सबके पीछे प्रकृति के गहरे रहस्य छिपे हुए हैं। सो चाहे जो कर लो...पर जब तक पाखंड है, उद्धार होने वाला नहीं है।

F) आत्मा खुद को ही फॉलो करती है

एक-एक कर मैं आपको वे सारे टेस्ट दे रहा हूँ जिससे आपको यह पता चल सके कि आप आत्मा के स्तर पर कहां खड़े हैं? आपको यह मालूम हो सके कि आपकी आत्मा जागृत है या सुप्त पड़ी है। और यह इसलिए जरूरी है कि जीवन सिर्फ जागृत आत्माओं का ही बनेगा। अत: मैं आत्मा की जागृतता को पहचानने का एक और टेस्ट दे रहा हूँ। इस टेस्ट का वैज्ञानिक तथ्य मैं एक सवाल पूछकर समझाने की कोशिश करता हूँ।

सो यह बताओ कि वह आत्मा, जिससे यह सम्पूर्ण जगत चलायमान हो, वह क्या किसी को फॉलो कर सकती है? प्रश्न ही नहीं उठता है। दूसरों को फॉलो करना या दूसरों को तवज्जो देना, यह सिस्टम का काम है। क्योंकि वह प्रकृति के महान रहस्यों से अनजान है। परंतु आत्मा, जिसमें स्वयं में सारे रहस्य गुंथे हुए हैं, भला वह क्यों यहां-वहां की सुनेगी? उसे क्या मतलब कि किसने क्या कहा है? वह तो हमेशा अपना ही राग अलापेगी।

अत: यदि दूसरों की कही बातों से आपके कर्म प्रभावित हो रहे हैं तो जान लो कि अभी आपकी आत्मा पूरी तरह से सक्रिय नहीं है। क्योंकि आत्मा, जो कि पूरी तरह से मुक्त है, भला उसपर किसी का प्रभाव पड़ ही कैसे सकता है? इसलिए इसे एक वैज्ञानिक टेस्ट के तौरपर लेना। जिसपर जितना दूसरों की बातों का प्रभाव है, वह उतना अपनी आत्मा से दूर है। यही बात कृष्ण गीता में अर्जुन को भी समझा रहे हैं। वे कहते हैं कि हे अर्जुन, आत्मा अपने को ही फॉलो करती है। अत: तू यदि अपनी आत्मा से निर्णय करना चाहता है तो शास्त्र क्या कहते हैं, उससे ऊपर तुझे उठना ही पड़ेगा।

> *ऐतिहासिक बनना चाहते हो?*
> *बड़ा आसान है...।*
> *दूसरों को फॉलो करना*
> *बंद कर दो।*

खैर, इस विज्ञान को थोड़ा और समझें। आत्मा...कुदरत ही है। और कुदरत सिर्फ क्रिएटिव है। और क्रिएटिव का अर्थ है, कुछ नया। सो जो आत्मा के जितना निकट पहुंचेगा उतना ही वह हमेशा कुछ नया करेगा, नया कहेगा तथा अपने एक नये ही तरीके से जिएगा। और यही मनुष्यजीवन का मकसद भी है। यही आत्मा पाने का महत्त्व है। मनुष्य यहां किसी को फॉलो करने नहीं, बल्कि कुदरत का बख्शा अपना ही एक नया क्रिएटिव राग अलापने आया होता है। और जो स्वयं को दूसरों के प्रभावों से बचाकर अपना राग अलापना शुरू हो जाता है, वह स्वत: ही अपनी आत्मा के निकट

पहुंचता चला जाता है। फिर एकदिन वह अपनी आत्मा के इतना निकट पहुंच जाता है कि उसके भीतर से कुदरत की क्रिएटिविटी बह जाती है। यानी उससे कुछ ऐसा हो जाता है जो आजतक कभी किसी ने नहीं किया होता है। फिर वह क्रिएटिविटी चाहे विज्ञान के क्षेत्र में हो या कला के। वह चाहे व्यवसाय के क्षेत्र में हो या ज्ञान के, कोई फर्क नहीं पड़ता है। और यही सभी महान लोगों की महान उपलब्धियों का राज है।

कुल-मिलाकर समझें तो विश्व दो प्रकार के मनुष्यों से भरा पड़ा है। एक वह जो दूसरों को फॉलो करने की राह पर चल पड़ते हैं, और एक वह जो अपनी स्वयं की राह पकड़े चल रहे होते हैं। जो दूसरों को फॉलो करते हैं वे रोज-रोज अपनी आत्मा को ढकते चले जाते हैं...और जो स्वयं को फॉलो करते हैं वे अपनी आत्मा के निकट पहुंचते चले जाते हैं। और फिर ऐसे अपने हिसाब से यानी कि बिना किसी व्यर्थ के बाहरी दबाव या प्रभाव से जी रहे लोगों के भीतर से एकदिन कुदरत का भेजा कोई क्रिएटिव चमत्कार हो जाता है। और वही चमत्कार उसे महान बना देता है। कहने की जरूरत नहीं कि बचे हुए लोग जीवनभर ऐसे महान लोगों को फॉलो करते रह जाते हैं। अत: जागो और समझो कि मनुष्य यहां किसी को फॉलो करने नहीं आया है। हरकोई यहां मनुष्यता के उद्धार हेतु अपना ही एक नया राग अलापने आया है।

खैर, यह बताओ कि आप जिन्हें भगवान कहते हैं...वे कौन हैं? वे वो लोग हैं जिन्होंने अपने राग अलापे हैं। कृष्ण ने वेदों तथा उपनिषदों को नहीं दोहराया है। उन्होंने भगवद्गीता के रूप में अपना ही एक नया राग गाया है। बुद्ध या क्राइस्ट ने किसी को फॉलो नहीं किया है। उन्होंने समय के हिसाब से अपना एक नया ही राग अपनाया है। कबीर ने भी अपने ही एक नये अंदाज में नयी बातें कही हैं। कहने का तात्पर्य यह कि जो भी दोहराने में लगा है, वह सोया हुआ है। और जो जितना दोहराएगा, उतना सोता चला जाएगा। जो गीता दोहराएगा, वह भटक जाएगा। जो गीता को समय के अनुसार

ढाल लेगा, वह तर जाएगा। परंतु चूंकि विश्व दोहराने वालों से भरा पड़ा है, इसीलिए परेशान है। उसपर मजा यह कि यहां जो जितना दोहरा रहा है...उसे उतना ज्यादा धार्मिक माना जा रहा है। जबकि सच्चे आत्मज्ञान के तल पर वह सिवाय एक अच्छे तोते के और कुछ नहीं है। ऐसा नहीं है कि कबीर के दोहों में गीता से भिन्न बातें बह रही हैं। बात तो वही है, सिर्फ अंदाजे बयां वक्त के साथ बदला है। सत्य तो एक ही है, लेकिन बावजूद इसके वह सत्य तभी सत्य है, जब उसे वक्त के अनुसार ढाल दिया गया हो।

अभी मैंने आत्मखोजी के जीने के तरीके की ओर इशारा कर दिया। अब तय आपको करना है कि आपको कबीर के दोहे दोहराना है या अपने ही नये दोहे भीतर से निकालना है? इसे नियम ही जानो कि मंत्र दोहराने वालों के भीतर से अपने स्वयं के 'मंत्र' कभी नहीं बहते हैं। और निर्णय आपको करना है कि आपको राइट ब्रदर्स ने हवाई जहाज कैसे खोजा यह पढ़ते रह जाना है या फिर कोई नयी चीज खोजनी भी है? नया करना है तो आत्मा के निकट जाना होगा। और आत्मा के निकट जाना हो तो अपना ही जीना पड़ेगा, अपना ही सोचना पड़ेगा व अपना ही करना पड़ेगा। अपने जीवन को तमाम बाहरी बातों व प्रभावों से बचाते हुए कुदरत को सौंप देना पड़ेगा। क्योंकि तभी कुदरत उसे अपने हिसाब से चलाएगी और उससे जो करवाना होगा, करवा लेगी। और यह तय जानो कि कुदरत जो भी करवाएगी, महान ही करवाएगी।

समझते क्यों नहीं कि यह अच्छे-बुरे, पाप-पुण्य व अपने-पराए के सारे भेद आपको हैं, कुदरत को नहीं...। इसलिए जो सिस्टम कुदरत चलाएगी उसे वह ऐसे बेकार के बंधनों के हिसाब से नहीं ही चलाएगी। उसके लिए तो सबकुछ उसका ही बनाया हुआ है। ऐसे में वह किससे भेद करे और क्यों भेद करे? किसे पराया व बुरा माने व क्यों माने? मैंने तो आत्मा के "मुक्त व्यवहार" की ओर इशारा कर दिया। अब आगे उस ओर की यात्रा तो आपको ही करनी है।

G) आत्मा को सिर्फ आत्मीय भावों में रस

कोई यहां असफल जीवन गुजारना नहीं चाहता है। सफल जीवन गुजारने हेतु हरकोई पूरेपूरा प्रयास भी करता है। लेकिन सवाल यह कि यह सफलता होती क्या है? तो टाइम और स्पेस के सिद्धांत से समझाऊं तो मन का सकारात्मक भावों में बने रहना यह टाइम के अनुसार सफलता है...तथा बाहर बड़ा क्रिएटिव जीवन जी पाना, यह स्पेस के आधार पर सफलता है। अब सवाल यह खड़ा होता है कि जीवन को सफल बनाने हेतु तवज्जो किसे दें? यानी कि पहले सकारात्मक भावों में जीने को तवज्जो दें या पहले जीवन को बाहर फैलाने का प्रयास करें? तो इस संदर्भ में यह स्पष्ट समझ लो कि जो अपनी सिस्टम से प्रभावित होगा वह हमेशा जीवन को बाहर से फैलाने में रस लेगा। वह जीवन बनाने हेतु अपने आनंद, मस्ती, शांति व सुकून की कुर्बानियां देता रहेगा। लेकिन जो आत्मा के निकट होगा, वह हमेशा तवज्जो अपने आनंद, शांति और सुकून को देगा। इसकी कीमत पर वह कभी कोई बाहरी उपलब्धियां नहीं चाहेगा। और गौर से समझें तो दुनिया में जीवन बनाने की यही दो विधियां प्रचलित हैं।

अब ऐसे में यह कहने की जरूरत नहीं कि अपने आनंद और शांति मारकर भी बाहर धन और मान पाने वाली शिक्षाओं से मनुष्य ज्यादा आकर्षित है। संतोष की बात करने वाले को यहां पागल समझा जाता है। आश्चर्य तो यह है कि धर्म-प्राप्ति व ईश्वर-प्राप्ति हेतु भी मनुष्य को अपने आनंद और शांति की कुर्बानी देना ही सिखाया जा रहा है। परंतु यह स्पष्ट समझ लो कि यह सब भटकाने वाली बातें हैं। इनसे न धन मिलेगा न धर्म। इस तरह आनंद और शांति की कुर्बानी देकर बाहर से जीवन बनाने की कोशिश तो मनुष्य युगों से करता आ रहा है। परंतु कितनों को बड़ा जीवन नसीब हुआ तथा कितनों ने आत्मा पायी? शायद ही किसी ने...? सो जीवन का सत्य तो यह है कि यहां सारी सफलताएं उन्हीं लोगों ने पायी हैं जो आनंद

कौन सफल – कौन असफल

जीवन का सत्य तो यह है कि यहां सारी सफलताएं उन्हीं लोगों ने पायी हैं जो आनंद, शांति और मस्ती के खोजी रहे हैं। धन और धर्म पाने हेतु कष्ट उठाने वालों ने तो सिर्फ असफलता का स्वाद चखा है।

और शांति के खोजी रहे हैं। जिन्होंने धन हो या धर्म, कुछ भी पाने हेतु कष्ट उठाने से इनकार किया है। बड़ी सफलताएं यहां उन्होंने ही पायी हैं जिन्होंने अपनी मस्ती के लिए कार्य किये हैं।

खैर, इस पूरे विज्ञान के पीछे कई रहस्य छिपे हुए हैं। अभी तो आप इतना समझो कि जो अपनी आत्मा के निकट होगा वह मायावी जगत में नहीं ही उलझेगा। बड़ा मकान या झूठा मान-सम्मान निश्चित ही मायावी जगत के ही हिस्से हैं। क्योंकि यह सब शरीर की मृत्यु के साथ बिछड़ जाने वाले हैं। इनमें रस सिस्टम को हो सकता है, आत्मा को नहीं। आत्मा को चाहिए वे चीजें, जो हमेशा साथ रहे। और मन के आनंद, मस्ती व सुकून...वे भाव हैं जिनसे मिली शक्तियां जन्मो-जन्मांतर तक मनुष्य का साथ निभाती हैं। अत: जो आत्मा के निकट होगा, वह इन मीठे भावों का ही खोजी होगा।

कुल-मिलाकर इतना स्पष्ट समझ लो कि जो आनंद और शांति की खोज में लगा रहेगा वह लगातार अपनी आत्मा के निकट पहुंचता चला जाएगा। और आत्मा के निकट पहुंचे ऐसे मनुष्य के जीवन में एकदिन कुदरत की शक्तियां महान कार्य कर जाएंगी। रातोंरात वह बाहर जमानेभर के उपद्रव मचा रहे मनुष्यों से बहुत आगे निकल जाएगा। मैंने तो अपनी तरफ से सही दिशा में बढ़ने की ओर इशारा कर दिया। अब आगे मायावी जरूरतों के जाल से निकलकर अपने को आत्मिक जरूरतों में स्थित करना आपका काम है। ऐसा कर लोगे तो कुछ बड़ा कर जाओगे, वरना बड़ा करने की आशा में जीवन के धक्के खाते रह जाओगे। और फिर मैं तो कहता हूँ कि बाहर धन या धर्म मिले या नहीं, क्या फर्क पड़ता है? सोचो यह कि जीवन आनंद, मस्ती और शांति से गुजर जाए, तो क्या उससे बड़ा भी कोई धन या धर्म हो सकता है? बात अब भी समझ में नहीं आई तो यह तय जानो कि फिर आज के बाद भगवान भी आपका हाथ थामने से मना कर देगा।

आत्मा के टेस्ट में कोई ABCD नहीं

जिसकी चेतना जागी हुई है... उसके किसी कर्म में रत्तीभर गड़बड़ नहीं है। और सोई हुई चेतना से किए गए कार्य परमात्मा को स्वीकार नहीं है। इसलिए कार्य के मामले में 'क्या कर रहे हो' नहीं बल्कि 'कौन कर रहा है' यह महत्वपूर्ण है।

अब मैंने अपनी ओर से आत्मा से निकटता या दूरी समझने के सात आसान टेस्ट बता दिये। यह ध्यान रखना कि यह आत्मा को जानने के लिए दिये गए टेस्ट हैं। यह कोई ऊपरी, हवाई या बेतुका ज्ञान नहीं है जिसमें तरह-तरह के भेद किये जा सकते हों। यह तो एक सच्चा विज्ञान है। और विज्ञान का तो अर्थ ही यह है कि वह बिना भेद के लागू है। पानी को सौ डिग्री पे भाप बनना है तो उसे यह धरती ही नहीं, चांद व मंगल पर भी सौ डिग्री पर भाप बनना ही है। मंदिर और मस्जिद ही नहीं, घर व मदिरालय में भी उसने सौ डिग्री पर भाप बनना ही है। यह ऐसा ज्ञान नहीं है

जो इमारतों-इमारतों में भेद करे? यह तो वह विज्ञान है जिसमें इमारत हरहाल में सिर्फ 'इमारत' है। वह अच्छी-बुरी या तेरी-मेरी...कतई नहीं है।

सो, मैंने आत्मा से निकटता या दूरी समझने के जो टेस्ट दिये हैं, वे पूरी तरह से कुदरत के विज्ञान पर आधारित हैं। अत: उनमें कोई ABCD यानी कि भेद नहीं है। यदि गर्व आत्मा से दूरी होने का सबूत है, तो है। फिर ऐसा नहीं है कि अपनी डिग्री पर किया गर्व झूठा व अपने धर्म पर किया गर्व अच्छा। नहीं..., दोनों ही गर्व बराबरी पर गलत भी हैं व खतरनाक भी। सो अभी मैंने आत्मा के तलपर अपने को परखने के जो सात टेस्ट दिये हैं, आप मेहरबानीकर उनमें कोई भेद या ABCD मत खोज लेना। वरना फिर भटक जाओगे। यदि मोह बुरा है तो बुरा है, फिर वह अपना या अपने बच्चे का हो या फिर वह अपने धर्म या अपने भगवान का हो। यह समझ ही लो कि सवाल मोह का है, बच्चे या अपने भगवान का कतई नहीं।

खैर, सौ बातों की एकबात यह कि इतनी सटीकता से टेस्ट करोगे तो ही अपना सही आकलन कर पाओगे। और सही आकलन कर पाओगे तो ही सही दिशा में बढ़ पाओगे। तथा सही दिशा में बढ़ पाओगे तो ही जीवन बनेगा। वरना भेदभाव व पक्षपातों के तराजुओं पर तौलोगे तो बेवजह खुश होकर रह जाओगे। बिना कारण अच्छे इन्सान होने का गुमान लिए फिरते रह जाओगे। लेकिन जीवन खुशफहमी पालने से नहीं, बल्कि वास्तविकता में आत्मा के निकट जाने से बनेगा। यह कोई सांप्रदायिक बातें नहीं जिनमें दिन में चोरी करने के बाद शाम को मंदिर-मस्जिद-चर्च हो आने से मामला सलटा दिया जाता हो। यह हवाई विज्ञान नहीं कि जिसमें पाप करने के बाद गंगा स्नान करने से बात निपट जाती हो। यह एक वास्तविक विज्ञान है... तथा इसे विज्ञान के तरीके से लोगे, तो ही बात बनेगी।

चलो, जब इतनी बात चली है तो एक अंतिम महत्त्वपूर्ण बात और कह दूं। सच तो यह है कि मनुष्यों ने अपने हिसाब से पाप-पुण्य तथा

अच्छे-बुरे की जो सूचियां बना रखी हैं उससे गलत काम होना बंद नहीं हो जाते हैं। प्राय: तो पुण्य के नाम पर ज्यादा पाप होते हैं तथा अच्छाइयों के भ्रम में मनुष्य से ज्यादा बुराइयां हो रही हैं। कुछ जान-बूझकर और कुछ अनजाने। और यह सब तबतक होता ही रहेगा जबतक मनुष्य सिस्टम को अपना माने जीता रहेगा। क्योंकि जबतक मनुष्य सिस्टम को अपना मानता रहेगा तबतक वह उसे बचाने की भी कोशिश करेगा और उसे सजाने-संवारने के प्रयास भी करेगा। और इसी चक्कर में कौन कितने गलत कार्य कर जाता है इसका कोई अंदाजा यहां किसी को नहीं है।

सो इस बात का सीधा विज्ञान क्यों नहीं समझते कि जबतक स्वार्थ रहेगा, तबतक मनुष्य अपना स्वार्थ साधने हेतु अनेकों को नुकसान पहुंचाता ही रहेगा। और यह दूसरों को नुकसान पहुंचाना ही एकमात्र पाप है। इससे छुटकारा उसे ही मिल सकता है जो सिस्टम को अपना मानना छोड़ दे। उसके बगैर सारी बातें बेकार व हवाई ही सिद्ध होगी। क्योंकि मनुष्य सिस्टम को अपना मानना छोड़े तो वो कुदरत से चलायमान हो। और कुदरत से कुछ गलत होने का सवाल ही नहीं है। आपकी छोटी व नजदीकी सोच को यह बात समझ में आए या न आए, कुदरत से बह रहे कर्मों से अंतिम परिणाम में कभी कुछ गलत होता ही नहीं है। इसलिए ध्यान रख लेना कि क्या किया, इससे कभी अच्छाई-बुराई के निर्णय मत ले लेना। अच्छा किया या बुरा, इसका निर्णय सिर्फ और सिर्फ ''किसने किया'' पर निर्भर है। कहने का तात्पर्य यह कि कृष्ण और बुद्ध कुछ भी क्यों न करे, उनसे कभी कुछ गलत नहीं होने वाला। क्योंकि वे सिस्टम को अपना माने जी ही नहीं रहे हैं। और जब सिस्टम ही अपनी नहीं तो गलत हो कैसे? वहीं दूसरी ओर जो जितनी दृढ़ता से सिस्टम को अपना माने जी रहे हैं वे कुछ भी क्यों न करें, उनसे कभी कुछ ठीक होने वाला नहीं है। क्योंकि मनुष्य की सारी बुराइयों की जड़ 'स्वार्थ' है। बस यह एक समझ भी जगा लोगे तो भी अनेक भ्रमों से

छुटकारा पा लोगे। फिर हर बात में ABCD के भेद कर भटकोगे नहीं। फिर समझ जाओगे कि गर्व हरहाल में गलत ही है, फिर वो गाड़ी पे करो या धर्म पे...कोई फर्क नहीं पड़ता।

आत्मा दर्पण है

*ईमानदारी मनुष्य का सबसे बड़ा गुण है।
और यह ईमानदारी क्या है? एक वाक्य में कहा जाए तो
अपने मन का सत्य जगजाहिर करने से बड़ी
ईमानदारी कोई नहीं है। बस, अब सारे सफल और
महान लोगों की बायोग्राफी एकबार फिर से पढ़ लेना।*

आत्मा की संरचना ही ऐसी है कि वह सब जानती है। क्योंकि वह सिर्फ एक देखने वाली है। इसलिए कुदरत की लीला हो या मनुष्य के खेल, उससे कुछ छिपा नहीं है। तभी तो ज्ञानी कहते हैं कि मनुष्य को सीखने की नहीं, जागने की जरूरत है। क्योंकि जागते ही कुदरत का पूरा ज्ञान उसके भीतर स्वत: ही उतर जाता है। यही कारण है कि सारी सच्ची शिक्षाएं मनुष्य को जगाने का प्रयास करती हैं, सिखाने की नहीं।

खैर, अभी कुदरत की लीलाओं को छोड़ सीधे मनुष्य की लीलाओं पर आ जाते हैं। क्योंकि तरह-तरह के खेल दिखाने में मनुष्य कुदरत से भी दो कदम आगे है। जो है, वह तो वो कभी दिखाता ही नहीं है। लेकिन वह

आप 'आप' कब बन सकते हो?

आप यहां 'आप' बनने आए हैं
और आप... 'आप' तभी बन सकते हैं
जब बाहर की कोई भी फोर्स
आपको प्रभावित नहीं कर रही हो।

यह नहीं जानता कि इस खेल से कुछ भी हासिल नहीं हो रहा है। क्योंकि मनुष्य कुछ भी कर रहा हो या कुछ भी छिपा रहा हो, कुछ भी जता रहा हो या कुछ भी दावा कर रहा हो; इन सबसे वह शायद दुनिया को तो भ्रमित कर भी सकता है, परंतु उसके भीतर की आत्मा इससे भ्रमित नहीं होती है। वह हर हकीकत जानती ही है। झूठ बोलते वक्त या किसी का बुरा करते वक्त भी, ऐसा कोई आदमी नहीं जिसे उसकी आत्मा के थकी यह पता न चल रहा हो कि वह क्या कर रहा है? परंतु अपने सिस्टम की चिंता में डूबा मनुष्य अपनी आत्मा की परवाह कहां करता है? सो बस, अहंकार से भरी ऊंची-ऊंची बातों की आड़ में सब छिपाते हुए तमाम बुराइयां करता चला जाता है।

खैर, सबकी छोड़ो और आप अपनी सोचो। समझो यह कि जब आपकी आत्मा को आपके किये का पता चल ही जाता है तो फिर, जमाने से उसे छिपाने का फायदा ही क्या? किसी को नुकसान पहुंचाया है तो जा के उससे कह दो कि देख भाई, मैंने गलत इरादे से तुझे नुकसान पहुंचाया है। क्योंकि जो बात आपकी आत्मा को पता है वह दूसरे को भी पता होनी ही चाहिए। बस यह एक ईमानदारी आपको हाथोंहाथ अपनी आत्मा के निकट ले जाएगी। सो, आज के बाद यह तय कर लो कि आपके बाबत जो कुछ भी आपकी आत्मा जानती है...वह सबको मालूम हो ही जाना चाहिए। फिर उसके परिणाम से आपको कोई फर्क नहीं पड़ना चाहिए। यदि परिणाम से फर्क पड़ेगा तो फिर यह ईमानदारी आप कभी नहीं दिखा पाएंगे। यही तो कारण है कि गीता के महान संदेश "कर्म करो पर फल की चिंता मत करो" को सुनना व दोहराना तो आसान है, परंतु उसे अमल में रखना मुश्किल। लेकिन यदि सत्य में जीना चाहते हो तो साहस बढ़ाओ, दृढ़ता दिखाओ, ईमानदारी जताओ और कुदरत की रचना का सम्मान करो। जब उसने ऐसी रचना करी है कि आपकी आत्मा से कुछ नहीं छिप सकता है, तो फिर यह आपका कर्तव्य है कि आप कुछ छिपाने की कोशिश भी मत करो।

कुदरत की हर रचना के पीछे महान रहस्य छिपे हुए हैं। और उनमें जीने से ही आपका उद्धार हो सकता है। और यह साहस तबतक नहीं जुटा पाओगे जबतक फल की आशा पूरी तरह से नहीं त्याग पाओगे।

कुल-मिलाकर चाहे जो हो, अपने उद्धार के लिए फल की चिंता त्याग इतनी ईमानदारी तो आपको बरतनी ही होगी। अत: तय कर लो कि जो आपकी आत्मा जानती है, वह सबको पता होना ही चाहिए। विश्वास जानो कि यह एक ईमानदारी आपके जीवन में वो जादू कर देगी कि जिसकी आप कल्पना नहीं कर सकते हैं। आप यकीन करो कि इस एक ईमानदारी से कुदरत की तमाम शक्तियां आपके साथ हो जाएंगी। हालांकि मैं जानता हूँ कि मंदिर-मस्जिद-चर्च जाना बड़ा आसान है, परंतु इस ईमानदारी में जीना बड़ा कठिन है। और यही कारण है कि जहां मंदिर-मस्जिद-चर्च जाने वालों की तादाद 500 करोड़ है वहीं ईमानदारी से जी रहे लोगों की तादाद बमुश्किल करोड़...दो-करोड़। लेकिन जीवन का सत्य यह है कि करोड़-दो-करोड़ ही ज्यादा आबाद हैं।

सो एकबार फिर कहता हूँ कि जमाने की चिंता छोड़ो, और हो सके उतने ईमानदार हो जाओ। अपनी आत्मा का किया यह एक सम्मान ही आपका जीवन बना देगा। आपकी इस ईमानदारी पर दुनिया आपको गालियां देती रह जाएगी और आप बढ़ते चले जाएंगे। अत: जमाने का सम्मान पाने हेतु नौटंकीबाज मत हो जाना, वरना जीवन के धक्के खाते रह जाओगे। एक बात की गांठ बांध ही लो कि पूरा जमाना चाहे शत्रु क्यों न हो जाए, आपको अपनी आत्मा से तालमेल बनाये ही रखना है। जमाना देखता रह जाएगा और एकदिन आपका सम्मान करने को मजबूर हो जाएगा। आगे देखना यह है कि कितने लोग ईमानदारी से जीने का साहस दिखा पाते हैं?

आत्मा की पूर्णता में जी रहे लोगों को पहचानें

जो ज्ञानी हैं, उन्हें ''बाह्य विषय'' भीतर प्रभावित नहीं करते हैं।

अब यूं कहने को तो दुनिया ज्ञानियों और भगवानों से भरी पड़ी है। परंतु उसमें वाकई कितने आत्मा से जी रहे हैं और कितने अहंकार से, यह कैसे पता चले? तो इस संदर्भ में चंद बातें समझ लो। आत्मा पूर्ण स्वतंत्र तथा क्रिएटिव है। यानी आत्मखोजी न तो किसी की कभी कॉपी करेगा ना किसी को कभी फॉलो करेगा। दुनिया के किसी भी बंधन में वह कभी नहीं बंधेगा। साथ ही चूंकि वह एक शुद्ध आत्मा है, सिस्टम नहीं... इसलिए उसमें तमाम प्रकार के स्वार्थों का पूर्णतः अभाव होगा। उसके कर्मों में पूर्ण दृढ़ता होगी। पूरी दुनिया एक तरफ होकर भी उसे अपने कर्मों से विचलित नहीं कर सकती है। और चूंकि वह सिस्टम नहीं एक आत्मा है, इसलिए वह अपनी सिस्टम

की नहीं बल्कि जगत की चिंता करने वाला होता है। मोटा-मोटी तौरपर यह मैंने आत्मखोजी के लक्षण बताए। यह मैं इसलिए बता रहा हूँ कि भगवानों तथा ज्ञानियों की बड़ी भीड़ है, परंतु उनमें कितने वाकई भगवान और ज्ञानी हैं, यह जानना जरूरी है। कई तो ऐसे भी हैं जिन्हें आज इतिहास सम्मान नहीं दे रहा है, पर वे परमज्ञानी ही थे। वहीं कई ऐसे भी हैं जिन्हें आज पूजा जा रहा है, परंतु वास्तविकता में वे आम मनुष्यों से भी बदतर थे। मैं चाहता सिर्फ इतना हूँ कि आप ज्ञानियों के लक्षण समझो तथा उन्हें पहचानो। और फिर उनके ज्ञान व जीवन का फायदा उठाओ। साथ ही मैं यह भी चाहता हूँ कि आप गलत लोगों को ज्ञानी या भगवान मानकर भटकना बंद कर दो।

खैर, अब आगे मैं अपनी इसी बात को महान क्राइस्ट, मीरा व सोक्रेटिज के उदाहरणों से समझाऊंगा। उनकी आत्मशक्ति से आपको अवगत करवाऊंगा। मुझे यकीन है कि इन तीन उदाहरणों से आपको आत्मनिष्ठ पुरुष तथा उनके आत्मबल का अंदाजा लग जाएगा। निश्चित ही इससे आप गलत भगवानों को पूजने व गलत ज्ञानियों से ज्ञान लेने से बच जाएंगे। जीवन को सही दिशा देने हेतु यह भी आवश्यक ही है। सो अब हम सीधे क्राइस्ट, मीरा और सोक्रेटिज के उदाहरणों से आत्मनिष्ठ पुरुषों के आत्मबल को समझने की कोशिश करते हैं।

क्राइस्ट का आत्मबल

जब आपमें चेतना का विस्फोट होगा
तो आप फल की कामना नहीं करेंगे
बल्कि परिणाम तय करेंगे।

अब वैसे तो कौन है जो जीसस क्राइस्ट के बारे में नहीं जानता है। इसलिए मैं तो बस संक्षेप में उनके 'आत्मबल' की ओर इशारा ही करूंगा। क्राइस्ट यहूदी घर में पैदा हुए थे। और आपने शायद ऐसे ही लोग देखे हैं जो जिस घर में पैदा होते हैं...उसी धर्म को ना सिर्फ मानते हैं, बल्कि उसपर गर्व भी करते रहते हैं। पूरी दुनिया ऐसे लोगों से ही भरी पड़ी है। परंतु ये सब सोयी हुई आत्मा के लक्षण हैं। जागी आत्मा तो पलभर में धर्म, समाज, जात व देश के बंधनों को तोड़कर आगे निकल जाती है। सारी सीमाएं तोड़ वह अपना हृदय सबके लिए खोल देती है। और जागी आत्मा क्राइस्ट ने भी यही किया। सारे बंधनों के जाल को तोड़ते हुए अपने हाथ सबके लिए फैला दिये। और उसके तहत उन्होंने ना सिर्फ यहूदी धर्म का अस्वीकार किया, बल्कि उसके पाखंडों का जमकर विरोध करना भी प्रारंभ कर दिया। अब समझो यह कि जहां सबके सब यहूदी हों, और वो भी कट्टर यहूदी...क्या

वहां अपनी सिस्टम की चिंता करने वाला उन यहूदी पाखंडों का विरोध कभी कर सकता है? वह तो ऐसे विचार-मात्र से ही घबरा जाएगा। परंतु क्राइस्ट तो शुद्ध आत्मा थे। और आत्मा भला सिस्टम का क्या होगा, उसकी परवाह करे ही क्यों?

सो क्राइस्ट ने तो पुरजोर यहूदी पाखंडों के खिलाफ बोलना शुरू किया। अब जैसा कि अपेक्षित था, उनका विरोध भी होना था और उनकी सिस्टम पर खतरा भी मंडराना ही था। क्योंकि कट्टर यहूदी भला क्राइस्ट द्वारा हो रहे उनके पाखंडों पर हमले ज्यादा दिन तक कहां बर्दाश्त कर पाने वाले थे? और आखिर पहाड़ी पर विश्राम कर रहे क्राइस्ट को इन कट्टर यहूदियों ने पकड़कर अदालत में पेश कर ही दिया। लेकिन आत्मा की दृढ़ता से भरे क्राइस्ट का अपनी बातों से पलटने का या अपने कार्यों से समझौता करने का सवाल ही पैदा नहीं होता था। हालांकि उन्हें जितना समझाया जा सकता था, समझाया गया। जितना धमकाया जा सकता था, धमकाया गया। क्योंकि हर कट्टरता अपने विरोधियों को हरहाल में झुकाना चाहती ही है। परंतु आत्मबल से भरे क्राइस्ट पर इन समझाइशों या धमकियों का क्या असर होना था? परिणाम की चिंता वो करे जो सिस्टम को अपना माने जी रहे हैं।

बस अंत में वही हुआ जो धार्मिक कट्टरता से भरे अज्ञानी कर सकते हैं। क्राइस्ट को सूली पर लटकाने की सजा दे दी गई। और वह भी आसान मौत तो नहीं ही...। उन्हें सूली पर लटकाकर उनके शरीर पर तबतक नुकीली कीलें ठोकते रहने का हुक्म दे दिया गया जबतक कि उनके प्राण-पखेरू न उड़ जाएं। लेकिन आत्मबल से जी रहे क्राइस्ट को उससे भी क्या फर्क पड़ना था? वे तो हँसते हुए सूली पर चढ़ गए। और वहां धार्मिक कट्टरता से भरे लोगों ने अपना अमानवीय स्वरूप दिखाते हुए क्राइस्ट के पूरे बदन में जोर-जोर से लोहे की कीलें ठोकना शुरू कर दिया। क्राइस्ट के अंग-अंग से खून के फव्वारे छूटने लगे। पर क्राइस्ट थे कि उनकी मुस्कुराहट कम नहीं

हुई। और अंत में उन्होंने यह कहते हुए प्राण त्यागे कि "प्रभु, इनको माफ करना। क्योंकि यह बेचारे लोग नहीं जानते हैं कि वे क्या कर रहे हैं?"

अब क्राइस्ट के कहे इस एक वाक्य के कई गहरे अर्थ हैं। पहली बात तो क्राइस्ट यह कह रहे हैं कि ये नादान लोग सजा मेरी सिस्टम को दे रहे हैं, जबकि सारा खेल मेरी आत्मा का है। इसलिए हे प्रभु, इनकी इस नादानी को माफ करना। दूसरा ये लोग यह सोच रहे हैं कि क्राइस्ट का शरीर खत्म, क्राइस्ट खत्म! अब इन नादानों को कौन समझाए कि क्राइस्ट शरीर है ही नहीं। क्राइस्ट तो वो आत्मा है जो हमेशा थी, है और रहेगी। तीसरा ये नादान लोग यह सोचकर नाच-गा रहे हैं, झूम रहे हैं, खुशियां मना रहे हैं कि हमने क्राइस्ट को पकड़कर सूली पर लटका दिया। ये भोले लोग समझ ही नहीं रहे हैं कि सूली पर लटकना मेरा अपना चुनाव था। मैं जानता था कि इन कट्टर यहूदियों के खिलाफ जरा कड़क भाषा बोलूंगा तो ये लोग ऐसी ही कोई मूर्खता कर बैठेंगे। और ऐसी मूर्खता करेंगे तो ही मेरी बात तेजी से चारों ओर फैल पाएगी। वरना एक-एक, दो-दो को समझाने में तो जिंदगी बीत जाएगी, पर बात नहीं बनेगी। सो इस झूठे गर्व हेतु भी हे प्रभु, इनको माफ करना। यह है क्राइस्ट का आत्मबल, आत्मज्ञान, आत्मचिंतन और दूरदृष्टि...जिसकी बदौलत आज पूरी दुनिया में वे फैल गए।

खैर, अब हरकोई थोड़ा अपने भीतर झांके। एक तो बमुश्किल आप कभी किसी का कुछ भला करते हैं और भला करने पर भी उससे कुछ-न-कुछ उम्मीद रखते ही हैं। वहीं यदि गलती से भी जिसका भला किया है, उसने एहसान नहीं माना तो आगबबूला होकर उसे खरी-खोटी सुनाने पर उतर आते हैं। क्राइस्ट ने तो जगत का उद्धार किया था। और बदले में उन्हें क्या मिला? एक अत्यंत कष्टदायक मौत! तो क्या उनके जहन में आपने एक भी शिकायत देखी? क्या उन्हें खयाल भी आया कि मैंने इतना सबकुछ इनके भले के लिए किया और इन्होंने सूली पर ही लटका दिया? नहीं, आत्मखोजी

ऐसा नहीं सोचते हैं। उन्हें तो मतलब अपने कर्म की पूर्णता और दृढ़ता से है। उससे आने वाले परिणाम तो उनके लिए सिवाय एक खेल के और कुछ नहीं।

अब कुल-मिलाकर मैंने क्राइस्ट की "आत्मा के पूर्ण दर्शन" आपको करवा दिये। अब जिनके भी आत्मबल, जिनका भी आत्मचिंतन, जिनकी भी दृढ़ता और जिनकी भी स्वार्थहीनता आप इतनी मजबूत पाएं, उन्हें ही पढ़ें व सुनें। अहंकारियों को आत्मज्ञानी मानकर सुनेंगे, समझेंगे या पूजेंगे तो फंस जाएंगे। समझदार आप हो ही, इशारा कर दिया गया है।

मीरा का आत्मबल

बच्चों का मन बड़ा कोरा होता है।
वे हर चीज बड़ी तेजी से 'ग्रास्प' कर लेते हैं।
अतः उनके सामने बातें भी
सोच-समझकर करो और उन्हें भेंट भी
सोच-समझकर दो।

अब मीरा तो मीरा थी। भारत में शायद ही कोई होगा जो मीरा के जीवन बाबत नहीं जानता होगा। लेकिन बात पूरे विश्व को समझने की है। सो सबको समझने में आसानी हो, उसे ध्यान में रखकर मैं 'मीरा' के आत्मबल का दर्शन करवाता हूँ। मीरा का जन्म राजघराने में हुआ था। उनका परिवार कृष्ण का भक्त था। मीरा जब 4-5 वर्ष की हुई तभी से परिवारवालों ने मीरा को 'कृष्ण' के किस्से सुनाने शुरू कर दिये थे। अब कोरा मन और कृष्ण के मोहक किस्से, नन्हीं मीरा का कृष्ण के प्रति 'भाव' जागृत होना स्वाभाविक था। यहां तक तो ठीक पर जब बात-बात पर उसे कई बार मजाक में यह कहा गया कि 'कृष्ण' ही तेरे पति हैं, तो बात मीरा के कोरे मन में गहरे तक उतर गई। और छोटे बच्चों की यह सायकोलॉजी सबको समझनी जरूरी है।

छोटे बच्चों का मन कोरा होता है। उसमें उपद्रवों का भंडार जमा नहीं हुआ होता है। अत: कई बातें उनके मन में बड़ी गहरी उतर जाती हैं। इसीलिए छोटे बच्चों से कुछ भी कहते वक्त बड़ी समझदारी बरतना आवश्यक है। अब विस्तार से इन सब बातों की चर्चा तो चाइल्ड सायकोलॉजी के विज्ञान पर चर्चा करते वक्त ही करेंगे। अभी तो इतना समझो कि एक तो कृष्ण का मोहक व्यक्तित्व और उसपर नन्हीं मीरा का कोरा मन। बस कृष्ण के अपने पति होने की बात को उसने एक तरीके से आत्मसात ही कर लिया।

खैर, वक्त बीतता गया और मीरा बड़ी होती गई। परंतु बड़े होने पर भी उसका कृष्ण के प्रति पकड़ा आकर्षण कम नहीं हो रहा था। उल्टा वह भीतर-ही-भीतर बढ़ता जा रहा था। यही कारण था कि वह राजघराने की चमक-दमक से कोसों दूर रहती थी। यही नहीं, हर बीतते वक्त के साथ वह एकान्तप्रिय भी होती जा रही थी। वह हमेशा अपनी ही धुन में खोई रहती थी। हालांकि मीरा की इस एकान्तप्रियता को किसी ने बहुत ज्यादा गंभीरता से नहीं लिया। समझाते अवश्य थे, परंतु मान लेते थे कि हरेक का अपना एक अलग स्वभाव होता ही है।

खैर, इधर समय बीतता चला गया और मीरा बड़ी होती चली गई। फिर वक्त ने एकदिन करवट ली और राजघराने की जरूरत पर मीरा का विवाह मेवाड़ के राजकुमार राणा भोज से कर दिया गया। मीरा इस शादी को लेकर बिल्कुल उत्सुक नहीं थी। परंतु परिवार की जरूरत के सामने उसने खामोशी से शादी कर ली। यह सब तो ठीक पर इस पूरे खेल ने करवट तब ली जब उसने राणा को पहली रात ही यह कहकर चौंका दिया कि उसकी शादी तो 'कृष्ण' से हो चुकी है। ...और अब मैं सिर्फ उनकी हूँ। इसका सीधा अर्थ यही हुआ कि मीरा की जो कुछ भी एकान्तप्रियता थी, वह कृष्ण में खोये होने के कारण थी। वहीं यह भी साफ है कि दूसरी ओर किसी को कभी इस बात का अंदाजा नहीं हुआ कि बचपन की मजाक यह स्वरूप भी

मस्ती ही जीवन

चिंतामुक्त होकर मस्ती से जीवन गुजारना ही मनुष्यजीवन का एकमात्र उद्देश्य है।

ले सकती है। पर वह ले चुकी थी। हालांकि अच्छी बात यह थी कि राणा एक सज्जन पुरुष भी थे व समझदार भी। वे मीरा की बात सुनकर चौंके जरूर, उसकी दृढ़ता देख हैरान भी हुए, परंतु इन सबके बावजूद उन्होंने सज्जनता व समझदारी बनाये रखी। हां, लेकिन बावजूद इसके उन्हें यह समझ नहीं आ रहा था कि वे मीरा से कहे क्या? अब कृष्ण को हुए हजारों वर्ष हो चुके हैं। ऐसे में वे मीरा व कृष्ण के विवाह को किस तौरपर लें? उसे कितनी तवज्जो दें? परंतु यह सब राणा की उलझन थी। मीरा अपनी तरफ से पूरी तरह स्पष्ट थी कि वह सिर्फ 'कृष्ण' की ही है।

सो, बस अंत में मीरा की दृढ़ता व भोलपन देख राणा ने मीरा को कुछ समय के लिए अपने हाल पर छोड़ना तय कर लिया। अब यह तो राणा का बड़प्पन था, परंतु दूसरी ओर उनका भरापूरा परिवार भी था। खासकर उनके पिता जो कि राजा थे, वे बड़े ही कड़क स्वभाव के थे। वे अति चुस्त भी थे। उन्हें यह सब रास आने का सवाल ही नहीं उठता था। उन्होंने राणा भोज पर मीरा को सख्ती से समझाने का दबाव भी बनाया। परंतु राणा कड़क भाषा इस्तेमाल करने के पक्ष में नहीं थे। उल्टा वे तो अब मीरा की दृढ़ता व भोलपन के दीवाने हो चुके थे। और उधर मीरा की कृष्ण के प्रति दीवानगी रोज-रोज बढ़ती जा रही थी। अब राणा तो मीरा के इस भोले प्रेम के बीच में आना नहीं चाहते थे, परंतु ऐसे में परिवार कबतक और क्यों खामोश रहता? उधर राजमहल की बढ़ती समस्या का एक कारण यह भी था कि मीरा की कृष्ण के प्रति दीवानगी की खबरें चारों ओर फैलना भी शुरू हो गई थी। अब वे कृष्ण, जिन्हें दुनिया को अलविदा कहे हजारों वर्ष हो गए, उनसे प्रेम...? वे कृष्ण अपनी नयी राजकुमारी के पति? खबर ही ऐसी दिलचस्प थी कि आग की तरह फैलनी ही थी। दूसरी ओर मीरा भी दृढ़ थी। उसे मन की बात मन में रख के जीना मंजूर नहीं था। वह अपनी बातों और व्यवहार दोनों से सबको कृष्ण की पत्नी होने का अहसास करवाती रहती थी। सो बस, जितने

मुंह...उतनी बातें। अब यह सब राजपरिवार को कहां बर्दाश्त होना था? बस राणा के पिता व परिवारवालों ने राणा पर "मीरा को नियंत्रित रखने हेतु" दबाव और बढ़ा दिया। परंतु राणा जोर-जबरदस्ती के बजाय समझाइश का मार्ग ज्यादा पसंद करते थे। परंतु पूरी तरह से कृष्णमय हो चुकी मीरा को समझाना कोई मजाक थोड़े ही था?

कुल-मिलाकर राणा परेशान, परिवार बेहाल और राजा आपे के बाहर। बस पानी सिर से ऊपर जाता देख राणा के पिता और राजपुरोहित स्वयं मैदान में कूद पड़े। दोनों ने मिलकर सीधे मीरा पर गहरा दबाव बनाना शुरू किया। हालांकि राणा इससे खुश तो नहीं थे, परंतु वे एक राजा के सामने कर भी क्या सकते थे? लेकिन इधर मीरा को दबाने की कोशिश के विपरीत परिणाम आये। मीरा का कृष्णरूपी आत्मबल पूरी तरह से बाहर निकल आया। उसने तो कृष्ण के अपने पति होने की बात भरे दरबार में कबूली। साथ ही उसी भरे दरबार में मीरा ने धर्म के नाम पर पाखंड चला रहे राजपुरोहित पर कई कड़वे कटाक्ष भी किये। जानवरों की बलि चढ़ाये जाने का भी पुरजोर विरोध किया। यानी कृष्ण की दीवानगी से मीरा का आत्मबल अपने निखार पर आने लगा। यही नहीं, कृष्ण की दीवानगी में उसके भीतर का कलाकार भी पनपने लगा। इसी के चलते उसने एक से बढ़कर एक शानदार कविताएं भी लिखीं। यानी कृष्णप्रेम में कृष्ण का ज्ञान और उनकी कला, दोनों उसके भीतर से बहने लगी। यह भी प्रकृति का अपना विज्ञान है। इस विज्ञान की पूरी चर्चा फ्रिक्वेन्सी के विज्ञान पर चर्चा करते वक्त ही करेंगे। अभी के लिए तो इतना समझ लो कि जिसे आप बहुत गहरे में दिल में बिठाते हैं, धीरे-धीरेकर आप उस जैसे होने लग जाते हैं। इसलिए दूसरों को दिल में बिठाने से पहले सोचना जरूरी है।

खैर, उधर राजमहल के अहंकार को मीरा की दो-टूक बातें कहां गले उतरने वाली थी? निश्चित ही इन सबसे राजदरबार का रुख और कड़क

हो गया। लेकिन कृष्ण को पूरी तरह आत्मसात कर चुकी मीरा पर कोई दबाव कहां काम करना था? वह तो दिल में बसाये कृष्ण को लेकर सड़कों पर उतर आयी। और फिर अपने कृष्ण की दीवानगी में गली-गली नाचने लगी। और नाची तो ऐसी नाची कि इतिहास ही रच डाला। अब राजघराने को अपने घर की इज्जत का सड़कों पर नाचना कहां बर्दाश्त होने वाला था? परंतु यह राजघराने की समस्या थी। उधर एक शादीशुदा, वो भी अपने चहेते राजकुमार की पत्नी, सड़कों पर इस तरह नाचे, यह आम जनता को भी कहां रास आने वाला था? तो उससे भी मीरा को क्या? क्योंकि यह सब भी ऐसी मानसिकता में जी रहे लोगों की समस्या थी। मीरा तो दिल में कृष्ण को बसाये ऐसी मस्ती से झूम उठी थी कि उसे किसी बात से कोई फर्क ही नहीं पड़ रहा था। और मीरा का यही कमाल था जिसने सबको हैरान कर रखा था। वरना सामान्य दृष्टि से देखें तब तो मीरा के लिए हालात बद-से-बदतर होते चले जा रहे थे। एक ओर जहां आम प्रजा मीरा को सता रही थी तो वहीं दूसरी तरफ राजदरबार भी उसपर अपना दबाव पूरेपूरा बना रहा था। यानी एक तरफ जहां आम जनता मीरा पर पत्थर बरसा रही थी तो वहीं दूसरी तरफ राज्य के सिपाही मीरा को परेशान करने का एक भी मौका नहीं चूक रहे थे। लेकिन मीरा पर कृष्ण की ऐसी दीवानगी छायी थी कि हर हो रहे सितम के साथ उसकी मस्ती बढ़ती ही चली जा रही थी।

अब यूं भी जो आत्म-आनंद में डूबा हो उसे दुनिया की कोई बात वैसे ही परेशान नहीं कर सकती है। पड़ रहे पत्थरों और हो रहे जुल्मों से बेअसर मीरा तो अपनी मस्ती में यहां से वहां नाचती फिर रही थी। कहने की जरूरत नहीं कि उसकी यह बढ़ती मस्ती सबके कलेजे में लगी आग पर घी का काम कर रही थी। तो करे, मीरा को उससे क्या? ...आप तो मीरा की आत्मा का वह बल देखो जो पड़ रहे पत्थरों से भी फूल की महक महसूस कर रहा था। यहां यह भी स्पष्ट कर दूं कि बेकार की कहानियां पढ़कर यह

मत समझ लेना कि कृष्ण के चमत्कार से मीरा को मारे गए पत्थर 'फूल' हो जाते थे। नियमपूर्वक चल रही इस प्रकृति में ऐसा कुछ संभव नहीं है। हां, परंतु मनुष्य की आत्मा में वो जादू है कि वह पड़ रहे पत्थरों से भी फूल की महक और नाजुकता को महसूस कर सकती है।

खैर, कुल-मिलाकर हर बढ़ रहे जुल्म के साथ मीरा की मस्ती बढ़ती चली जा रही थी। और वहीं दूसरी ओर आम प्रजा, राजदरबार तथा धर्म व समाज के ठेकेदारों के अहंकार को यह हार बर्दाश्त के बाहर होती चली जा रही थी। सो बस, हमेशा की तरह अहंकारों ने अपना क्रूर स्वरूप दिखाना शुरू किया। क्योंकि एक ओर जहां अपने घर की इज्जत को सड़कों पर नाचते देखना राजदरबार की बर्दाश्त के बाहर हो गया था, वहीं दूसरी तरफ धर्म व समाज के ठेकेदार भी अपनी हार से आहत थे ही। फिर क्या था, सबकी मिलीभगत से आनन-फानन में मीरा को अपराधी के रूप में राजदरबार में पेश कर दिया गया। उनपर अनेक इल्जाम लगाये गए। उन इल्जामों के बलपर खतरनाक सजाओं के भय भी दिखाये गए। ...पर मीरा पर इन सबका कोई असर नहीं हो रहा था। और यह तो वाकई अहंकार की हार हुई। क्योंकि दबाने से भी कोई न दबे, तो अहंकार आहत होता ही है। हालांकि अहंकार बड़ा चालाक होता है। वह रंग बदलने में भी बड़ा माहिर होता ही है। राजा और राजपुरोहित ने भी यही किया। जब भय से काम नहीं हुआ तो लोभरूपी हथियार चला दिया। दोनों ने मिलकर मीरा को आश्वस्त किया कि यदि वो कृष्ण की दीवानगी त्यागने को तैयार हो जाए तो उसे वैभव से भरा राजमहल का जीवन फिर से नसीब हो सकता है। उसके अबतक के सारे गुनाह माफ किये जा सकते हैं।

अब शासक व पुरोहित के भय-लोभ रूपी हथियार आमलोगों को तो उनका गुलाम बना सकते हैं, पर ये दो कौड़ी के हथियार आत्मबल से भरी मीरा को थोड़े ही प्रभावित कर सकते थे। उधर यह सब नौटंकी देख विचलित

हुए राणा भोज ने भी मीरा को समझाने की बहुत कोशिश की। मीरा के मन में भी उनके प्रति सम्मान था। परंतु मीरा उनकी बात नहीं मान सकती थी। यही मीरा के लिए कुदरत की रचना थी। अत: वह न मानी, न झुकी। उल्टा राजपुरोहित को तो उसने हर बात पर बड़ी खरी-खोटी सुनाई। एक तरीके से उन्हें तो मीरा ने पूरी की पूरी गीता ही कह दी। राजपुरोहित निश्चित रूप से मीरा के मुख से निकल रहे सत्यों के सामने अपने को निरुत्तरित महसूस कर रहे थे। यूं भी आत्मज्ञानी मीरा के सामने धर्म के तोते की चलनी ही क्या थी? लेकिन अहंकार को सत्य में रस होता ही कहां है? सत्य में रस होता तो वह क्राइस्ट को सूली पर लटकाने की जगह सलाम न कर रहा होता? पर ऐसा करे तो वह अहंकार नहीं। उसे तो रस सिर्फ दूसरे को झुकाने में होता है। और कोई न झुके, तो वह जुल्म पर उतर आता है। यही हुआ, मीरा नहीं मानी तो उसे जहर पीने की सजा दे दी गई।

चलो, यह सब तो धर्मों के पिछल्लू युगों से करते आ रहे हैं। समाज के ठेकेदारों की यह आदत पुरानी है। हर सच्चे व्यक्ति को दबाना व सताना इनकी फितरत में है। आप तो मीरा के आत्मबल और उसकी सच्चाई को देखो। दिल में कृष्ण था तो छिपाया नहीं। उसे पूरी तरह प्रकट किया। कौन परिवार, कौन पति, कौन राजा, कौन-सा धर्म और कौन-सा समाज... और क्या प्रजा? सब झूठे, सिर्फ दिल में बसा कृष्ण सच्चा। यही आत्मा की सच्चाई है। और आत्मा की इसी सच्चाई में वह दृढ़ता है जिसे न तो ताकत से और ना ही बेकार की मान्यताओं या बंधनों के दबावों से ही झुकाया जा सकता है। मैं मीरा के कृष्णरूपी उस आत्मबल को कोटि-कोटि प्रणाम करता हूँ जिसने मीरा जैसी सीधी स्त्री को एक महान कवयित्री भी बना दिया... तथा जिसका हृदय ''धर्म के ज्ञान-विज्ञान की ऊंचाइयों से'' भी भर दिया।

मौत होती...?

आत्मा जागे तो फिर जाग ही जाना चाहिए।
फिर किसी बात हेतु समझौता क्यों करना?

चलो मैं आपको एक सीधा उदाहरण देता हूँ जिससे आप आत्मा के परमप्रभाव को अच्छे से समझ जाएंगे। जिससे आत्मा की निडरता आपके जहन में उतर जाएगी। इस संदर्भ में कहूं तो सोक्रेटिज का नाम तो आपने सुना ही होगा। उनको बात-बे-बात लोगों से चर्चा करने और उन्हें समझाने का बड़ा शौक था। वे ज्ञानी भी थे और बात भी पक्की करते थे। और चूंकि उनकी बातों में सच्चाई होती थी, अतः स्वाभाविक तौरपर वे प्रचलित गलत मान्यताओं के खिलाफ भी जाती थी। बस इससे धीरे-धीरेकर आम प्रजा ही नहीं, शासक भी उनसे भड़क गए। उन्हें ऐसी बातें न करने हेतु काफी समझाया गया, परंतु वे अपनी आदतों से बाज नहीं आये। आखिर कोई चारा न देख उन्हें गिरफ्तार कर अदालत में पेश कर दिया गया। अब सोक्रेटिज जैसे मुंहफट को कटघरे में खड़ा हुआ कौन नहीं देखना चाहता, सो स्वाभाविक तौरपर अदालत में काफी भीड़ एकत्रित हो गई। उधर शासक पक्ष की ओर से उनपर लगे सारे आरोप पढ़े गए। आरोप स्पष्ट थे कि सोक्रेटिज

प्रचलित परंपरा के खिलाफ लोगों को भड़काते हैं, और वह भी जबरदस्ती पकड़-पकड़कर। यह सुनते ही जज का पारा चढ़ गया, क्योंकि वह स्वयं प्रचलित परंपरा के कट्टर अनुयायी थे। और ऊपर से सोक्रेटिज की हरकतों से वे काफी-कुछ वाकिफ भी थे। इस कारण उन्हें सोक्रेटिज से कुछ नाराजगी पहले से ही थी। अतः आरोप सुनाने की ही देर थी कि वे भड़क गए। और भड़कते ही बड़ी कड़क आवाज में उन्होंने सोक्रेटिज से पूछा - क्या तुम यह आरोप स्वीकारते हो?

सोक्रेटिज ने हँसते हुए कहा - जी हुजूर।

जज ने कहा - ठीक है। अब तक जो हुआ सो हुआ। उसे छोड़ो, परंतु यदि तुम यह आश्वासन दो कि आज के बाद अपनी हरकतों से बाज आ जाओगे, तो अदालत तुमपर कुछ रहम खाने की सोच सकती है।

सोक्रेटिज कहां बदलने वाले थे। उनका तो मकसद ही अंधकार से लोगों को छुटकारा दिलवाना था। सो उन्होंने बड़ी विनम्रतापूर्वक जज से कहा - हुजूर, मुझे नहीं लगता कि मैं बदल पाऊंगा।

जज ने कहा - सोच लो, यदि तुमने आश्वासन नहीं दिया तो मैं तुम्हें जहर चाटने का हुक्म दे दूंगा।

सोक्रेटिज ने कहा - इसमें सोचना क्या है? मैं नहीं बदलने वाला, यह तय है। वहीं आप भी अपने विवेक से निर्णय लेने को स्वतंत्र ही हैं।

...बस क्रोधित जज ने उन्हें जहर चाटने की सजा सुना दी। सजा सुनाते ही सोक्रेटिज को पकड़कर हवालात में बंद कर दिया गया। उनके कुछ शिष्यों और शुभेच्छुओं को छोड़ दिया जाए तो चारों ओर उत्साह का माहौल हो गया। और इस माहौल को हल्का करने सोक्रेटिज के शिष्य उनसे नियमित मिलने आने लगे। निश्चित ही सब बड़े दुखी और चिंतित थे, परंतु सोक्रेटिज पर सजा का कोई असर नहीं था। उल्टा वे सबको आश्वासन देते हुए कहते - पगलों, क्यों दुखी होते हो? जहर देना उनके हाथ में है, परंतु

मरना या नहीं मरना तो मेरे हाथ में है। चिंता मत करो उनके जहर देने के बावजूद मैं मरने वाला नहीं।

खैर, सोक्रेटिज की इस बात से शिष्य आश्वस्त तो नहीं हो रहे थे; परंतु सोक्रेटिज से इससे ज्यादा बहस करना भी बेकार था। और फिर जहर चाटने की सजा दिये जाने के बावजूद सोक्रेटिज की मस्ती उन्हें अन्यथा भी सोचने पर मजबूर तो कर ही रही थी। बस इसी असमंजस में उन सबका समय कट रहा था। ...और इधर सोक्रेटिज के जहर चाटने का दिन भी आ गया। उनके काफी शिष्य इस अंतिम घड़ी में उनके आसपास एकत्रित हो गए। कई रो भी रहे थे। लेकिन इन सबके विपरीत सोक्रेटिज तो ना सिर्फ उत्साह से भरे थे, बल्कि जहर चाटने हेतु उतावले भी हो रहे थे। उन्हें पूरा विश्वास था कि जहर उन्हें नहीं मार सकता है। इधर जहर घोलने वाला भी ऐसे वक्त सोक्रेटिज पर छायी मस्ती देखकर दंग रह गया था। यही नहीं, उसे ऐसे मस्त व्यक्ति को जहर चाटने की सजा दिये जाने का दुःख भी पकड़ लिया था। अब वह इसमें ज्यादा तो कुछ नहीं कर सकता था, परंतु जहर बड़े आराम से घोलने लग गया था। इरादा साफ था कि सोक्रेटिज थोड़ा और जी लें। इधर सोक्रेटिज भी कम न थे। वे जहर घोलने वाले के इरादे और भावना दोनों ताड़ गए थे। वे जहर पीने को उतावले तो इतने थे कि उनसे एक क्षण की देरी बर्दाश्त नहीं हो रही थी। उन्होंने जहर घोलने वाले से कहा – तू क्यों समय बिगाड़ रहा है? क्यों दुखी हो रहा है? तू तो मुझे जहर चटा नहीं रहा, मुझे जहर तो परंपराओं के पिछल्लू दे रहे हैं। तू तो अपना कर्तव्य निभा रहा है। अतः तू अपना कर्म ईमानदारी से कर और जल्दी जहर घोलकर मुझे चटा दे।

आखिर जहर घुल भी गया और जहर घोलने वाले ने बड़े दुखी मन से सोक्रेटिज को जहर चटा भी दिया। जहर बड़ा ही स्ट्रांग था, और उसने वाकई तेजी से असर दिखाना शुरू भी कर दिया। जैसे ही जहर उनके पांव

पर चढ़ा कि उसने पांव सुन्न कर दिये। पर सोक्रेटिज को इससे कहां फर्क पड़ना था? उन्होंने तो इसपर भी अपने निराले अंदाज में कहा - मेरे पांव सुन्न हो गए हैं परंतु मैं पूरा-का-पूरा जीवित हूँ। उधर जहर अबतक हाथ व पेट में भी फैल चुका था। यह देख सोक्रेटिज बोले कि जहर सत्तर प्रतिशत शरीर खराब कर चुका है, पर मैं पूरा-का-पूरा जीवित हूँ। आखिर जहर उनके दिलो-दिमाग पर चढ़ गया। वे पूरी तरह सुन्न हो गए। और उनके अंतिम शब्द थे - सुनो दुनियावालों! जहर करीब-करीब मेरा सौ प्रतिशत शरीर खत्म कर चुका है...परंतु मैं पूरी तरह वैसा-का-वैसा हूँ। यानी मृत्यु से बड़ा कोई असत्य नहीं है। ...बस इन शब्दों के साथ ही उन्होंने प्राण त्यागे।

बस सोक्रेटिज ही नहीं, हरेक के आत्मा की अमरता की यही कहानी है। हरकोई यहां आत्मा है, था और रहेगा। और चाहे जो हो जाए आत्मा का कुछ बनना-बिगड़ना नहीं है। ऐसे में यह सीधी बात है कि जो इस सत्य का अनुभव करेगा, वही मस्ती से बेफिक्र होकर जी पाएगा। परंतु जो कोई आत्मा की जगह सिस्टम को अपना माने जी रहा होगा, वह वो कभी नहीं कर पाएगा जो सोक्रेटिज ने किया था। ना तो वह कभी प्रचलित मान्यताओं व परंपराओं के खिलाफ बोल पाएगा और न सर्व को ज्ञान देने हेतु वह अपनी सिस्टम को दांव पे लगा पाएगा। अत: आपको सोक्रेटिज के प्रकट किये सत्य को भीतर जगह देकर सत्य के साथ खड़े होने का साहस जुटाना ही होगा। और तभी आप जमाने से अलग कुछ नया व महान कर पाएंगे। अभी तो आप सोक्रेटिज के द्वारा स्थापित सत्य से इतना समझो कि आत्मबल से जी रहा व्यक्ति कभी गलत बात या मान्यता के सामने झुकेगा नहीं। और जो गलत के सामने नहीं झुकेगा वही कुदरत को समर्पित होकर कुछ नया व बड़ा कर पाएगा।

अब आप तो बस इस आत्मबल को महसूस करो, तथा चेक करो कि आपमें इसका अंश भी है क्या? नहीं है, तो अपनी आत्मा को सुप्त ही

समझो। जिनपर हजार बंधन व हजार दबाव काम करते हों, वे सभी आत्मिक स्तर पर अपने को सोया हुआ ही समझें। आत्मा तो इस ब्रह्मांड की अंतिम शक्ति है, भला वह किसके सामने झुकेगी व किसकी सुनेगी। वह तो जब भी व जिसमें भी जागेगी, अपना ही एक अनोखा राग सुनाएगी। सो आप भी हो सके उतने इस आत्मबल के निकट जाने का प्रयास करें। जितना आप अपने आत्मबल के निकट होते जाएंगे, उतने आपके भीतर से भय दूर होते चले जाएंगे। फिर एकदिन आपका जागा आत्मबल संसार के समक्ष एक नया व महान उदाहरण प्रस्तुत करेगा। मैं आपको अपने आत्मबल के बलपर ऐसा महान उदाहरण पेश करने की शुभकामनाएं देता हूँ।

आत्मा के निकट गए बगैर उद्धार नहीं

मन को बाहरी परिस्थिति से
कोई फर्क नहीं पड़ता।
संसार में खराब-से-खराब परिस्थितियों में
हंसने वाले और अच्छी परिस्थिति के बावजूद
रोने वाले, दोनों मौजूद हैं।

अब हमने यूं तो आत्मा से संबंधित सारी बातें समझ ली। हमने क्राइस्ट, मीरा व सोक्रेटिज के उदाहरणों से इस आत्मा की परमसत्ता भी पहचान ली। फिर भी किसी के मन में यह सवाल उठ सकता है कि आज के इतने व्यस्त युग में आत्मा के निकट जाने की एक नयी जहमत क्यों पालें? क्या होगा यदि हम आत्मा के निकट नहीं जाएंगे? यदि ऐसे सवाल आपके मन में भी उठ रहे हैं तो फिर जान लीजिए कि आपने अबतक की बात ठीक से समझी नहीं। अगर वाकई में ऐसी बात है, तो चलो, एकबार फिर अलग तरीके से समझाने का प्रयास करता हूँ। क्योंकि आत्मा के निकट जाना इतना महत्त्वपूर्ण है कि एक और प्रयास में कोई बुराई नहीं। दरअसल इस प्रकृति

की रचना ही ऐसी है कि आत्मा के निकट गए बगैर मनुष्य का उद्धार संभव नहीं है। सच कहूं तो आत्मा के निकट जाना ही एकमात्र उसका कर्तव्य है, बाकी का सब तो अपनेआप हो जाता है। यही कारण है कि पुरानी-से-पुरानी सायकोलॉजी में 'आत्मा' के इतने गुणगान किये गए हैं। आपको अपनी आत्मा के निकट कोई इसलिए नहीं जाना है कि इससे ईश्वर खुश होगा। नहीं, यह आपके जीवन की बेहतरी के लिए जरूरी है। यहां किसका जीवन कैसा है, यह सीधे तौरपर उसकी और उसके आत्मा की निकटता पे निर्भर करता है। और चूंकि मैं कोई भी बात हवा में कहकर छोड़ नहीं देता हूँ, सो चलो, अब मैं आत्मा के महत्त्व को वैज्ञानिक तरीके से सबूत देकर समझाता हूँ। और उस हेतु सबसे पहले यह समझें कि आपका विश्व चार परतों में विभाजित है।

A) आत्मा

आत्मा को आप अपनी सबसे गहरी परत कह सकते हैं। और यही वास्तव में आप हैं। जो करता कुछ नहीं, सिर्फ देखता है। इस आत्मा यानी इस महाशून्य की लीला ही यह है कि यह कुछ न करते हुए भी सबकुछ करने वाला है। है सिर्फ यह द्रष्टा, फिर भी इसके बगैर सारे खेल बिगड़ जाते हैं। और वह कैसे? वह ऐसे कि आत्मा की इस गहरी परत के निकट ही आपके तीनों शक्तिशाली मन हैं और जीवन इन शक्तिशाली मनों को सक्रिय किये बगैर बन नहीं सकता है। और इस बात को विस्तार से समझने हेतु अब आगे इन शक्तिशाली मनों और उनके प्रभावों को समझेंगे।

B) शक्तिशाली मन

जीवन की कोई भी सफलता सिर्फ शक्तिशाली मन ही दिलवा सकते हैं। और ये शक्तिशाली मन हैं - सुपर-कोन्शियस माइंड, स्पॉन्टेनियस माइंड

तथा कलेक्टिव कोन्शियस माइंड। अब यदि सुपर कोन्शियस माइंड की बात करें तो यह वह मन है जिसमें आपके उत्साह, दृढ़ता, ध्यान, कॉमनसेन्स वगैरह छिपे पड़े हैं। इन गुणों के बगैर सफलता की कामना करना असंभव है। दूसरा है स्पॉन्टेनियस माइंड, जो कि मनुष्य का सबसे बड़ा कम्प्यूटर है। यह मनुष्य की बुद्धि से भी लाखों गुना तेज है। इसमें क्षणभर में सारे हिसाब जोड़ के परिणाम दे देने की क्षमता है। और तीसरा है कलेक्टिव कोन्शियस माइंड, जो कि तमाम मनुष्यों की चेतना से जुड़ा हुआ है। यानी जो सबके भीतर का पलभर में ताड़ लेता है। आप यह जान लें कि सारी महान क्रिएटिविटी यहीं से बहती है। अब तो आपकी समझ में आ गया होगा कि मनुष्य को सफलता ये तीन मन ही दिलवा सकते हैं, अन्य कुछ नहीं...। और इनकी लीला वे ही समझ सकते हैं जो अपनी आत्मा के निकट हैं। विश्व के सारे महान लोग इसी कैटेगरी में आते हैं। आप अपनी बुद्धि से महान लोगों के असेसमेन्ट चाहे जिस किसी भी मान्यता के आधार पर करते हों, पर वास्तव में वे सभी बिना अपवाद के आत्मा के निकट हैं। कहने की जरूरत नहीं कि उनकी सफलता इन महान मनों के महान गुणों को ही आभारी है। अत: यदि आप जीवन बनाना चाहते हैं तो आत्मा के निकट जाना ही होगा। क्योंकि तभी यह तीनों मन सक्रिय हो पाएंगे। और ये तीनों सक्रिय होंगे तो ही सफलता आपके कदम चूमेगी। कहने की जरूरत नहीं कि इन तीनों मनों की शक्तियां आपको रातोंरात हजारों की भीड़ में अलग स्थापित कर देगी। इन शक्तिशाली मनों का पूरा विज्ञान समझना हो तो मेरे द्वारा लिखित किताब ''मैं मन हूँ'' पढ़ें।

> *सुपर-कोन्शियस माइंड के सक्रिय हुए बगैर आप हजार उपाय क्यों न कर लें, आपके उत्साह और आत्मविश्वास साथ देनेवाले नहीं है।*

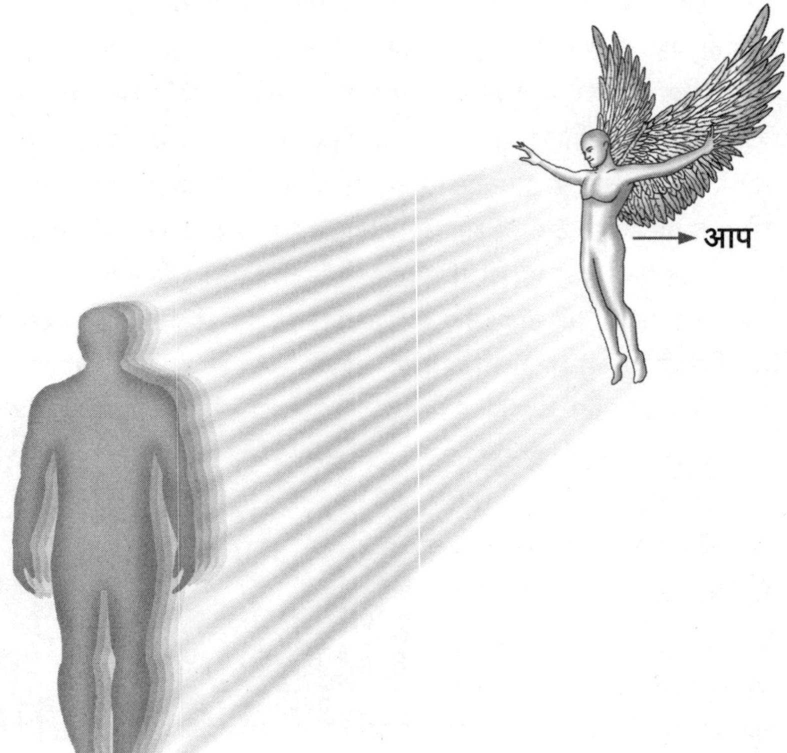

आप 'मुक्त' ही हो...

आपका मन, आपकी बुद्धि, आपका अहंकार,
आपका शरीर, आपकी इन्द्रियां अलग और आप अलग।
यह बात ध्यान से देख ली तो आप
आज, अभी और यहीं मुक्त हैं।

C) कमजोर मन

यदि आप आत्मा से दूर होंगे तो मजबूरन आपको कमजोर मनों में जीना होगा। कोन्शियस माइंड, सब कोन्शियस माइंड व अन कोन्शियस माइंड आपके कमजोर मन हैं। आपके तमाम नकारात्मक भाव जैसे चिंता, दुःख, फ्रस्ट्रेशन, डर वगैरह की जड़ इन्हीं मनों में छिपी हुई हैं। अतः यह समझने की गलती मत कर बैठना कि जीवन खराब है इसलिए चिंता व भय पकड़ रहे हैं। नहीं, आत्मा से दूर होने का यह दुष्परिणाम आप भोग रहे हैं। पर क्या करें, सायकोलॉजिकल ज्ञान का अभाव जो है। होगा, अभी तो यह बताओ कि आपसे भी खराब परिस्थिति में रह रहे लोग प्रसन्नता से जीवन गुजार रहे हैं कि नहीं? अलमस्त फकीरों की निराली बादशाहत से इतिहास भरा पड़ा है कि नहीं? और फिर दूर क्यों जाना, आपने इसी किताब में क्राइस्ट, सोक्रेटिज व मीरा के बाबत पढ़ा ही है। सो यहां-वहां की बेतुकी बातों में आने की बजाय सीधा समझो कि आत्मा के निकट गए बगैर आपके दुःख, दर्द या भय दूर होने वाले नहीं हैं। क्योंकि तबतक आपको अपने कमजोर मनों के सहारे रहना होगा। अतः जीवन बनाने हेतु...आज नहीं तो कल, आपको आत्मा के निकट तो जाना ही होगा। कोई क्राइस्ट, मीरा या सोक्रेटिज बनने के लिए नहीं, बल्कि अपने बेहतर जीवन के लिए।

D) बुद्धि-अहंकार

अब यदि आत्मा से आपकी दूरी ज्यादा होगी तो भ्रमवश आप बुद्धि, अहंकार व शरीर को तवज्जो देंगे। और चूंकि आपके कमजोर मन इन सबके निकट हैं, अतः आप बुद्धि-अहंकार के बलपर जो कुछ भी करेंगे, परिणाम में भय, चिंता, दुःख वगैरह ही पकड़ेंगे। अभी चूंकि सौ में से निन्यानवे लोग अपनी आत्मा से दूर हैं, इसलिए सभी एक या दूसरे कारण से कष्टपूर्ण जीवन जीने को मजबूर हैं। उम्मीद है कि अब आप आत्मा के

निकट जाने का महत्त्व समझ गए होएंगे। अब समझदार को तो इशारा काफी होता है, सो चेत सको तो चेत जाओ। यह समझ ही लो कि आत्मा के निकट गए बगैर जीवन बनने वाला नहीं है। और चूंकि वास्तविक धर्म का उद्देश्य सिर्फ-और-सिर्फ आपका जीवन बनाना है, इसीलिए उसमें आत्मा की निकटता पर इतना जोर दिया जाता है।

आत्मप्राप्ति के विज्ञान को समझें

अब आप यह समझें कि आत्मा हो या शक्तिशाली मन, कमजोर मन हों या बुद्धि-अहंकार, हैं तो ये सभी आपके शरीर के भीतर ही। और ये सब करते क्या हैं? सिर्फ एक कार्य - बाहरी जगत से आपका संपर्क स्थापित करते हैं। और आपके जीवन का पूरा खेल इस बात पर निर्भर करता है कि बाह्य जगत में आप कैसा प्रदर्शन कर पाते हैं? और आप मनुष्यों को तौलते भी उसी आधार पर हैं। बाहर महान कार्य करने वाले को आप महान कहते हैं तथा बाहर धन कमाने वाले को आप धनवान कहते हैं। यानी मनुष्य भीतर क्या है यह उसके बाह्य जगत में किये गए कार्यों से सिद्ध होता है। दूसरे शब्दों में समझें तो मनुष्य का भीतरी स्तर ही बाहर प्रदर्शित होता है। इसका सीधा अर्थ यह भी हुआ कि बाहर यदि आप सफलता के झंडे गाड़ना चाहते हैं तो आपको अपना भीतर मजबूत करना होगा। बाहर सीधे सफलता पाने का कोई उपाय नहीं है। लेकिन चूंकि हरकोई बाह्य शिक्षा व प्रभावों से जीवन बनाने में लगा है, इसलिए किसी का जीवन नहीं बन पा रहा है। यहां जीवन सिर्फ उनका बन रहा है जो जाने-अनजाने अपनी आत्मा के निकट जा रहे हैं। अब यह मैंने संक्षेप में मनुष्य के सफल जीवन का पूरा विज्ञान समझा दिया।

अब समझो यह कि आप क्या हो? आप या तो आत्मा व शक्तिशाली मन हो या आप बुद्धि-अहंकार व कमजोर मन हो। आप जो हो और जहां हो, वहीं से आप बाह्य जगत से अपना संपर्क बिठाते हो।

चूंकि सौ में से निन्यानवे लोग बुद्धि-अहंकार व कमजोर मन में जीते हैं, सो उन्हीं के बलपर वे बाह्य जगत से अपना संपर्क बिठाते हैं। और फिर इसी कारण वे अपने लिए नित नयी मुसीबत खड़ी करते हैं। वहीं जो लोग आत्मा के निकट हैं, वे अपने शक्तिशाली मनों के बलपर बाह्य जगत से अपना संपर्क स्थापित करते हैं और उन्हें ही हम आइन्स्टाइन, कबीर, गालिब, न्यूटन, पिकासो, बिल गेट्स वगैरह के नाम से जानते हैं। ...और इसीलिए आत्मप्राप्ति इतना जरूरी है। आप वैज्ञानिक युग में जी रहे हो, सो इशारा समझ के चल पड़ोगे, ऐसी उम्मीद रखता हूँ।

आत्मप्राप्ति के सरल उपाय

मैं, मेरे और मेरा है... तो चिंता है।
''मैं, मेरे और मेरा'' का उपयोग किए बिना
एक भी चिंता करके बताओ!

उम्मीद है कि अबतक आपको अपनी आत्मा के निकट जाने का महत्त्व समझ में आ गया होगा। सो अब मैं सीधे आपको आत्मप्राप्ति के चन्द सरल उपाय बताता हूँ।

A) मैं–मेरा का भ्रम मिटाएं

आपकी अपनी आत्मा से इस कदर दूरी क्यों है? क्योंकि आपने बाह्य जगत से अपना संपर्क बुद्धि–अहंकार के बलपर स्थापित किया है। और बुद्धि–अहंकार तो पकड़बाज हैं। यानी वे हर चीज को जल्दी अपना मान बैठते हैं। जबकि किसी भी बाह्य चीज को दृढ़तापूर्वक अपना मानना, भ्रम है।

यह भ्रम ही मनुष्य की अपनी आत्मा से दूरी बढ़ाता है। अब वास्तव में तो आप आत्मा हैं। आपने तो शरीर तक एक जन्म हेतु कुदरत से उधार लिया हुआ है। ऐसे में घर, गाड़ी, धन वगैरह को आप अपना कैसे मान सकते हैं? परंतु भ्रमवश आप मानते हैं। फिर उनमें ऊंच-नीच होती है तो आप भी ऊपर-नीचे हो जाते हैं। और इसी मूर्खता को आप दुःख, कष्ट, टेन्शन व भय कहते हैं। यानी पहले तो जो चीज आपकी है नहीं, उसे भ्रमवश अपना मान बैठते हो। फिर उसी बलपर बेवजह मैं, मेरे व मेरा का विस्तार करते हो। और फिर किसी भी मैं, मेरे या मेरा के साथ जरा-सी गड़बड़ हुई नहीं कि चिंता की गहरी खाई में कूद जाते हो। और यह सब क्यों? क्योंकि आप अपनी आत्मा से दूर हो। अतः इन बेकार के थपेड़ों से छुटकारा पाना चाहते हो तो अपने मैं, मेरे व मेरा को कमजोर करो।

धन कम हो जाए या गाड़ी का एक्सीडेन्ट हो जाए, बजाय मातम मनाने के एकान्त में आंखें बंदकर बैठ जाओ और बार-बार मनन करो कि वह मेरा था ही कहां जो लुट गया? मैं तो आत्मा हूँ। मेरा तो वही है जो साथ लेकर आया था। बाकी सब तो हमराही मुसाफिर हैं। ये सब तो मिलने-बिछड़ने वाले हैं। जा, मैं मिलने-बिछड़ने वालों का मातम नहीं मनाता। बस इससे तत्काल आपका गाड़ी के अपने होने का भ्रम टूट जाएगा। और आत्मा से आपकी निकटता बढ़ जाएगी। और आत्मा से निकटता बनी रही तो गम भी छू व दस गाड़ियां आने की शक्ति भी सलामत।

आप एकबार वस्तुओं के साथ यह प्रयोग सफलतापूर्वक कर लो तो फिर रुको मत। क्योंकि आप वस्तुओं से कहीं ज्यादा तो मनुष्यों में उलझे पड़े हैं। यानी भ्रम गहरा है और यात्रा लंबी है। और फिर मनुष्यों के संदर्भ में तो आपके मैं, मेरे व मेरा और भी मजबूत हैं। लेकिन है तो वहां भी सब मिलने-बिछड़ने वाले ही। न कोई आपके साथ पैदा हुआ है, और ना कोई आपके साथ मरेगा। सो जब मनुष्यों का भी गम पकड़े, तब भी तत्काल

इस प्रयोग पर बैठ जाओ। एकान्त में बैठकर मनन करो कि मैं आत्मा हूँ। मैं अकेला हूँ। मेरा वही है जो लेकर आया था। मेरा वही है जो साथ जाएगा। यह सब तो मेरे जीवन के सहयात्री हैं, ये सब मिलेंगे व बिछड़ेंगे। मुझे तो बस इनके प्रति अपना कर्तव्य निभाना है। ...तत्काल आपका गमों से छुटकारा हो जाएगा। और गमों से छुटकारा हुआ नहीं कि आत्मा से निकटता बढ़ी नहीं।

फिर यही प्रयोग अपने शरीर की ऊंच-नीच के वक्त भी करना है। दर्द व बीमारी में यह बड़ा ही अक्सीर इलाज साबित होगा। कष्ट से छुटकारा भी मिलेगा व बीमारी ठीक करने में सहायता भी मिलेगी। बस फिर यही प्रयोग आपको अपनी मान्यताओं के साथ भी करना है। क्योंकि मान्यताओं के मामले में भी यहां सबने गजब के मैं, मेरे व मेरा बनाये हुए हैं। कुल-मिलाकर कहने का तात्पर्य यह कि आप अपने हर मैं, मेरे व मेरा को कमजोर करो। क्योंकि यही वो भ्रम है जो आत्मा से आपकी दूरी बढ़ाता है। सो जब भी किसी भी मैं, मेरे या मेरा के कारण नकारात्मकता पकड़े, उपरोक्त प्रयोग कर उससे छुटकारा पा लो। इस एक प्रयोग से लगातार आपकी अपनी आत्मा से निकटता बढ़ती रहेगी।

B) सुबह-शाम पांच मिनट गहरी सांस लें

अब यह समझें कि शरीर में आत्मा का केन्द्र कहां है? तो वह आपकी नाभि में है। यानी वहीं गहरे में आपको उसके होने की अनुभूति होती है। तो वहां तक पहुंचें कैसे? यह इतना आसान नहीं। क्योंकि आपने मैं, मेरे और मेरा की हजारों दीवारें बीच में खड़ी कर रखी हैं। तो सुबह उठकर व रात को सोने से पहले मन शांत कर एकान्त में पांच मिनट सिर्फ गहरी सांस लें। इतनी गहरी कि वह नाभि तक पहुंचे। इससे आपके व आत्मा के बीच में जो मैं, मेरे व मेरा की दीवार खड़ी हुई है, वह कमजोर

होती चली जाएगी। गहरी सांस आपके सारे मैं, मेरे व मेरा को चीरते हुए व कमजोर करते हुए, आत्मा तक पहुंचेगी। इससे आपका आत्म–अहसास दिन–प्रतिदिन स्वत: ही मजबूत होता चला जाएगा।

C) मैं कौन हूँ

रोज सुबह उठकर दस मिनट आंखें बंदकर यह मनन करें कि मैं कौन हूँ? क्या मैं घर हूँ? क्या मैं गाड़ी या डिग्री हूँ? क्या मैं धन या रिश्ते हूँ? क्या मैं शरीर हूँ? क्या मैं बुद्धि–अहंकार हूँ? और यह मनन करते–करते इनसे डिसकनेक्ट होने के भाव का अनुभव करें। और फिर कहें कि नहीं–नहीं, मैं न धन हूँ न डिग्री हूँ। मैं न शरीर हूँ न बुद्धि–अहंकार हूँ। मैं तो आत्मा और शक्तिशाली मन हूँ।

बस लगातार ध्यानपूर्वक रिलैक्स की मुद्रा में रोज–रोज यह करने से आप अपने शून्य यानी अपनी आत्मा के निकट जाना शुरू हो जाएंगे।

D) जो करो – गहराई से करो

आप सिर्फ आत्मा हैं। और आत्मा आपकी सबसे गहरी सतह है। अत: सवाल यह नहीं है कि आप बाहर क्या कर रहे हैं या भीतर क्या अनुभव कर रहे हैं। सवाल यह है कि वह कार्य आपके आत्मबल से हो रहा है या बुद्धि–अहंकार से? सवाल यह नहीं है कि आप क्या अनुभव कर रहे हैं, पर सवाल यह है कि वह अनुभव आप गहरे में कर रहे हैं या ऊपरा–ऊपरी? ऊपरा–ऊपरी करेंगे तो आत्मा से दूर रहेंगे। गहरे में होंगे तो आत्मा के निकट होंगे।

कुल–मिलाकर आप खाना बना रहे हों या किताब पढ़ रहे हों, ऑफिस में कार्यरत हों या खेल रहे हों, कर कुछ भी रहे हों, उसका महत्त्व नहीं है। महत्त्व इस चीज का है कि आप वह कार्य ऊपरा–ऊपरी कर रहे

हो या गहरे से? गहरे से कर रहे होओगे तो कार्य में ध्यान भी होगा व काम का मजा भी आ रहा होगा। यदि ऐसा नहीं है तो समझ लेना कि आप ऊपरा-ऊपरी कर रहे हो। और यह तय समझ लो कि लगातार ऊपरी काम करना आत्मा से दूरी बढ़ाता चला जाएगा। सो जब भी और जो भी करो... गहरे से करो। यह लगातार गहरे से करना कब आपको अपनी आत्मा के निकट ला खड़ा कर देगा, पता भी नहीं चलेगा। आपका 'आप' बदल जाएगा। तब कमजोर मनों व बुद्धि-अहंकार की जगह शक्तिशाली मन व आत्मा आपके 'आप' हो जाएंगे।

ठीक वैसे ही आप खुश हैं या दुखी, इसका इतना महत्त्व नहीं है। महत्त्व इस चीज का है कि जो कुछ भी आप हैं, वह ऊपरी हैं या गहरे से। भले ही आप दुखी हों पर फिर इस कदर दुखी हों कि आपका नाम ही 'दुखी प्रसाद' रखना पड़ जाए, तो यह आत्मदुःख है। कहने का तात्पर्य यह है कि आपके कार्य हों या भाव, जो भी हो गहरे से हों। वह आत्मा के निकट से हो। तभी आत्मा के आप निकट रहेंगे। सो, उम्मीद है कि आज के बाद आप ऊपरा-ऊपरी करना कम कर देंगे। धन्यवाद हो या शुक्रिया, कहेंगे तो... दिल से। ऊपरा-ऊपरी कहते रहोगे तो हो सकता है, दूसरों को अच्छे लगे। पर उससे कुछ होगा नहीं। यह तो सभी करते हैं, मिल किसको क्या रहा है? मिलेगा तो तभी जब गहराई से किया होगा। उम्मीद है कि यह सीधी-सी बात आप अवश्य समझ गए होएंगे। साथ ही मुझे यह भी यकीन है कि अब आप गहरे से जीना शुरू करके आत्मा से अपनी निकटता बढ़ाएंगे।

E) हर हफ्ते एक मैं, मेरे व मेरा कमजोर करें

अब आपके व आपकी आत्मा के बीच दूरी क्या है? वही जो बुद्धि-अहंकार के बलपर आपने मैं, मेरे व मेरा मान सामान संग्रहित किया है। फिर वह सामान चाहे वस्तुओं के रूप में हो, मनुष्यों के रूप में हो या

मान्यताओं व विचारों के रूप में हो। ...कोई फर्क नहीं पड़ता है। आत्मबल के लिए यह सब दीमक है। सब आत्मबल को खोखला करने वाले हैं। सो, दो काम करें। पहले तो नये मैं, मेरे व मेरा के कनेक्शन स्थापित करना बंद करें और साथ ही हर हफ्ते चुन-चुनकर एक मैं, मेरे व मेरा से कनेक्शन तोड़ें। विश्वास जानें कि हर टूटते कनेक्शन के साथ आपकी आत्मा से निकटता स्वत: बढ़ती चली जाएगी। यह स्पष्ट समझ लो कि यह खजाना जो मैं, मेरे व मेरा के कारण आप अपना मान रहे हो, वह आपका है नहीं। बल्कि वह आपके दुखों का मूल भी है तथा असफलता की जड़ भी। अत: उससे जितनी जल्दी डिसकनेक्ट हो जाओ, अच्छा है।

सोचो, गाड़ी हो या घर, बीवी हो या पुत्र, ...क्या आप उसे अपना कहकर कनेक्ट नहीं करेंगे तो वे किसी और के हो जाएंगे? कतई नहीं। वे आपके ही रहेंगे। टूटेगा सिर्फ कनेक्शन, यानी आप उन सबके मजे तो लेंगे पर उनमें आयी ऊंच-नीच से होने वाले कष्टों से छुटकारा पा लेंगे। और उन कष्टों से जितना छुटकारा पाओगे, उतना ही आत्मा के निकट होते चले जाओगे। परिणामस्वरूप बाहर वस्तु व मित्र बदलते चले जाएंगे, पर होंगे वे आपके नहीं। आप उनके साथ आंनद तो लोगे पर होंगे वे यात्रा के साथी ही। होंगे वे निमित्त ही। होंगे वे मिलने-बिछड़ने वाले ही। यानी आप कृष्ण जैसे हो जाएंगे। बाहर पूरी स्वर्णनगरी द्वारका होगी, सब आपको द्वारकाधीश ही समझेंगे, पर भीतर गहरे में वह आपकी नहीं होगी। आप उसका मजा तो लेंगे, पर उसकी ऊंच-नीच का गम नहीं पालेंगे। और यही मनुष्य की अंतिम ऊंचाई है। बाहर विश्व जीता हुआ हो पर भीतर शून्य का साम्राज्य हो।

सो यहां पर मैं अपनी बात समाप्त करता हूँ और उम्मीद है कि अब आपके पास भी बाहर द्वारका होगी और भीतर शून्य होगा। आप अपनी द्वारका में जिओगे, उसे देखोगे, उसके मजे लोगे, पर आपको यह होश हमेशा रहेगा कि वह द्वारका आपकी नहीं है। वैसे ही शरीर भी आपका नहीं है। और

ध्यान की पराकाष्ठा पर आप अपने शरीर को अपने से अलग जान ही सकते हैं। सो आत्मा के मार्ग पर बढ़ते चलो, उसकी शक्तियों को अनुभव करो... तथा जीवन को नित नयी ऊंचाइयां छूते देखते रहो।

Other Bestsellers by **Deep Trivedi**

दीप त्रिवेदी द्वारा लिखित किताब **'मैं मन हूँ'** अपनी एक अलग ही पहचान बना रही है। इस किताब में दीप त्रिवेदी ने मन के रहस्यों पर से पर्दा उठाया है तथा वे इसमें जीवन के हर पहलू जैसे परिवार, व्यवसाय, करियर से संबंधित प्रश्नों के उत्तर भी देते हैं। अब तक इस किताब को लाखों लोगों ने न सिर्फ पढ़ा है बल्कि इसे समझा व अपने जीवन में उतारा और हाथोंहाथ परिवर्तन महसूस किया।

- कैसे अनपढ़ एडीसन एक हजार से ऊपर पेटेंट रजिस्टर करवाने वाले वैज्ञानिक हो गए?
- कैसे पेट्रोल पंप पर पेट्रोल भर रहे धीरूभाई इतने बड़े व्यवसायी हो गए?
- कम पढ़े-लिखे व स्कूली शैतान कैसे स्टीव जॉब्स हो गए?

इन सभी प्रश्नों के जवाब पाइए –

NATIONAL BESTSELLER
OVER 1,00,000 COPIES SOLD

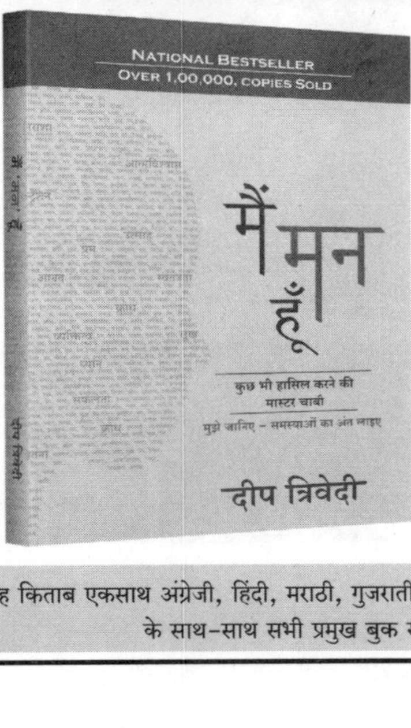

मैं मन हूँ

कुछ भी हासिल करने की
मास्टर चाबी

यह किताब एकसाथ अंग्रेजी, हिंदी, मराठी, गुजराती, मलयालम तथा तमिल में www.aatmanestore.com के साथ-साथ सभी प्रमुख बुक स्टोर्स तथा ई-कॉमर्स साइट्स पर उपलब्ध है।

Other Bestsellers by **Deep Trivedi**

'101 सदाबहार कहानियां' रोचक किस्सों और चुटकुलों का वह संग्रह है जो पाठकों को महापुरुषों, दार्शनिकों एवं वैज्ञानिकों के रोमांचक दुनिया की सैर पर ले जाता है। लेखक दीप त्रिवेदी ने इस संकलन में कई प्रचलित श्रेष्ठ कहानियों और चुटकुलों को अतिरिक्त रोचकता प्रदान करते हुए उनके सायकोलॉजिकल पहलुओं को उभारा है और अपने ही अनोखे अंदाज में हास्य और व्यंग्य का अद्‌भुत मिश्रण प्रस्तुत किया है।

इन्हें पढ़ने में ना सिर्फ आपको मजा आएगा बल्कि इससे आपके जीवन में आवश्यक सकारात्मक परिवर्तन भी आएगा।

101
सदाबहार
कहानियां

जीवन परिवर्तित कर देने वाली फिलॉसोफीज के साथ

यह किताब एकसाथ अंग्रेजी, हिंदी, मराठी तथा गुजराती में www.aatmanestore.com के साथ-साथ सभी प्रमुख बुक स्टोर्स तथा ई-कॉमर्स साइट्स पर उपलब्ध है।

Graphic Books

हर बच्चे में सफल और महान बनने की संभावना छिपी होती है। किसी को भी यहां जीवन में धक्के खाने की आवश्यकता नहीं है। सवाल सिर्फ बच्चों द्वारा अपनी प्रतिभा पहचानने तथा उसे निखारने का है, सवाल कुदरत के साथ बहने का है। सवाल ठीक परवरिश पाने का है।

अपने बच्चे को सफल बनाने हेतु तथा चाइल्ड सायकोलोजी के अन्य कई रोचक पहलुओं को समझने हेतु दीप त्रिवेदी द्वारा लिखे गए ग्राफिक बुक्स पढ़िए।

स्टीव जॉब्स
शैतानी बचपन और उनके
स्टीव जॉब्स बनने की कहानी

एडीसन
अनपढ़ एडीसन का नटखट बचपन और
उनके महान बनने की कहानी

शेर के बच्चे की फजीहत
चाइल्ड सायकोलोजी समझने
हेतु शेर के बच्चे की कहानी

अंग्रेजी और हिन्दी में www.aatmanestore.com के साथ-साथ
सभी ई-कॉमर्स साइट्स पर उपलब्ध है।

दीप त्रिवेदी

दीप त्रिवेदी एक प्रसिद्ध लेखक, वक्ता और स्पीरिच्युअल सायको-डाइनैमिक्स के पायनियर हैं जो एक व्यापक दृष्टिकोण से ना सिर्फ लिखते हैं, बल्कि विभिन्न विषयों पर लेक्चर्स और वर्कशॉप्स भी कंडक्ट करते हैं। इनकी सबसे बड़ी विशेषता यह है कि इन्हें पढ़ने व सुनने-मात्र से मनुष्य में आमूल सकारात्मक परिवर्तन आ जाता है। वे अपने कार्यों द्वारा आजतक लाखों लोगों को सुख और सफलता के मार्ग पर लगा चुके हैं।

दीप त्रिवेदी ने अपने इन कार्यों द्वारा प्रकृति, उसके नियम, उसका आचरण, उसकी सायकोलॉजी और उसके मनुष्यजीवन पर पड़नेवाले प्रभाव को बड़ी ही गहराई से समझाया है। जीवन का ऐसा कोई पहलू नहीं है जिसे उन्होंने न छूआ हो। वे कहते हैं कि सायकोलॉजी के बाबत कम ज्ञान और कम समझ होना ही मनुष्यजीवन के तमाम दुःखों और असफलताओं का मूल कारण है।

वे बेस्टसेलर्स 'मैं मन हूँ' और 'मैं कृष्ण हूँ' समेत कई अन्य किताबें लिख चुके हैं। उनके द्वारा लिखी गई बेस्टसेलिंग किताब, 'मैं मन हूँ' कई राष्ट्रीय एवं अंतर्राष्ट्रीय भाषाओं में प्रकाशित हो चुकी हैं। समाज में उनके असीमित योगदान के लिए दीप त्रिवेदी को साल 2018 के Times Power Men Award से सम्मानित किया गया है।

मनुष्यजीवन की गहरे-से-गहरी सायकोलॉजी पर उनकी पकड़ का अंदाजा इसी बात से लगाया जा सकता है कि मनुष्यजीवन पर सर्वाधिक लेक्चर्स और 'भगवद्गीता' पर सर्वाधिक लेक्चर्स देने का रेकॉर्ड

उन्हीं के नाम पर है जिसमें उन्होंने 58 दिनों में गीता पर 168 घंटे, 28 मिनट और 50 सेकंड तक एक लंबी चर्चा करी है। इसके अलावा अष्टावक्र गीता और ताओ-ते-चिंग पर भी सर्वाधिक लेक्चर्स देने का रेकॉर्ड उन्हीं के नाम पर दर्ज है। ये सारे रेकॉर्ड्स राष्ट्रीय एवं अंतर्राष्ट्रीय रेकॉर्ड बुक्स में दर्ज है। साथ ही मनुष्य के जीवन, सायकोलॉजी, आत्मा, प्रकृति के नियम, भाग्य तथा अन्य विषयों पर सर्वाधिक (लगभग 12038) कोटेशन लिखने का रेकॉर्ड भी उन्हीं के नाम दर्ज है। भगवद्‌गीता पर उन्हें उनके सायकोलॉजिकल कार्यों के लिए ऑनरेरी डॉक्टरेट की उपाधि भी प्रदान की गई है। उनके द्वारा लोगों के रोजमर्रा के जीवन की समस्याओं पर करी गई इंटरैक्टिव वर्कशॉप्स ने सभी के जीवन में क्रांतिकारी ट्रांसफॉर्मेशन लाया है। ये तमाम लेक्चर्स और वर्कशॉप्स भारत में लाइव ऑडियन्स के सामने दिये गए हैं।

दीप त्रिवेदी की खास बात यह है कि वे जीवन के गहरे-से-गहरे पहलुओं को छूते हैं और उन्हें सरलतम भाषा में लोगों के सामने प्रस्तुत करते हैं जिससे कन्फ्यूजन की कहीं कोई गुंजाइश ही नहीं बचती है। वे अपने किताब, लेक्चर्स और वर्कशॉप्स में जिस अनोखी स्पीरिच्युअल-सायकोलॉजिकल भाषा और एक्सप्रेशन का इस्तेमाल करते हैं उससे उन्हें पढ़ने तथा सुनने वालों में उसका तात्कालिक प्रभाव भी होने लगता है और यही बात उन्हें इस क्षेत्र का पायनियर बनाती है।

दीप त्रिवेदी के बारे में और अधिक जानने के लिए विजिट करें:
www.deeptrivedi.com